SÉ DUEÑO DE TU MENTE

SÉ DUEÑO DE TU MENTE

Ana Laura Ornelas Bolado

Dedico este libro con todo mi amor a mis hijas Fernanda y Florencia, los dos motores que han impulsado mi vida, y a la memoria de mis padres José Antonio y Alicia, por haberme dado la oportunidad de experimentar la vida.

Contenido

Agradecimientos

El agradecimiento es un bálsamo que alivia nuestra mente agitada y nos contacta con el presente, con lo que SÍ tenemos. Quiero agradecer en principio a Dios por permitirme trabajar durante treinta años en algo que me apasiona, la esencia del ser humano, su mente. Por tanto agradezco a todos y cada uno de los pacientes y alumnos que me han permitido acompañarlos y adentrarme en su esencia.

Quiero dar las gracias a las personas que me motivaron a escribir: Lupina Sordo, Carlos Kolofón, Ángeles Bolado, Ana Cristina González, y a mis hijas, Fernanda y Florencia López Ornelas.

A los que leyeron partes del original en diferentes fases de su desarrollo e hicieron críticas y sugerencias muy valiosas: Luis Jiménez Morante, Alicia Ornelas, Víctor Manuel González Ornelas, Pepe Levy, Patricia Calderón, Raquel Nacach, Deborah Jones, Victoria Echevarría, Mónica González Gallástegui, Víctor Flores, y especialmente a Florencia, mi hija, porque me ayudó a actualizar algunos temas.

Agradezco también a Elisa Vázquez por haberme puesto en contacto con Editorial Planeta, a Mary Carmen Rincón por la corrección de estilo, a María Benítez y Sara Giambruno por la lectura de pruebas, a Nuri Saburit por el diseño de interiores y a José Maldonado por el de portada, y un agradecimiento especial a Ixchel Barrera, editora de Paidós, que me orientó y acompañó en el proceso.

Prólogo

La mente es el gran misterio de la vida humana. Puede ser nuestra mejor aliada o nuestra peor enemiga; puede mostrarnos la dulzura del cielo o llevarnos a sentir el fuego en el mismo infierno. Constantemente nos identificamos con los pensamientos que pasan por nuestra mente y con los sentimientos que estos nos generan. Si estos pensamientos y sentimientos son agradables, nos sentimos felices; si son desagradables, sufrimos. La felicidad va y viene, y somos incapaces de contenerla o de aferrarnos a ella.

Sin temor a equivocarme, aseguro que casi todas las personas dedicamos la mayor parte de nuestro tiempo a pensar: hombres y mujeres, ricos y pobres, ignorantes e intelectuales, citadinos y campesinos, hombres de negocios o vendedores ambulantes. La mente nos tortura a todos. De hecho, la depresión y la ansiedad son algunos de los problemas de salud mental más comunes y serios que enfrenta la gente hoy en día. Millones de personas en el mundo, tanto en países desarrollados como en vías de desarrollo, sobrevivimos atrapados en nuestros pensamientos, en medio del torbellino de emociones que estos originan.

En mi juventud, uno de mis libros preferidos era *El Principito* de Saint-Exupéry. En él se narra la historia de un niño que al parecer procede de otro mundo, un mundo pequeño e insignificante. Él abandona su minúsculo asteroide, dejando allí una flor a la que había dedicado todo su tiempo y trabajo. Desde ese momento viaja por mundos sin sentido buscando y ofreciendo su amistad a solitarios personajes, estereotipos de hombres sumidos en la tristeza de su vacío existencial.

Cuando llega a la Tierra, planeta de multitudes solitarias, el panorama no parece más alentador: superficialidad, prisa y muerte. Le llama la atención que las personas vivan atormentadas por sus pensamientos.

Desolado por el descubrimiento de un jardín de miles de rosas en apariencia semejantes a la suya, se siente insignificante. Solo la profunda y cálida amistad con un zorro le desvelará otra forma de mirar la vida: "Solo se conocen las cosas que se domestican [...]. No se ve bien sino con el corazón. Lo esencial es invisible a los ojos [...]. El tiempo que perdiste con tu rosa hace que sea tan importante [...]. Eres responsable para siempre de lo que has domesticado [...]. Lo que hace importante a tu flor, es el tiempo que le has dedicado".[1]

La pregunta que me ha motivado a escribir este libro es *¿por qué no hemos podido domesticar nuestra mente si le dedicamos tanto tiempo?* A lo largo del libro utilizo el concepto *domesticar* para referirme al hecho de conocer nuestra mente a profundidad, crear lazos, amigarnos y aliarnos con ella, saber lo que le conviene, alimentarla sanamente, tranquilizarla, controlarla, aquietarla.

Hablar de la mente no es una tarea fácil, pero es una de mis pasiones...

Cuando era niña escuchaba a mi mamá decir: "Cada cabeza es un mundo", y yo me imaginaba a una persona con un globo terráqueo en lugar de cabeza, como en los cartones del juego de la lotería. Más tarde comprendí el significado de este dicho: hay tantas realidades como personas en el planeta. En mis más de treinta años de experiencia como psicóloga clínica, me ha apasionado el tema de la mente, la conciencia y la manera tan particular en que cada ser humano interpreta la realidad. Lo que pretendo en estas páginas es explicar de forma clara algo tan complicado como el funcionamiento de la mente. Para ello, haré una interrelación entre el modo en que la ciencia de la mente ha sido abordada tanto en la psicología occidental como en la oriental.

Desde tiempos inmemorables, el ser humano ha perseguido la felicidad y la paz interior como una meta o un fin, como un estado de

---

[1] A. Saint-Exupéry, *El Principito*, Madrid, Alianza/Emecé, 1976.

bienestar ideal y permanente al cual llegar. La psicología occidental contemporánea no nos ha dado herramientas suficientes para lograr este fin, más bien nos ha enseñado a fortalecer nuestro ego y a poner un gran énfasis en ayudar a la gente para que aprenda a expresar sus necesidades y deseos, así como a satisfacerlos. Sin embargo, los deseos no tienen límite, son un pozo sin fondo. Al satisfacer un deseo simplemente se abre un espacio para dar cabida al siguiente, y así la rueda de la insatisfacción y el sufrimiento no para de girar.

Por otra parte, la psicología oriental nos dice que entendernos a nosotros mismos y a los demás es en buena medida cuestión de entender nuestra mente, y que lidiar con nuestras emociones, necesidades y deseos es también tratar con nuestra mente. La insatisfacción, el sufrimiento y las dificultades que diariamente experimentamos surgen de nuestra ignorancia sobre el funcionamiento de la mente y de nuestra falta de habilidad para manejar nuestros pensamientos. Swami Muktananda, un gran maestro espiritual hindú, en su libro *El misterio de la mente*, nos dio una sencilla prescripción para manejar la confusión y la infelicidad: *volvernos maestros de nuestra mente*.

Para lograr esta maestría es necesario entender que la mente es el equivalente al director de una orquesta sinfónica, cuya labor consiste en dar unidad y expresividad a toda la masa orquestal conformada por tres grupos de instrumentos: cuerdas, percusión y viento, de forma que suenen como si solo un individuo estuviera interpretando la obra.

Los seres humanos, al igual que una orquesta sinfónica, somos una unidad inseparable compuesta por tres cuerpos superpuestos —por decirlo de forma metafórica—: el cuerpo físico, el cuerpo psíquico y el cuerpo espiritual, dirigidos todos por la mente. Las actividades humanas se llevan a cabo con la coordinación de estos tres cuerpos, indivisibles por esencia y naturaleza. Sin embargo, para estudiar y comprender al ser humano, a lo largo de la historia hemos dividido este cuerpo. Lo hemos dividido, subdividido y fragmentado a un grado tal que hemos perdido la noción de nuestra verdadera esencia y no alcanzamos a dimensionar el valor que cada ser humano tiene por el solo hecho de existir.

Al escribir este libro también me vi en la necesidad de separar cada uno de estos cuerpos para explicar cómo están interconectados y cómo son guiados por la mente. El objetivo es que al reconocer y experimentar la guía sabia de este director de orquesta adquiramos poco a poco un mayor conocimiento sobre cómo convertir a la mente en nuestra aliada, y no en nuestra enemiga.

Con este propósito dividí el libro en tres partes, cada una consta a su vez de tres capítulos. La primera parte trata del cuerpo físico. En ella explico la forma en que nuestra mente, al interpretar los eventos, nos genera estrés, y cómo este afecta todas las áreas de nuestra vida. También abordo cómo se empezó a producir la integración mente/cuerpo después de siglos de influencia del dualismo cartesiano. Finalizo esta primera parte exponiendo las técnicas de relajación más utilizadas.

La segunda parte versa sobre el cuerpo psíquico. Allí explicaré de una manera muy sencilla el funcionamiento de la mente y de nuestro diálogo interno, y para ello haré una revisión del estudio de la mente en la psicología occidental y oriental. Más adelante trato el tema de las emociones, los sentimientos y los estados de ánimo. Concluyo sugiriendo una serie de ejercicios de autocontrol emocional para ayudar a controlar los pensamientos y las emociones.

La tercera parte del libro está dedicada al cuerpo espiritual, esa dimensión en nosotros que responde a las preguntas últimas que acompañan a todas nuestras búsquedas: ¿quién soy?, ¿a dónde voy?, ¿qué sentido tiene la vida? Incluyo una revisión de los estudios que la psicología transpersonal ha realizado para incrementar nuestro nivel de conciencia. Asimismo, explico los obstáculos con los que nos enfrentamos para lograr silenciar la mente no observada, lo que nos impide aumentar nuestros sentimientos de autoaceptación, paz interior y comunión con nuestros semejantes. Termino el libro exponiendo los beneficios de la meditación y sugiriendo algunas prácticas meditativas.

El libro tiene dos objetivos: el principal es que sea un libro de autoconocimiento que nos ayude a conocer el funcionamiento de nuestra mente al brindar herramientas para contenerla, tranquilizarla y guiarla hacia interpretaciones más serenas y objetivas. El objetivo secundario es más teórico y consiste en presentar algunos hitos de la historia de la psicología, así como a los personajes que más han contribuido en el descubrimiento de lo que hasta el momento sabemos sobre el cerebro, la mente y la conciencia.

Espero que este libro se convierta en una guía para el autoconocimiento de sus lectores, así como en una fuente de información accesible para cualquier público sobre los temas más importantes de la psicología.

ANA LAURA ORNELAS BOLADO

EL CUERPO FÍSICO

Parte I

Todo lo que pensamos, sentimos, decimos o hacemos surge de nuestro cuerpo. No podemos escapar de él. Podemos mejorarlo con ejercicio, dietas, cortes o tintes de pelo, incluso con cirugías, mas nunca nos abandona. Podemos cambiarnos de casa, de ciudad, de país y hasta de continente, pero a donde quiera que vayamos siempre nos acompaña. En el cuerpo es donde se manifiestan la salud y la enfermedad, el dolor y el sufrimiento, el gozo y la alegría, la ansiedad y el miedo, la transformación y la Iluminación.

Nuestro cuerpo físico es nuestro compañero inseparable, la casita en la que nos tocó vivir; nos brinda contorno y soporte. Además, es el vehículo con el que contamos para transportarnos mientras transcurre nuestra existencia en este planeta llamado Tierra, y en esta conciencia de existencia llamada *vida*. Nos ha acompañado desde nuestra concepción y lo hará hasta nuestra muerte. Con él nos expresamos, nos movemos y nos manifestamos. Es nuestra carta de presentación y lo que da sentido a nuestra identidad.

Eckhart Tolle, autor de *El poder del ahora*, recomienda que en nuestra búsqueda de la Verdad no dirijamos nuestra atención más que al interior de nuestro cuerpo físico, ya que no vamos a encontrarla en ninguna otra parte. Nos exhorta a no luchar contra nuestro cuerpo porque al hacerlo estamos luchando contra nuestra propia realidad. La conciencia corporal nos mantiene presentes, nos ancla en el ahora. En este cuerpo físico yacen el cuerpo psíquico y el cuerpo espiritual; la puerta de entrada al Ser, a la vida no manifestada, sin nacimiento y sin muerte, eternamente presente, en donde somos uno con Dios. Si aprendemos a mantener la mayor atención posible en el cuerpo, no nos perderemos en el mundo externo o en los laberintos de nuestra mente. Los pensamientos, las emociones, los deseos y los miedos estarán ahí, pero no nos dominarán.

Estrés: el malestar de nuestro tiempo I

Seguramente, te estarás preguntando por qué hay un capítulo sobre el estrés en un libro que trata de la mente. Es para que desde ahora te percates de que ese acelere que vives a diario, ese estrés que no solo te afecta a ti sino a la sociedad entera, tiene que ver más con nuestra *incapacidad de controlar a la mente* que con problemas de supervivencia.

Nuestra vida transcurre mientras estamos distraídos de nuestra verdadera identidad. Estamos envueltos en una actividad incesante, en una lucha intensa y angustiosa, aferrándonos, decepcionándonos y atareándonos constantemente con actividades y preocupaciones —externas y accidentales— en un torbellino de celeridad, agresividad y competencia.

Las tensiones diarias se han vuelto parte de la vida, sobre todo en las grandes ciudades. El ritmo acelerado, nuestra intensa actividad para tratar de satisfacer las necesidades creadas por nosotros mismos y las exigencias del trabajo diario van acumulando tensiones muy fuertes que las más de las veces sobrepasan la capacidad de adaptación del individuo. Es entonces cuando aparecen las angustias, las enfermedades y toda clase de síntomas físicos, mentales, emocionales y espirituales.

El estrés no es un fenómeno nuevo. Ha existido siempre y está íntimamente ligado a los procesos de la vida y de la evolución del hombre. Lo que es nuevo es la cualidad del estrés: se ha vuelto más psicológico y emocional, reemplazando a la respuesta física de nuestros antepasados primitivos. Este cambio en la cualidad del estrés se empezó a manifestar en las últimas décadas del siglo pasado. El 6 de junio de 1983, la portada de la revista *Time* hablaba del estrés como la epidemia de los años ochenta, y a principios de la década de 1990 la Organización Mundial de la Salud (OMS) lo consideraba la enfermedad del siglo XX.[1]

Para 1996 se encontró que entre 75 y 90% de las consultas médicas en Estados Unidos se relacionaban con trastornos asociados al estrés. En 2013, un sondeo realizado por la empresa Regus en 14 países, y por el Instituto Mexicano del Seguro Social (IMSS), reveló que México y China presentan el mayor número de casos de estrés laboral. En 2015, la OMS informó que el estrés laboral fue la causa del 25% de los 75 000 infartos anuales registrados en México;[2] hasta ahora, 75% de los trabajadores mexicanos padecen este mal, lo que coloca a nuestro país en el primer lugar a escala mundial en esta categoría; le siguen China, con 73%, y Estados Unidos con 59 por ciento.[3]

I. ¿QUÉ ENTENDEMOS POR *ESTRÉS*?

Siempre que inicio un curso o taller sobre el estrés, me gusta preguntar a los asistentes: "¿Qué es para ustedes el estrés?". Escuchamos o repetimos esa palabra más de dos o tres veces al día: "¡Qué estrés!", "Estoy estresadísimo", "Ya no puedo con este estrés". Estas son frases que cada vez nos resultan más familiares. Y la lluvia de respuestas que recibo cuando pregunto incluye lo siguiente: tensión, angustia, incapacidad para concentrase, fatiga, ansiedad, intolerancia, frustración, depresión, enojo, falta de control, dolor de cabeza, dificultad para dormir,

---

[1] Organización Mundial de la Salud, "Global Strategy On Occupational Health for All: The Way to Health at Work", 1994. Disponible en: http://www.who.int/occupational_health/publications/globstrategy/en/

[2] CNN EXPANSIÓN, "México, el país con más estrés laboral", 02 de julio de 2013. Disponible en http://www.cnnexpansion.com/economia/2013/07/02/mexico-el-pais-con-mas-estres-laboral

[3] Informador.mx, "México, primer lugar en estrés laboral: OMS", 17 de mayo de 2015. Disponible en: http://www.informador.com.mx/economia/2015/592544/6/mexico-primer-lugar-en-estres-laboral-oms.htm

dolor de espalda, etcétera. La lista puede ser interminable pero a fin de cuentas lo que la mayoría de las personas cree que es el estrés se refiere solo a los síntomas o las consecuencias. Muchos creen que es una enfermedad. Las personas que saben qué es el estrés, cómo funciona y para qué nos sirve son realmente muy pocas.

En general, el término *estrés* refiere a las tensiones que las personas experimentamos en la vida diaria. Ahora bien, estas presiones no van a desaparecer. El estrés es como la sal de la vida: representa una oportunidad para crecer y desarrollarnos. Es lo que nos hace levantarnos por la mañana y activarnos para realizar nuestras labores; es el motor en nuestras vidas. No puede evitarse ya que cualquier demanda —sea física, mental o emocional, buena o mala— provoca una respuesta biológica del organismo, idéntica y estereotipada. Una emoción agradable, una alegría intensa, un beso apasionado o una buena noticia producen los mismos efectos que una emoción desagradable, un susto repentino o una mala noticia. En ambos casos el corazón latirá más fuerte, la respiración será más rápida, aumentará el porcentaje de azúcar en la sangre y se liberarán ácidos grasos de las reservas adiposas para proporcionarnos la energía necesaria para defendernos o adaptarnos a las nuevas condiciones.[4]

El estrés no es una enfermedad sino una respuesta fisiológica normal, sana y necesaria para la sobrevivencia. Comprende un conjunto de reacciones físicas del cuerpo que preparan al organismo para la acción. Lo que resulta nocivo es la demanda y la reacción excesiva de adaptación, es decir, el *mal* estrés, que hay que aprender a combatir con un *buen* estrés.

Ya que el estrés es parte de nuestra cotidianidad, es importante conocer qué lo genera y cómo actúa para entender los efectos dañinos que puede causar en todas las áreas de nuestra vida. Hay que aprender a manejarlo constructivamente y a convertirlo en un factor de desarrollo personal más que en un generador de síntomas desagradables.

---

[4] S. Bensabat, *Stress: Grandes especialistas responden*, Bilbao, Mensajero, 1987.

2. ¿DÓNDE SE GENERA?

Nuestras experiencias estresoras provienen de tres fuentes básicas: nuestro entorno, nuestro cuerpo y nuestros pensamientos. El *entorno* nos bombardea constantemente con demandas de adaptación, obligándonos a soportar el ruido, las aglomeraciones, el tráfico, las exigencias que representan las relaciones interpersonales, los horarios, las normas de conducta y muchas otras amenazas a nuestra seguridad y autoestima.

La segunda fuente de estrés proviene de *nuestro cuerpo*. El frío, el calor, el ejercicio físico, la fatiga, los cambios que se dan durante la adolescencia, el envejecimiento o los momentos difíciles que se viven durante la enfermedad, los accidentes, las restricciones de la dieta, los trastornos del sueño, etcétera, son circunstancias que afectan al organismo. La tercera fuente, y la más importante, proviene de *nuestros pensamientos*: de la manera en que interpretamos y catalogamos nuestras experiencias y la forma en que vemos el futuro.

¿Cómo sucede esto? Imaginemos que salen dos amigas a caminar por la mañana a un parque. Van platicando tranquilamente cuando les sale un dóberman enorme y les ladra (estímulo ambiental). Una de ellas recuerda una experiencia desagradable: cuando era niña la mordió un perro y le tuvieron que poner treinta inyecciones en el vientre. Se visualiza en el hospital mordida por el dóberman (pensamientos negativos). Inmediatamente hay una respuesta en todo su cuerpo: el corazón late más deprisa, la respiración se acelera, la presión arterial se eleva, los músculos se tensan y aumenta la secreción de adrenalina al torrente sanguíneo (activación fisiológica); siente miedo, ansiedad, confusión (emoción dolorosa), y va a pelearse con el dueño del perro por no ponerle la correa (reacción de lucha).

Otro ejemplo. Un avión despega del aeropuerto y hay una bolsa de aire (estímulo ambiental). Un pasajero tiene mucho miedo a volar, y al sentir la turbulencia se desata en su mente una serie de pensamientos catastróficos: "¿Y si se cae el avión?... No me despedí bien de mi esposa... No tengo seguro de vida... ¿De qué van a vivir mis hijos?" (pensamientos negativos). Su corazón y su respiración se aceleran, se eleva su presión arterial, sus músculos se tensan y aumenta la secreción de adrenalina al torrente sanguíneo (activación fisiológica). Siente miedo, ansiedad, confusión (emoción dolorosa) y ganas de salir corriendo (reacción de huida).

Volvamos al primer ejemplo. La otra amiga que salió a caminar al parque, al escuchar el ladrido del perro, voltea a verlo y exclama: "¡Qué bonito perro! Es un dóberman". En el segundo ejemplo, el compañero de asiento del pasajero asustado, al sentir la bolsa de aire, piensa: "¡Qué emoción! Como en la montaña rusa". Visto así, ¿qué provocó el estrés?, ¿el ladrido del perro?, ¿la bolsa de aire? No. La mayoría de los problemas de estrés en nuestro mundo actual están relacionados principalmente con nuestro diálogo interno, con la serie de pensamientos negativos y distorsionados que generamos al interpretar los estímulos ambientales.

Como dijo Epicteto, el gran filósofo griego de la escuela estoica, "El hombre no se ve distorsionado por los acontecimientos sino por la visión que tiene de ellos". La supervivencia en el hombre moderno no se relaciona, por lo general, con peligros de vida o muerte sino más bien con amenazas emocionales generadas por la manera de interpretar esos acontecimientos, lo cual sucede varias veces al día, haciendo que nuestros cuerpos respondan de la misma manera.

Así, nuestra forma de reaccionar ante los problemas, las demandas y los peligros reales o imaginarios está determinada por una actitud innata de lucha o huida, heredada de nuestros antecesores más primitivos.

3. REACCIÓN DE LUCHA/HUIDA

El primero en hablar de la *reacción de lucha/huida* fue el doctor Walter Bradford Cannon (1871-1945), uno de los más grandes fisiólogos de Estados Unidos y profesor de la Universidad de Harvard. Cannon estudió un gran número de variables fisiológicas en función de situaciones psicológicas experimentales y observó que tanto los humanos como los animales presentaban reacciones fisiológicas similares ante situaciones que producían ansiedad. Para Cannon, la primera reacción emocional (la preparación para actuar, por ejemplo, la lucha) está relacionada con un recrudecimiento de la actividad simpática, y la segunda reacción (la huida o el regreso a una situación de dependencia) se vincula con un aumento de la excitación parasimpática.

Actualmente se habla de la *respuesta de lucha-huida-parálisis* (las tres efes en inglés: *fight-flight-freeze*). Cuando ni la lucha ni la huida son posibles para enfrentar el evento que amenaza la integridad física o psíquica, el sistema límbico ordena una activación simultánea del sistema nervioso simpático y parasimpático del sistema nervioso autónomo que provoca una inmovilidad tónica: quedarse literalmente helado de terror. La activación simultánea de estos dos sistemas tiene varios propósitos evolutivos, incluyendo la probabilidad de que, al quedarse paralizados, el posible depredador pierda interés. La *analgesia* es también una función importante de la inmovilidad tónica: se entumece el cuerpo y la mente. Las personas entran en un estado alterado de conciencia en el que no sienten dolor ni miedo.[5]

El doctor Cannon propuso también el término *homeostasis*[6] para señalar la habilidad del organismo de permanecer en equilibrio biológico a pesar de todo lo que ocurre tanto en el interior como en el exterior. Los trabajos de Cannon facilitaron las investigaciones ulteriores del padre de la *teoría del estrés*, Hans Selye.

4. ¿DE DÓNDE PROVIENE EL TÉRMINO *ESTRÉS*?

El concepto de *estrés* fue introducido en medicina por el doctor Hans Selye, médico austríaco que trabajó sus últimos años en Canadá. A mediados de la década de 1920, y antes de conocer el trabajo del

---

[5] M. Salvador, "Implicaciones neurobiológicas del trauma e implicaciones para la psicoterapia", 2006. Disponible en http://www.aleces.com/Media/Default/AlecesArticle/AlecesArticleDocument/ImplicacionesNeurobiologiasTrauma-Terapia-MarioSalvador-1.pdf

[6] W. B. Cannon, *The Wisdom of the Body*, Nueva York, W.W. Norton, 1932.

doctor Cannon, Selye se interesó por las semejanzas que existían entre varias enfermedades y alteraciones muy diferentes entre sí. Observó que todo paciente —ya fuera accidentado, padeciera cáncer o sufriera una enfermedad infecciosa como la hepatitis— compartía ciertos signos con el resto de los enfermos, como pérdida de peso, apatía, falta de apetito y una carencia general de resistencia. Selye denominó a estos síntomas *síndrome general de la enfermedad*. Cuando exploró este síndrome con mayor detalle, observó que muchos acontecimientos vitales (buenos y malos), e incluso pensamientos y emociones, podían causar el sentimiento de estar enfermo. Es decir, todos los cambios cotidianos, ya sean internos o externos, buenos o malos, tienen en común que producen un desequilibrio orgánico, y la tendencia inmediata del organismo es recuperar el equilibrio perdido (homeostasis).

Por ello lo denominó *Síndrome General de Adaptación* y lo definió como "La respuesta no específica del organismo a toda demanda que se le haga".[7] El Síndrome General de Adaptación tiene tres etapas. La primera, que podemos denominar de *estrés agudo*, es la reacción de alarma que corresponde a la respuesta de lucha/huida. La segunda, de *estrés crónico*, es la fase de resistencia y se presenta cuando el organismo intenta adaptarse al agente estresante; es en la que se genera realmente el problema de estrés. La tercera, la *fase de agotamiento*, es cuando aparecen los síntomas al agotarse las defensas del cuerpo.

Para entender lo que sucede en la fase de resistencia, en donde el estrés se vuelve crónico, pensemos en esta situación hipotética. Imagínate que llegas en la noche a casa en el auto y lo dejas en el estacionamiento con el motor encendido. A la mañana siguiente te vas al trabajo y de nuevo dejas el coche prendido. Sales a mediodía, te subes en él, lo estacionas fuera del lugar donde vas a comer, pero otra vez lo dejas encendido. Vas al supermercado, al banco, al cine, a hacer todos tus pendientes. Regresas a casa por la noche y vuelves a dejar el coche con el motor encendido. Si esta situación se repite por varios días, ¿cuánto tiempo calculas que pasará antes de que ese auto se *desbiele*?

---

[7] H. Selye, *The Stress of Life*, Nueva York, McGraw-Hill Book, 1976.

Nosotros hacemos eso constantemente con nuestro cuerpo, que es el vehículo que nos transporta en esta vida física. No lo dejamos descansar, no sabemos desconectarlo. Nuestros pensamientos no observados crean o agrandan un problema, ya sea el desamor de la pareja, la deslealtad de un amigo, la terrible enfermedad que puedo tener si persiste este dolor agudo, la injusticia del jefe, las cuentas por pagar, las cosas horrorosas que imagino que le pueden pasar a mi hijo adolescente, el dinero que no alcanza para todas las necesidades que tengo que cubrir...

Piensa en tu problema actual, al que le has estado dando vueltas y más vueltas. No importa de qué índole sea, es tuyo y ocupa todo el espacio de tu mente. Literalmente no puedes dejar de pensar en eso que te preocupa. Te acompaña en todos tus quehaceres del día. Te acuestas y te levantas con el mismo pensamiento, como un disco rayado. Si no logras controlar tu mente, ¿cuánto tiempo crees que pasará antes de que tu cuerpo se desvele y se *desbiele*? Trataré de explicar de una manera sencilla lo que sucede en nuestro cuerpo cuando nuestra mente no se desconecta y no descansa adecuadamente.

5. ¿CÓMO SE DESENCADENA LA RESPUESTA DE ESTRÉS?

Cuando se dispara una reacción de alarma en un animal, tiene lugar un proceso bioquímico —muy similar al del ser humano— que lo prepara para reaccionar. Una vez que el animal responde, ya sea peleando o huyendo, la respuesta fisiológica del estrés inmediatamente se apacigua, permitiendo al organismo entrar en un estado de relajación y recuperar el equilibrio. Si nosotros reaccionáramos igual, no tendríamos problemas de estrés. Lamentablemente, los seres humanos no podemos resolver nuestras tensiones peleando o huyendo, aunque tengamos muchas ganas de hacerlo. Dentro de las complejidades de nuestra sociedad —con sus refinados códigos de conducta—, pelear o huir son conductas inaceptables; por lo tanto, tenemos que tragarnos nuestro orgullo junto con todos los preparados bioquímicos no utilizados. Literalmente, nos cocinamos en nuestros propios jugos.

Cuando percibimos un peligro, ya sea real o imaginario, se activa el *sistema nervioso autónomo*, responsable de la regulación interna y de la adaptación al medio ambiente, lo cual desencadena una serie de reacciones fisiológicas en el organismo que provocan la activación del eje hipotalámico-pituitario-adrenal, cuya función es prepararnos para luchar o huir, según la naturaleza o la interpretación del peligro.

Veamos cómo funciona. En el momento en el que se percibe el peligro (*reacción de alarma*), el instinto del miedo recibe el mensaje e inmediatamente oprime el botón del pánico, localizado en un área del cerebro llamada *hipotálamo*. Como un relámpago se movilizan todas las reservas del organismo: se activa el sistema nervioso simpático provocando que el corazón lata con más fuerza para transportar la sangre a todo el organismo durante la emergencia. Las arterias principales se dilatan y la presión arterial aumenta para facilitar el flujo sanguíneo a brazos y piernas. Los bronquios se dilatan y la respiración se acelera para responder a la demanda adicional de oxígeno del organismo y para facilitar la eliminación de bióxido de carbono. La actividad estomacal se suspende totalmente para canalizar la sangre a las zonas que más la necesitan, lo que permite que se cuente con la sangre necesaria para que los músculos puedan pelear o huir. El hígado libera sus reservas de glucosa para mejorar la actividad cerebral y dar energía a los músculos. Se activan las glándulas sudoríparas para refrescar al organismo y eliminar parte de los desechos. Todo esto pasa en una fracción de segundos.

El hombre está equipado fisiológicamente con mecanismos casi idénticos a los que tienen los animales para reaccionar ante el peligro. Sin embargo, a diferencia de los otros animales, el ser humano tiene más que instinto: posee un intelecto superior y una imaginación brillante y creativa. Desafortunadamente, esta imaginación puede crear peligros irreales y desencadenar tensiones y miedos innecesarios.

Si esta situación de tensión mental —basada en el temor generado por nuestros pensamientos— se prolonga por largos períodos (*fase de resistencia*) y se mantiene durante el tiempo de descanso, puede producir resultados muy desfavorables: destruir el reposo, interrumpir los procesos normales de regeneración del organismo y, aún peor, desencadenar la pesadilla de las enfermedades psicosomáticas, aquellas inducidas en el cuerpo por la mente (*fase de agotamiento*). Si las arterias del estómago permanecen contraídas a causa del constante estado de alarma, la capa interna de la pared del estómago carece de oxígeno, las células se desintegran dejando la segunda capa sin protección y entonces el ácido contenido en el estómago puede actuar sobre esa segunda capa: literalmente se abre paso al fuego y el resultado es una úlcera péptica.

También hay problemas en otras áreas cuando el hígado, espoleado por el temor continuo imaginario, aporta más y más azúcar al torrente sanguíneo. Normalmente, el páncreas —al producir insulina— mantiene balanceado el nivel de azúcar en la sangre. Sin embargo, después de un período largo de tensión sostenida, el páncreas pierde la carrera, lo que resulta en un aumento del azúcar en la sangre que puede derivar en diabetes. La liberación de hormonas como la adrenalina, la noradrenalina y el cortisol inhibe ciertas funciones del sistema inmunológico, lo cual facilita el desarrollo de enfermedades virales o bacterianas, y a largo plazo puede ser causa de una serie de enfermedades inmunológicas.[8] Al trastornar la química del cuerpo, este puede convertirse en huésped de muchos males.

6. HOMEOSTASIS, ALOSTASIS Y CARGA ALOSTÁTICA

Nuestros mecanismos adaptativos son básicamente los mismos desde hace millones de años. Si reaccionáramos por puro instinto ante cada amenaza (como lo hacen los animales), nuestro cuerpo se prepararía para luchar o huir, y cuando pasara el peligro volvería al estado de relajación anterior, esto es, a la *homeostasis*. Pero en la actualidad, la mayoría de las amenazas que vivimos cotidianamente no tienen que ver con problemas de sobrevivencia, así que el concepto de *estrés* no

---

[8] C. Zapata, *Psicofisiología del stress*, México, Grafismo Ediciones e Impresiones, 2001.

es suficiente si se limita a mecanismos cuyo objetivo es mantener la homeostasis. Para el tipo de estrés o activación fisiológica que padecemos en nuestro mundo moderno —que es inducido por nuestra forma de explicarnos los eventos y por las emociones que estas interpretaciones nos generan—, se acuñó el nombre de *alostasis* (cuando hay un buen manejo del estrés) y el de *carga alostática* (cuando vamos acumulando los efectos dañinos de este). A diferencia de los mecanismos homeostáticos, los mecanismos alostáticos poseen valores de ajuste mucho más amplios. Mientras que la homeóstasis se logra mediante la estabilidad, la alostasis se logra mediante la inestabilidad y el cambio. Veamos la parte teórica de estos conceptos.

El concepto de *alostasis* fue introducido inicialmente por Sterling y Eyer en 1988,[9] y fue desarrollado en 1998 por Bruce McEwen de la Universidad Rockefeller.[10] Con este término intentan referir de manera más eficaz a las circunstancias medioambientales y a los estímulos a los que se expone el individuo todos los días (por ejemplo, despertarse y realizar actividad física, o bien enfrentarse a situaciones cotidianas como el ruido, el hambre, los cambios térmicos, las infecciones, etcétera). Dicho en otras palabras, la alostasis es el nivel de actividad necesario del organismo para mantener su estabilidad en ambientes de constante cambio; por ello es indispensable para la supervivencia.

Los sistemas alostáticos nos permiten responder al estrés psíquico o físico, interno o externo, activando el sistema nervioso autónomo, el eje hipotálamo-hipófiso-adrenal, el sistema cardiovascular, el metabolismo y el sistema inmunitario; de esta manera somos capaces de responder a los agentes estresores. Cuando se nos presenta algún desafío, se ponen en marcha dichos sistemas alostáticos e inician una respuesta de adaptación hasta lograr un nuevo punto de equilibrio. La *alostasis* es un concepto dinámico que alude a la necesidad del organismo de cambiar los puntos de estabilidad con el fin de mantener una

---

[9] P. Sterling y J. Eyer, "Allostasis: A New Paradigm to Explain Arousal Pathology", en S. Fisher y J. Reason (eds.), *Handbook of Life Stress, Cognition and Health*, Nueva York, John Wiley, 1988, pp. 629-649.

[10] B.S. McEwen, "Protective and Damaging Effects of Stress Mediators", en *New Engl J Med*, 338, 1998, pp. 171-179.

adaptación ante demandas constantemente variables. Es un proceso activo que implica lograr un nuevo equilibrio.

Pero cuando la alostasis es ineficaz o inadecuada, o cuando el agente que la motiva se prolonga en el tiempo, no se logra la adaptación y se produce una activación desproporcionada o ineficaz que da lugar a lo que se conoce como *carga alostática*. Esta traduce el desgaste o agotamiento de los sistemas alostáticos, y a largo plazo es causa de patologías orgánicas y psíquicas. En otras palabras, la carga alostática es el desgaste y la repercusión que se produce en el cuerpo como respuesta a las situaciones que nos sobrepasan y que se prolongan en el tiempo. Algunos ejemplos de situaciones de sobrecarga son el desempleo, una mala situación económica, el maltrato o abuso infantil, el escaso soporte familiar, las relaciones conflictivas, la soledad o la incertidumbre en general. En casos como estos, las tensiones se van acumulando y configuran el terreno propicio para enfermarnos.

Es importante tener en cuenta que a lo largo de nuestra vida vamos acumulando carga, pero existen ciertos factores individuales que favorecen un manejo adecuado del estrés-alostasis; o, por el contrario, una mayor carga alostática. La forma en que una persona percibe una determinada situación es producto de la conjunción de varios factores: la suma de estresores generados por el ambiente en el que se desenvuelve (trabajo, familia, entorno); su historia personal, que estará marcada por los eventos importantes en su vida y por los antecedentes de traumas o abusos; las diferencias genéticas individuales; las conductas personales y la dieta; el ejercicio físico y el consumo de alcohol y tabaco. Aunado a todo esto, la evaluación cognitiva —la manera en que cada persona interpreta un evento amenazante— es lo que determinará cómo se va a enfrentar una situación. Si esta se percibe como un desafío, un reto positivo, entonces provocará una respuesta fisiológica que llevará a la alostasis, es decir, a un nuevo punto de equilibrio con la consiguiente adaptación. Pero si la conjunción de factores implica una carga pesada, a la que se suman una dieta pobre, consumo excesivo de alcohol y tabaco, así como una interpretación negativa del evento amenazante, entonces la persona se sentirá desamparada y desesperanzada, lo que la llevará a aumentar la carga alostática y, tarde o temprano, a enfermar.

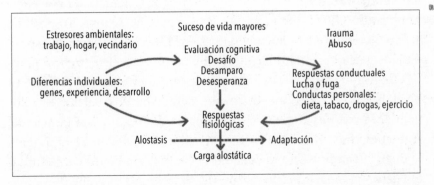

FIGURA 1. Efecto de los diferentes factores productores de estrés sobre la alostasis y sobre la carga alostática.[11]

Influencia de la mente en la alostasis y en la carga alostática

Pongamos un ejemplo cotidiano para explicar la alostasis. Imagínate que te despiertas en la mañana y te das cuenta de que no sonó tu despertador. Estás retrasado media hora y tienes una junta muy importante a las nueve en punto. Inmediatamente hay una respuesta fisiológica en todo tu cuerpo: el corazón late más deprisa, la respiración se acelera, la presión arterial se eleva, los músculos se tensan y aumenta la secreción de adrenalina al torrente sanguíneo. Si usáramos una escala, tu estrés habría aumentado cinco puntos. Mientras te bañas y te vistes, te dices a ti mismo "No pasa nada, me voy a apurar y desayuno en el coche". Agarras una fruta y una barra de cereal para comértelas en el camino; con el tiempo que ahorraste al no sentarte a desayunar, logras llegar a tiempo a la junta y tu nivel de estrés baja a cero. A media mañana suena tu teléfono: es tu jefe furioso porque le

---

[11] B.S. McEwen, "Allostasis and Allostatic Load: Implications for Neuropsychopharmacology", en *Neuropsychopharmacology*, vol. 22, núm. 2, 2000, pp. 108-124.

mandaste una información equivocada. Tu cuerpo se vuelve a activar y tu estrés sube de nuevo cinco puntos. Mientras acudes a su oficina, mentalmente repasas en dónde estuvo el error, y cuando llegas aceptas tu responsabilidad y te pones a trabajar para corregirlo. Tu nivel de activación vuelve a la normalidad. A media tarde te llama tu esposa para decirte que a tu hijo le dieron un golpe en la cabeza en su práctica de futbol y que lo van a llevar a la enfermería para evaluarlo. Tu nivel de estrés se incrementa de nuevo cinco puntos. Sales al estacionamiento y te das cuenta de que la llanta de tu auto está ponchada. Aumenta cinco puntos más tu activación fisiológica. Mentalmente te dices "Tranquilo, no te adelantes". Cambias la llanta y de camino te vuelve a llamar tu esposa para informarte que el golpe de tu hijo no fue nada serio y que ya van de regreso a casa. Respiras profundo, reconoces que fue un día pesado, regresas a casa cansado mas no estresado. Aunque tuviste varios picos de estrés, este no se acumuló, así que puedes dormir tranquilo y reponerte para enfrentar lo que el siguiente día te depare (véase figura 2, cuadro 1).

Pero qué pasa cuando no logramos manejar de manera adecuada las presiones diarias de la vida. Tomemos el mismo ejemplo para explicar la carga alostática. Al darte cuenta de que te despertaste media hora tarde, se activan todos los sistemas de tu cuerpo y sube tu nivel de estrés cinco puntos. Mientras te bañas y te vistes, tu diálogo interno no para de atacarte y enjuiciarte por tu descuido: "Soy un desastre. Justo ayer hablé con mi gente de la importancia de la puntualidad y hoy voy a llegar tarde. A ver si esto no me cuesta el trabajo". Te llevas una fruta y una barra de cereal para comértelas en el camino, y con el tiempo que ahorraste por no sentarte a desayunar, logras llegar a tiempo a la junta; sin embargo, como tu mente no ha dejado de exponerte los peores escenarios, no logras bajar más que tres puntos de estrés y te quedas con dos. Dos horas después de la junta suena tu teléfono. Es tu jefe furioso porque le mandaste una información equivocada. Tu cuerpo se vuelve a activar y tu estrés sube de nuevo cinco puntos. Mientras acudes a su oficina, mentalmente buscas todas las excusas para defender tu punto. Tu voz interna vuelve a decirte cosas hirientes: "Siempre me pasa lo mismo, soy un bruto. Seguro se dio cuenta de que estaba nervioso en la mañana, no me va a promover". Llegas y aclaran el error, pero no logras recuperar tu nivel anterior y te quedas de nuevo con dos puntos de estrés. A media tarde te llama tu esposa para decirte que tu hijo sufrió un accidente en su práctica de futbol y que lo están revisando en la enfermería. Tu nivel de estrés se incrementa de nuevo cinco puntos. Sales al estacionamiento y te das cuenta de que la llanta de tu auto está ponchada. Aumenta cinco puntos más tu activación fisiológica. Durante todo el proceso tu mente no ha descansado, no para de presentarte una serie de escenarios catastróficos de todas las cosas que le podrían pasar a tu hijo, y acumulas otros dos puntos. Aunque resuelves el problema del auto y de camino te vuelve a llamar tu esposa para informarte que el golpe de tu hijo no fue nada serio y que ya van de regreso a casa, te quedas con dos puntos de estrés. Pese a que todas las situaciones estresantes se solucionaron, la manera de interpretar los eventos hace que al terminar el día hayas acumulado ocho puntos de estrés. Tu sueño no es tan reparador y al día siguiente inicias tu jornada con un excedente de estrés o carga alostática (véase figura 2, b).

En la figura 2, McEwen explica las diferentes respuestas al estrés. El cuadro 1 es la respuesta normal ante el estrés, incluye un período de actividad durante el cual se activan los sistemas alostáticos y un período de recuperación en el cual cesa dicha activación. En los siguientes cuatro cuadros se explican los diferentes tipos de carga alostática, en los cuales no existe este período de recuperación. Veámoslos a detalle:

- *Impactos reiterados* (figura 2, a): Es la respuesta observada en aquellas personas con permanentes situaciones de estrés. El sujeto no termina de resolver una situación cuando ya surge otra; no alcanza a recuperarse y ya tiene que enfrentar una nueva circunstancia adversa. Pongamos el ejemplo de una persona que es despedida de su empleo, tiene problemas con su pareja, su padre se enferma y los intereses en la tarjeta de crédito siguen aumentando. Como decimos en el argot popular "le llueve sobre mojado".

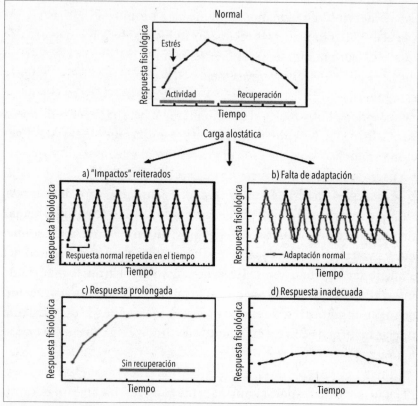

FIGURA 2. Tipos de carga alostática.[12]

- *Falta de adaptación* (Figura 2, b): El individuo no logra adaptarse a estresores del mismo tipo que se repiten en el tiempo. El ejemplo típico es la persona que realiza una actividad que no le agrada en un ambiente laboral tóxico, circunstancia que genera frustración, temor y ansiedad. Y aunque la mayoría de las personas terminan adaptándose, hay un alto porcentaje que no lo logra nunca y vive cada jornada laboral como una nueva situación de estrés. Esto lleva una exposición prolongada a las hormonas del estrés, lo que termina cobrando un saldo a la salud.

---

[12] Tomado de B.S. McEwen y P.J. Gianaros, "Plasticidad cerebral inducida por el estrés y la alostasis". Disponible en: http://www.academia.edu/3748355/Plasticidad_Neuronal_Inducida_por_el_Estres_y_la_Aleostasis

- *Respuesta prolongada* (Figura 2, c): Es una respuesta de estrés prolongada en la cual no hay período de recuperación. Se manifiesta en personas incapaces de reprimir las respuestas alostáticas una vez finalizado el evento estresante. Son personas que no pueden desconectarse y siguen rumiando el problema como disco rayado. Esta sería la curva típica que vemos en la depresión y en la ansiedad, en la que el sujeto no puede frenar la respuesta de estrés.

- *Respuesta inadecuada* (Figura 2, d): Cuando el sistema no responde adecuadamente a un estímulo estresante, la actividad de otros sistemas aumenta. Si la secreción de cortisol no aumenta como respuesta al estrés, aumenta la secreción de citoquinas inflamatorias, que están contrarreguladas por el cortisol. Estas citoquinas actúan directamente sobre las células provocando estrés oxidativo, lo cual causa un envejecimiento celular, muerte prematura de las células y, en el peor de los casos, lleva a la mutación de estas, afectando la salud y las diferentes áreas de la vida.

7. SIGNOS DE ALARMA DE ESTRÉS EN LAS DIFERENTES ÁREAS DE LA VIDA

Recuerda que el estrés es acumulativo; por lo tanto, hechos que ocurrieron hace dos años pueden estar afectándote en este momento de tu vida. A continuación se presentan algunos signos de estrés. Identifica y subraya los síntomas que tienes y observaras las áreas que se ven más afectadas por este:

- *Síntomas físicos*: Dolores de cabeza, indigestión, molestias estomacales, sudoración en la palma de las manos, dificultades para dormir, sensación de mareo, dolor de espalda, cansancio, tensión en el cuello y en los hombros, taquicardia, zumbido de oídos, sequedad de la boca, dificultad para respirar, sensación de nudo en la garganta.

- *Síntomas emocionales*: Ansiedad, sensación de presión excesiva, tristeza sin razón, llanto fácil, agresión, arranques emocionales, apatía, aburrimiento, fatiga, frustración, culpabilidad, irritabilidad, mal humor, baja autoestima, tensión, nerviosismo, soledad.

- *Síntomas conductuales*: Propensión a sufrir accidentes, excesiva ingestión de alimentos o pérdida de apetito, fumar en exceso, abuso de alcohol, dependencia a las drogas, excitabilidad, conducta impulsiva, habla afectada, risa nerviosa, masticar chicles de una manera compulsiva, rechinar los dientes durante la noche (bruxismo), sensación de torpeza al realizar tareas, inquietud, temblor.

- *Síntomas cognoscitivos*: Preocupación constante, incapacidad para tomar decisiones, olvidos frecuentes, deterioro de la memoria, falta de atención y concentración, hipersensibilidad a la crítica, pérdida del sentido del humor, bloqueo mental.

- *Síntomas laborales*: Ausentismo, relaciones laborales conflictivas, baja productividad, alto índice de accidentes, rotación de puestos, ansiedad en el trabajo, pobre desempeño, falta de creatividad.

- *Síntomas relacionales*: Evadir a las personas, poco contacto con amigos, aislamiento, intolerancia, falta de intimidad, resentimiento, irritabilidad, agobio, soledad, bajo o nulo deseo sexual, abuso de comentarios hirientes, conductas de evitación, deseo de pasar desapercibido.

- *Síntomas espirituales*: falta de sentido, sensación de vacío, apatía, dudas, cinismo, incapacidad para perdonar, búsquedas mágicas, pérdida de la fe, falta de dirección interna.

La lista de síntomas que podemos tener en las diversas áreas de nuestra vida es infinita y las consecuencias dependerán de una serie de elementos que conforman nuestra personalidad. En el siguiente apartado conoceremos los tres tipos de personalidad ante el estrés. Veamos con cuál te identificas.

8. PERSONALIDAD ANTE EL ESTRÉS

Llamamos *personalidad* al patrón de sentimientos y pensamientos que van ligados al comportamiento de la persona; es decir, a los pensamientos, sentimientos, actitudes y hábitos de conducta de cada individuo que persisten a lo largo del tiempo en las diferentes situaciones y que lo distinguen de cualquier otro ser humano. Son, pues, rasgos de la personalidad las actitudes persistentes que hacen al individuo pensar, sentir y actuar de manera característica. En la adquisición de la personalidad influyen muchos factores: la herencia, el ambiente en el que se desenvolvió en la infancia, la vida familiar, la relación de los padres, las relaciones entre padres e hijos y entre hermanos, las diversas problemáticas que atañen a esas relaciones, el entorno cultural y social, el contexto socioeconómico en que se vivió, etcétera.

La psicología, como ciencia que estudia la personalidad, cuenta con muchos los psicólogos que han clasificado la personalidad desde diferentes puntos de vista. Para los fines de este capítulo me centraré en la personalidad ante el estrés. Las respuestas ante el estrés, como ya vimos, tienen un importante componente personal. Cada individuo encuentra diferentes formas de afrontar una misma situación. Lo que unos perciben como un problema, otros pueden encontrarlo como una oportunidad o una situación completamente normal.

Personalidad tipo A

Según varias investigaciones médicas, hay un tipo de personalidad, denominada *tipo A*, que está estrechamente vinculada al estrés. El perfil del comportamiento de tipo A fue descrito por Friedman y Rosenman en 1959.[13] Estos son algunos de sus rasgos característicos:

---

[13] M. Friedman y R. H. Rosenman, "Association of Specific Overt Behavior Pattern

son personas activas, enérgicas, competitivas, ambiciosas, agresivas, impacientes y diligentes. Muestran interés desmesurado por la perfección y el logro de metas elevadas. Consideran el trabajo como el centro de su vida. Son incapaces de relajarse. Están constantemente preocupadas por el tiempo, nunca encuentran el suficiente para todo lo que quisieran hacer. Acostumbran sentirse incómodas cuando no hacen más de una cosa a la vez. Sus movimientos son rápidos (caminar, hablar, gesticular, etcétera). No saben quedarse quietas sin hacer nada. Las consecuencias sobre la salud de las personas que tienen este tipo de personalidad son hipertensión arterial, arritmias cardíacas e infarto de miocardio.

Personalidad tipo C

Se trata de personas poco asertivas que se someten a los deseos de los demás y rara vez toman en cuenta sus propios deseos, necesidades o preferencias. Tienden a ocultar sus emociones negativas, evitan a toda costa el conflicto y tratan de mantener una apariencia calmada y positiva ante los demás, aunque en su interior pueden sentir desesperanza y tristeza. Incapaces de expresar la ira, al sentirla la cancelan de inmediato, la ignoran o la reprimen. Tampoco expresan o experimentan otras emociones negativas —como miedo, ansiedad o tristeza—, sino que tienden a reprimirlas o suprimirlas. Son pacientes, amables y cooperadores. Extremadamente preocupados por complacer a los demás y ser aceptados, no suelen quejarse y tienden a sacrificarse por otros de una manera excesiva.[14] Responden con tristeza y sensación de desesperanza e impotencia ante situaciones estresantes. Tienen predisposición a la depresión y a un sinnúmero de enfermedades autoinmunes como lupus, artritis reumatoide, esclerosis múltiple, fibromialgia, asma y cáncer, entre otras.

---

with Blood and Cardiovascular Findings", en *Journal of the American Medical Association*, núm. 169, 1959, pp. 1286–1296.

[14] T. Morris y S. Greer, "A 'Type C' for Cancer? Low Trait Anxiety in the Pathogenesis of Breast Cancer", en *Cancer Detection and Prevention*, 3, núm. 102, 1980.

Personalidad tipo B

En general, los individuos con una personalidad tipo B son serenos, confiados, asertivos, relajados y abiertos a las emociones (incluidas las hostiles). Este tipo de personalidad es el más escaso y el más saludable de los tres tipos. No es lo contrario al tipo A ni al C, es diferente. Tienen sus urgencias, pero son pacientes con ellas; saben manejar el tiempo y cuidan su cuerpo. No tienden a hacer muchas cosas a la vez y establecen un orden de prioridades. Por lo común intentan activamente disfrutar de la vida (saben que no es fácil, pero aspiran a ello). No esperan que los demás los comprendan; ayudan a otros, pero no esperan nada a cambio. Tienen confianza en sí mismos y no buscan la aceptación de los demás. En resumen, saben que la vida dura solo un tiempo y por consiguiente la aprovechan. Saben que hay sufrimientos y deleites, sufren con unos y gozan con los otros. No se enganchan, no critican y no juzgan como lo hace la mayoría. Intentan vivir de forma comprometida. En general, este patrón de personalidad es el ideal en las personas porque habla de un mayor equilibrio emocional y se considera el patrón de personalidad más saludable.[15]

Como hemos visto a lo largo de este capítulo, la respuesta general de adaptación programada genéticamente ha cambiado muy poco a lo largo del proceso evolutivo. Los ciudadanos del siglo XXI somos mucho más vulnerables al estrés, y las estadísticas así lo demuestran.[16] Las condiciones psicosociales en que nos desenvolvemos han variado en el curso de los últimos años a un grado tal que actualmente estamos expuestos a una enorme cantidad de estímulos varios, simultáneos y estresantes, entre los que se encuentran la desestructuración familiar, exigencias y valores contradictorios, ritmo acelerado de vida, cambio

---

[15] R. Mainieri, "Psicología del estrés", 1999, 2007: http//healthclub.fortunecity.com/hockey/91/estress.htlm

[16] González-Méndez, "Psiconeuroinmunología, emociones y enfermedad", en *MedULA*, núm. 18, 2009, pp. 155-164.

climático, contaminación, ruido, hacinamiento urbano, bombardeo publicitario con necesidades creadas, competencia, lucha por la sobrevivencia económica, inseguridad, trabajos rutinarios y sin sentido e incluso la pérdida del sentido de la vida.

Ante este tipo de estresores tan complejos y ambiguos, el ataque, la huida y la parálisis no son respuestas efectivas. Por el contrario, traen consecuencias nefastas, producto de una respuesta de adaptación disfuncional y patológica que tiende a hacerse crónica y a generar daño orgánico y psicológico. Estas son algunas de las razones por las que cada vez resulta más necesario aplicar técnicas para controlar al cuerpo y aprender a observar y dirigir a la mente.

Cómo manejar el estrés y no enfermar en el intento II

A mediados del siglo pasado, diferentes estudios epidemiológicos pusieron de manifiesto que las enfermedades más extendidas en las sociedades industrializadas ya no eran las enfermedades infecto-contagiosas sino las psicosomáticas. La incidencia de estas enfermedades en nuestro mundo moderno propició que diferentes disciplinas se unieran en el desarrollo de conceptos y estrategias para construir una visión global de la enfermedad. Así, disciplinas como la medicina, la psiquiatría, la psicología y la ingeniería biomédica ingresaron dentro del abanico de posibilidades para intervenir en la enfermedad física, y aparecieron subespecializaciones como la medicina psicosomática, la medicina conductual y la psiconeuroinmunoendocrinolo-gía, ramas de la medicina de las que nos ocuparemos en este capítulo.

Debido a la falta de tiempo en las consultas médicas y al difícil diagnóstico de las enfermedades psicosomáticas, la medicina tradicional tiende a centrarse casi exclusivamente en los síntomas físicos de la enfermedad, dejando a un lado los síntomas emocionales y más aún los pensamientos que los pueden estar generando y manteniendo. Es común conocer a personas que se quejan de haber recorrido varios médicos sin ser diagnosticadas y que, sin embargo, continúan sintiéndose mal. Todo ello causa a la persona que sufre estos síntomas un gran malestar en distintos ámbitos de su vida, pues aumentan las especulaciones mentales con tintes terroríficos o catastróficos sobre el mal que las aqueja.

I. MEDICINA PSICOSOMÁTICA

Como primera aproximación diremos que las enfermedades psicosomáticas son enfermedades creadas o aumentadas por el estrés, es decir, por la manera de interpretar los acontecimientos. Son enfermedades inducidas en nuestro cuerpo por la mente, debido a razones psicológicas. En términos generales, se entiende que una persona sufre somatizaciones cuando presenta uno o más síntomas físicos, y tras un examen médico estos síntomas no pueden ser englobados dentro de ninguna enfermedad. Además, pese a que pueda presentar una patología, los síntomas que refiere y sus consecuencias son excesivos en comparación con lo que cabría esperar. En muchos de estos casos estamos ante problemas psicosomáticos. A menudo los médicos tratan con fármacos a estos pacientes administrándoles ansiolíticos o antidepresivos, pero al cabo de un tiempo las personas vuelven con el mismo problema sin resolver o con otros síntomas diferentes. Así pues, al final el médico deriva a este tipo de pacientes al psicólogo alegando que todo se debe a los "nervios". Tal vez por este motivo cada vez hay más gente que busca respuesta primero en medicinas alternativas, que a la larga tampoco solucionan su problema.

En este tipo de trastornos, la mente desempeña un papel muy importante, ya que muchas personas, ante un dolor agudo o una molestia orgánica, lo primero que piensan es que padecen alguna enfermedad física, en ocasiones grave; sin embargo, la mayoría de las veces no es así. La salud no es el silencio del cuerpo, y no todos los síntomas o molestias son resultado de una enfermedad física. De hecho, 70% de las molestias que sentimos a diario se deben a causas naturales, propias del funcionamiento del organismo, como cuando realizamos la digestión, respiramos o cuando sudamos.

Se ha observado que la depresión, la ansiedad y el estrés son factores que influyen en el origen, el mantenimiento y en la evolución de distintas enfermedades psicosomáticas. Para comprender mejor la influencia de la mente, entendamos la depresión como un exceso de pensamientos sobre el pasado, la ansiedad como un exceso de pensamientos sobre el futuro[1] y el estrés como una incapacidad para dar interpretaciones objetivas y realistas ante las amenazas reales o imaginarias que tenemos a diario en nuestra acelerada vida. Una persona que sufre depresión por largo tiempo tendrá debilitado su sistema inmunológico, por lo que su organismo será vulnerable a cualquier tipo de infección, desde una gripe hasta enfermedades autoinmunes de mayor gravedad. La ansiedad y el estrés producen aumento en los niveles de colesterol, hipertensión arterial y hasta pueden llegar a causar infartos y hemorragias cerebrales.

Las enfermedades psicosomáticas que se presentan con mayor frecuencia en los diferentes órganos y sistemas del cuerpo son:

- EN EL CORAZÓN Y EN EL SISTEMA CARDIOVASCULAR: hipertensión arterial, infarto de miocardio y hemorragias cerebrales.

- EN EL APARATO DIGESTIVO: síndrome de intestino irritable, úlcera, colitis ulcerosa, aerofagia y dispepsias psicógenas, hipo, gastritis, reflujo, espasmo de píloro, constipación, diarreas psicógenas, meteorismo, estado nauseoso, dolor abdominal crónico, sensación de tener un nudo en la garganta que causa disfagia y otras formas de disfagia orofaríngea.

- EN EL APARATO RESPIRATORIO: asma bronquial, bronquitis, rinitis alérgica, tos psicógena, hiperventilación.

- EN EL APARATO GENITOURINARIO: vaginismo, trastornos menstruales, dismenorrea psicógena, enuresis, disfunciones sexuales, vejiga nerviosa.

- OSTEOMUSCULARES: cefaleas tensionales, fibromialgia, tortícolis y otros trastornos y movimientos espasmódicos psicógenos.

- EN EL SISTEMA ENDOCRINO: diabetes, hiper o hipotiroidismo y obesidad.

- DERMATOLÓGICAS O CUTÁNEAS: eczemas, alopecia, psoriasis, dermatitis, acné, prurito psicógeno o urticaria, hiperhidrosis, vitíligo.

---

[1] E. Tolle, *El poder del ahora*, Bogotá, Norma, 2000.

La historia de los trastornos psicosomáticos comienza con Jean-Martin Charcot, médico francés que trabajó a finales del siglo XIX en el hospital Pitié-Salpêtrière de París. Cuando Freud fue a estudiar con él, en octubre de 1885, Charcot estaba exclusivamente dedicado a estudiar la neurosis, en especial la histeria. Charcot describió cuidadosamente las variadas manifestaciones de la histeria, y gracias a sus esfuerzos una condición clínica que era ridiculizada pasó a ser un diagnóstico establecido dentro de la clasificación de los trastornos neuropatológicos.

Charcot era un profesor brillante y tuvo una influencia profunda en la carrera de Freud. Como consecuencia de los pocos meses que estudió con él, Freud tomó la importante decisión de concentrarse en el estudio de la psicopatología más que en la neuropatología, es decir que optó por prestarle más atención al estudio de la mente que al del sistema nervioso. Cuando Freud regresó a Viena en 1886, comenzó a trabajar estrechamente con Josef Breuer y a tratar a las pacientes con histeria. Uno de los frutos de esta colaboración fue la publicación, en 1895, del libro *Estudios sobre la histeria*,[2] con el cual se dio inicio al desarrollo de la medicina psicosomática. Con el paso del tiempo, el crucial cambio de dirección hacia la psicopatología llevó a Freud al hallazgo más brillante para la psicología: el descubrimiento del inconsciente y sus teorías sobre los procesos emocionales inconscientes. Freud fue el primero en señalar que únicamente somos conscientes de una porción de nuestra actividad mental, y que buena parte de nuestros pensamientos y sentimientos tienen lugar fuera de nuestra conciencia, en lo que él llamó el *inconsciente*.[3]

La medicina psicosomática emerge directamente del psicoanálisis y su objetivo central ha sido describir y explicar las relaciones que existen entre la enfermedad física y la vida emocional. Es heredera de la concepción dualista acerca de la naturaleza humana, que establece una dicotomía entre la mente y el cuerpo. Aunque la distinción filo-

---

[2] J. Breuer y S. Freud, *Estudios sobre la histeria,* tomo II, Buenos Aires, Amorrortu, 1985.

[3] J.E. Sarno, *La mente dividida*, Málaga, Sirio, 2006.

sófica entre la mente y el cuerpo en el pensamiento occidental puede ser rastreada desde los griegos, no se había descubierto la importancia de la interacción y unión indivisible de ambos debido a la fuerte influencia que sobre el desarrollo de la ciencia tuvo desde el Renacimiento y durante los siglos siguientes el pensamiento dualista de René Descartes.[4] El dualismo sostiene que la realidad está conformada por dos partes separadas, que los individuos son buenos o malos y que las acciones son correctas o incorrectas. El dualismo cartesiano retrasó por siglos a la ciencia en su búsqueda de una comprensión completa del ser humano y de la naturaleza de la vida.

La fuerte influencia del dualismo ocasionó que hasta hace muy poco la medicina moderna —incluyendo la mayor parte de la psiquiatría— se negara a reconocer que la mente tuviera la capacidad de iniciar cambios físicos y neuroquímicos en el cuerpo. De hecho, el término *psicosomático* fue eliminado del *Manual diagnóstico y estadístico de los trastornos mentales* y se sustituyó por el término *somatomorfo*.[5]

Richard Davidson explica en su más reciente libro que a la medicina psicosomática la han llamado *medicina mente/cuerpo*, *psicología de la salud* y que actualmente se conoce como *medicina conductual*, dado que el término *psicosomático* tiene una connotación peyorativa.[6]

2. MEDICINA CONDUCTUAL

El doctor Herbert Benson, profesor de la Facultad de Medicina de Harvard y fundador del Instituto Benson-Henry de Medicina Mente-Cuerpo en el Hospital General de Massachusetts, es líder en esta nueva rama de la medicina que integra y unifica la mente y el cuerpo.

---

[4] René Descartes, *El tratado del hombre* [trad. Guillermo Quintás], Madrid, Alianza Editorial, 1990.

[5] *Manual diagnóstico y estadístico de los trastornos mentales.* DSM-V, Editorial Médica Panamericana, 2014.

[6] R.J. Davison y S. Begley, *The Emocional Life of your Brain*, Nueva York, Plume, 2013.

La medicina conductual se basa en el supuesto de que los pensamientos, las emociones y las actitudes influyen en los problemas de salud y autocuidado en general. Es decir que no se trabaja solo con el síntoma aislado, sino con los pensamientos no observados, las emociones desagradables, las actitudes negativas y las conductas poco sanas que llevan a la persona a desarrollar enfermedades. Para prevenir, manejar y tratar las disfunciones fisiológicas o emocionales, se apoya en la respuesta de relajación y en el uso de técnicas derivadas de la psicofisiología, la terapia cognitivo conductual y la espiritualidad.

3. LA RESPUESTA DE RELAJACIÓN

Como hemos visto, al igual que los animales, los seres humanos reaccionamos de una manera predecible ante una situación estresante. Esto es a lo que se ha llamado *respuesta de lucha/huida,* una respuesta involuntaria en la cual se incrementa la actividad del sistema nervioso simpático. No obstante, todos los seres humanos poseemos un mecanismo innato y natural que nos protege contra el estrés excesivo y que disminuye los efectos nocivos de la respuesta de lucha/huida: la *respuesta de relajación,* que se relaciona con un incremento en la actividad parasimpática. La relajación es una de las actividades que las personas tenemos al alcance de la mano y que nos ayuda a disfrutar mucho más y mejor de nuestra vida. Las dos ramas del sistema nervioso autónomo interactúan como el *ying* y el *yang*: la rama simpática, que acelera el cuerpo y lo prepara para luchar o huir, y su contraparte, la rama parasimpática, que tiene acciones antagónicas y favorece la relajación. Podemos decir que el sistema nervioso tiene un ritmo circadiano, es decir que la actividad de las dos ramas sigue un ciclo día/noche. Durante el día, predomina la actividad simpática, lo que nos permite estar activos y listos para reaccionar ante las demandas físicas e intelectuales cotidianas, y durante la noche predomina la actividad parasimpática, que favorece el sueño y el descanso reparador. El sistema nervioso autónomo es la representación biológica del *ying-yang* de la filosofía oriental. El *ying-yang* une a los opuestos de manera armónica: el frío con el calor, la luz con la oscuridad, lo masculino con lo femenino, el día con la noche, lo suave con lo duro, lo húmedo con lo seco. Son opuestos pero al mismo tiempo interdependientes, dinámicos y armónicos: el *ying* se convierte en *yang*, y viceversa. No se pueden concebir el uno sin el otro, juntos forman el *Tao*.[7]

Tanto el estrés como la relajación son respuestas naturales del organismo; no obstante, hay una gran diferencia entre ellas: la respuesta de lucha/huida es totalmente automática e involuntaria, mientras que la respuesta de relajación puede producirse a voluntad si contamos con un entrenamiento previo.

Pero ¿qué es la relajación? Como una primera aproximación diremos que es lo que se opone al estrés y refuerza la homeostasis y la alostásis del cuerpo. Lo que disminuye la angustia. Lo que unifica a los elementos del organismo. La relajación, al ser la respuesta opuesta a la reacción de lucha/huida, causa la reducción en la actividad del sistema nervioso simpático.

El descubrimiento de la respuesta de relajación se atribuye al doctor Herbert Benson. En 1967, temeroso de parecer demasiado raro, esperó hasta muy entrada la noche e infiltró a 36 monjes budistas en su laboratorio para medir su ritmo cardíaco, su presión sanguínea y la temperatura de su piel. Descubrió que mientras los monjes meditaban, utilizaban un 17% menos de oxígeno, su ritmo cardíaco disminuía a tres latidos por minuto y sus ondas cerebrales alfa y theta aumentaban sin entrar en el patrón de ondas cerebrales correspondiente al sueño profundo. En su *bestseller* publicado en 1970, *The Relaxation Response*, asegura que los meditadores neutralizaban la respuesta de lucha/huida inducida por el estrés y alcanzaban un estado de mayor calma y felicidad.[8] Este evento marcó el inicio de los posteriores acercamientos entre neurocientíficos y budistas.

Así como Cannon y Seyle explicaron la fisiología del estrés, el doctor Benson explicó la fisiología de la relajación luego de observar

---

[7] M. Martínez Lavin, *Fibromialgía. El dolor incomprendido*, México, Santillana, 2013.
[8] H. Benson, *The Relaxation Response*, Nueva York, Avon, 1976.

los cambios que mostraban las personas en meditación profunda. Mediante el simple acto de cambiar sus patrones de pensamiento, los sujetos experimentaron disminución del tono muscular; respiración más lenta, profunda y rítmica; ralentización y mayor regularidad del ritmo cardíaco, así como aumento de la resistencia galvánica de la piel. El electroencefalograma (EEG) mostró un aumento de la coherencia interhemisférica con mayor difusión y persistencia del ritmo alfa, las ondas que se observan durante el estado de relajación consciente. El consumo de oxígeno y la eliminación de dióxido de carbono disminuyeron y aumentaron las defensas del sistema inmunológico.[9] Benson dio una explicación biológica a los cambios que se producen en el cuerpo, en la mente y en las emociones de las personas que practican técnicas que la gente en Oriente ha utilizado desde hace miles de años.

A finales de octubre y principios de noviembre de 1993, tuve la fortuna de conocer personalmente al doctor Benson y de trabajar durante unos días con todo su equipo —Eileen Stuart, Alice Domar, Ann Webster, Aggie Casey, Gregg Jacobs, entre otros— en un curso de Medicina Conductual impartido por el Departamento de Educación Continua de la Escuela de Medicina de Harvard. Uno de los aprendizajes más significativos que el doctor Benson me dejó, además de la práctica de la relajación, fue la importancia de trabajar con la mente y la espiritualidad en el tratamiento de los pacientes.

Adentrarme en la medicina mente/cuerpo me abrió un panorama más amplio para entenderme y entender a mis pacientes, más allá del psicoanálisis y la psicología del yo en la que me formé durante mis años de estudiante. Me ayudó también a integrar la espiritualidad a mi trabajo profesional, ya que la rigidez académica me impedía mezclar lo profesional con lo espiritual, a pesar de que me daba cuenta de que los pacientes que avanzaban más rápido y manejaban mejor sus problemas eran los que tenían fe en un ser superior, o que eran personas con una conciencia espiritual más desarrollada. Después de tomar este curso empecé a poner más atención en el cuerpo y en cómo este reaccionaba y se veía afectado por la verborrea de la mente.

---

[9] H. Benson, "Psychophysiologic Aspects and Clinical Implications", en *Int. J. Psychiat. Med.*, núm. 6, 1975, pp. 87-98.

Mi práctica profesional se enriqueció al ser capaz de enseñarles a las persona que acuden a mi consulta no solo a conocer sus heridas de infancia, sino también a entender la importancia del estrés, cómo manejarlo, cómo desarrollar un nivel de introspección y atención continuas que les impidan caer en las garras de pensamientos obsesivos indeseados, emociones negativas y demás turbulencias de la mente, que son las causas de nuestra desazón e infelicidad, además de cómo ahondar en la fuerza espiritual que se logra al saberse parte de un universo abundante, ordenado y perfecto.

La medicina conductual nos ofrece una visión más amplia y consciente sobre el cuidado de nuestro cuerpo físico, a través del aprendizaje de técnicas de relajación, apoyándose en aparatos de *biofeedback* y mejorando la alimentación, los hábitos de sueño y ejercicio.

4. LAS BONDADES DE LA RELAJACIÓN

Aunque la mayoría de nosotros estamos más familiarizados con los síntomas de tensión que con los de relajación, existen algunos indicadores que nos dan la pauta para saber que estamos relajados: pesadez, ligereza, calor, hormigueo, bostezos, suspiros, respiración abdominal más lenta y cómoda, estremecimiento del cuerpo, músculos blandos, manos y pies calientes y pesados, apertura, conexión, calma, serenidad, paz, fluir de las sensaciones y liberación emocional.[10]

Además de estas sensaciones, las personas que practican regularmente la relajación también experimentan cambios significativos y medibles como reducción del ritmo cardíaco y respiratorio; bajo contenido de colesterol, triglicéridos y lactato en sangre; estabilización de la presión arterial y reducción de arritmias cardíacas, y disminución de las secreciones de ácido clorhídrico en el estómago. Asimismo, reportan sentirse libres de preocupaciones obsesivas, pensamientos negativos y de la tendencia a la autocrítica; disminución de la ansie-

---

[10] J. y M. Levey, *El arte de relajarse concentrarse y meditar*, Alicante, Ediciones Dharma, 1999.

dad; mejoría en la calidad y el tiempo del sueño, y mayor capacidad de atención, concentración y memoria, que se refleja en mejores hábitos de estudio y aumento en la eficiencia y en la productividad. Estas personas se sienten en paz, con energía y con mayor autoaceptación y autoestima. Disminuyen sus preocupaciones por el pasado y el futuro y disfrutan más el momento presente. Todo esto se refleja en una mejora en sus relaciones interpersonales.

Es importante señalar que el sueño, el reposo muscular y la inmovilidad no significan relajación. Podemos estar durmiendo, descansando en un sillón, acostados frente al televisor o tirados en la playa tomando el sol, y no estar relajados. Esto sucede porque nuestra mente no sabe acallar los pensamientos disruptivos. En la medida en que aprendamos a reducir el ruido interno, surgirán de un modo natural y sin esfuerzo la vitalidad física, la claridad mental, el bienestar emocional y la serenidad espiritual. Recuerda: la relajación no es algo que tú haces. Es una respuesta natural que tú permites. Es lo que queda cuando dejas de crear tensión.[11]

5. IMPORTANCIA DEL VÍNCULO TEMPRANO CON LA MADRE PARA LA RELAJACIÓN Y LA VIDA

Para algunas personas es muy fácil y placentero relajarse, pero para otras no solamente es difícil, sino que hasta les desagrada e incomoda. Se ha descubierto que la capacidad de evocar la respuesta de relajación está relacionada con el recuerdo de la relación temprana con la madre. En el momento en que a una persona se le pide que cierre los ojos, suelte toda la tensión de los músculos del cuerpo y se imagine en un lugar seguro, inconscientemente regresa a las primeras manifestaciones de contención y cuidado que recibió de su madre o de la cuidadora que la atendió en sus primeros años de vida. La naturaleza de nuestros primeros vínculos tiende a influir significativamente en

---

[11] *Ibidem.*

nuestra vida posterior, no solo en nuestras relaciones futuras sino en los estilos de regulación emocional.[12]

Como sabemos, los tres primeros meses de gestación son muy importantes para la formación del cuerpo físico del bebé, ya que si la madre sufre algún golpe, enfermedad infecciosa, carencia de vitaminas o exceso de sustancia tóxicas, el feto puede desarrollar malformaciones. De la misma manera, los primeros tres años de vida del bebé • son básicos para la formación de su cuerpo psíquico, pues es la etapa en la que se establecen los cimientos para un crecimiento saludable cuyo efecto durará hasta la vida adulta. En este período se estructuran las bases fundamentales de las particularidades físicas, neurológicas, mentales y emocionales del ser humano. Crear un vínculo de apego es fundamental para tener la seguridad necesaria para explorar el nuevo entorno y para aprender de él.

El desarrollo de la teoría del apego y el concepto de vínculo están estrechamente unidos a la figura del psicoanalista británico John Bowlby. El doctor Bowlby trabajaba en el Departamento Infantil de la Clínica Tavistock en Londres, cuando en 1948 la Organización Mundial de la Salud (OMS) le encomendó la tarea de investigar las necesidades de los niños sin hogar, huérfanos y separados de sus familias a causa de la Segunda Guerra Mundial. Tras su estudio, Bowlby enfatizó que la formación de una relación cálida entre el niño y su madre en la infancia es tan crucial para la salud mental como lo son las vitaminas y las proteínas para la salud física.[13]

Esta teoría no solo se basó en la observación clínica de niños institucionalizados, sino que también se nutrió de importantes hallazgos provenientes de la etología, como los hallazgos de Konrad Lorenz, quien en sus estudios con gansos y patos en la década de 1950 reveló que las aves podían desarrollar un fuerte vínculo con la madre a través de un aprendizaje programado o impronta, sin que el alimen-

---

[12] E. Carlson, "A Prospective Longitudinal Study of Attachment Disorganization/Disorientation", en *Child Development*, 69(4), 1998, pp. 1107-1128.

[13] J. Sayers, "Informe sobre la salud en el mundo – Salud mental: nuevos conocimientos, nuevas esperanzas", en *Boletín de la Organización Mundial de la Salud*, OMS, recopilación de artículos núm. 6, 2002, pp. 141-142.

to estuviera de por medio.[14] Pero fue Harry Harlow, con sus experimentos con monos y su descubrimiento de la necesidad universal de contacto,[15] quien encaminó a Bowlby de manera decisiva en la construcción de la teoría del apego.

La tesis fundamental de esta teoría es que el estado de seguridad, ansiedad o temor de un niño está determinado en gran medida por la accesibilidad y capacidad de respuesta de su principal figura de afecto, con quien se establece el vínculo: la madre. El apego es definido por Bowlby como "cualquier forma de conducta que tiene como resultado el logro o la conservación de la proximidad con otro individuo claramente identificado, al que se considera mejor capacitado para enfrentarse al mundo".[16] Esto resulta evidente cada vez que nos sentimos asustados, fatigados o enfermos y sentimos alivio en el consuelo y los cuidados de las personas significativas para nosotros. En otros momentos, la conducta es menos manifiesta.

La relación de apego actúa como un sistema de regulación emocional cuyo objetivo principal es la experiencia de seguridad. El bebé —según esta teoría— nace con un repertorio de conductas que tienen la finalidad de producir respuestas en los padres: la succión, las sonrisas reflejas, el balbuceo, la necesidad de ser acunado y el llanto no son más que estrategias —por decirlo de alguna manera— del bebé para vincularse con sus papás. Con este repertorio los bebés buscan mantener la proximidad con la figura de apego, resistirse a la separación, protestar si se lleva a cabo (lo que conocemos como ansiedad de separación) y utilizar la figura de apego como la base de seguridad desde la que se explora el mundo.

La conducta de apego puede manifestarse en relación con diversos individuos, mientras que el vínculo se limita a unos pocos. Podemos definir el *vínculo* como un lazo afectivo que una persona forma entre

---

[14] K. Lorenz, "On the Formation of the Concept of Instinct", en *Natural Sciences*, 25 (19), 1937, pp. 289-300.
[15] H.F. Harlow, "The Nature of Love", en *American Psychologist*, 13, 1958, pp. 673-685.
[16] J. Bowlby, "Attachment and Loss", vol. III, *La Pérdida Afectiva*, Buenos Aires, Paidós, 1983.

sí mismo y otro, un lazo que los junta en el espacio y que perdura en el tiempo.[17] Mary Ainsworth combinó la observación de la interacción de madres y bebés en casa con la respuesta a un procedimiento de laboratorio que sometía al bebé a reuniones y separaciones con la madre y a reuniones y separaciones con un extraño. Con base en sus observaciones dio con tres patrones de apego, dependiendo de la actitud básica de los padres en la forma de tratar al hijo: el *apego seguro* y el *apego inseguro*; dentro de este último encontramos dos subtipos: *apego ambivalente* y *apego evitativo*.[18] Posteriormente, Mary Main y Judith Solomon revisaron grabaciones de bebés *inclasificables*, y crearon una cuarta categoría de organización del vínculo, el *patrón desorganizado*.[19] Revisemos con detalle estas clasificaciones:

- APEGO SEGURO: Los niños de apego seguro lloran poco y evidencian un indiscutible placer por el contacto físico y ausencia de ansiedad ante separaciones breves. Se muestran contentos cuando exploran en presencia de la madre. Durante la primera infancia son acunados en brazos, protegidos y cuidados de modo tierno y cariñoso. Este estilo de apego forma la identidad de la persona con un sentido de capacidad, de valoración personal y equilibrio entre dependencia y autonomía. La persona con apego seguro tiene una buena opinión de sí mismo y de los demás. Dentro de este esquema, las madres muestran objetividad y equilibrio cuando comentan sus propias experiencias infantiles, sean positivas o negativas. Ni idealizan a sus padres ni sienten enfado con respecto al pasado. Sus explicaciones son coherentes y creíbles. Las personas que desarrollaron un apego seguro, en el dominio interpersonal tienden a ser más positivas, integradas y con perspectivas coherentes de sí mismas. Mientras

---

[17] J. Bowlby, *Una Base segura: Aplicaciones clínicas de una teoría del apego*, Barcelona, Paidós, 1988.
[18] M.D. Ainsworth, "Infant-Mother Attachment", en *American Psychologist*, 34(10), 1979, 932-937.
[19] M. Main, "Mary D. Salter Ainsworth: Tribute and Portrait", en *Psychoanalytic Inquiry*, 19(4), 1999, pp. 682-730.

que sus relaciones íntimas tienden a ser más cálidas, estables y satisfactorias.

• APEGO INSEGURO/AMBIVALENTE: Los niños con apego am-bivalente muestran casi siempre una gran inseguridad, tristeza y temor, así como una excesiva dependencia respecto a sus cui-dadores. Lloran frecuentemente, incluso cuando están en brazos de sus madres. En condiciones no familiares estresantes, apare-ce una preocupación exagerada hacia la madre y su paradero, mientras que se muestran desinteresados por el nuevo ambiente. Este tipo de madres hablan muy cargadas de emoción sobre sus experiencias infantiles, algunas veces expresando enfado hacia sus padres. Están abrumadas y confusas sobre sus primeros apegos y no pueden hablar de ellos correctamente. Las personas con este estilo de apego tienen una mala opinión de sí mismas y una buena opinión de los demás; tienden a tener relaciones dependientes, ansiedad de separación y una constante necesidad de confirmación de que son amadas y aceptadas. Atribuyen sus fracasos a su falta de competencia, y sus aciertos al azar.

• APEGO INSEGURO/EVITATIVO: Los niños con apego evita-tivo se caracterizan por ser en su mayoría activamente ansiosos en casa. Se enojan y exhiben malestar frente a las separaciones más breves. Por el contrario, en situaciones extrañas muestran un marcado comportamiento defensivo que se manifiesta en la supresión de expresiones de rabia, ansiedad y afecto hacia la ma-dre. Los bebés evitativos raramente lloran en los episodios de separación y en los episodios de reunión evitan a la madre. Tanto el niño como la madre están fuera de sincronía el uno con el otro. El niño no recibe atención a todas las señales que manda y en muchas ocasiones es desalentado activamente. Esto produce en él un continuo estado de alerta ante la temida separación y des-protección. Estas madres desvalorizan la importancia de sus re-laciones de apego, suelen idealizar a sus padres sin ser capaces de recordar experiencias específicas. Lo que recuerdan lo dicen in-telectualmente, con poca emoción. Las personas con este tipo de apego presentan intolerancia a la frustración, menor desarrollo de conductas de aprendizaje en ambientes académicos, se sienten incapaces, infravalorados y muestran sesgos entre dependencia y autonomía. Tienen dificultad para establecer relaciones afectivas y las pocas que establecen tienden a ser relaciones desconfiadas y distantes, carentes de sincronía y con sensación de malestar.

- APEGO DESORGANIZADO: Los niños con apego desorganizado parecen aturdidos, paralizados, faltos de estrategia, con comportamiento extraño e inconsistente. Son niños severamente maltratados y descuidados por sus figuras paternas.[20] Este patrón se desarrolla también en niños cuyas madres tienen una grave enfermedad afectiva bipolar y tratan al niño de manera imprevisible, o con madres que han sufrido experiencias de maltrato físico o abuso sexual durante la niñez, o la pérdida no resuelta de una figura parental durante esa etapa de la vida. El niño tiene miedo a la figura de apego, temor de acercarse a ella, y tiende a presentar conductas desorientadas y desorganizadas. Estas madres razonan de forma desorganizada y confusa ante la pérdida de alguien querido, o comentan experiencias de maltrato físico o abuso sexual. Las personas con este tipo de apego tienen una mala opinión de sí mismas, de los demás y de la vida en general. Son muy desconfiadas, se mantienen alerta, son irritables e insensibles a las muestras de dolor de sus semejantes y a los intentos de contacto de otras personas.[21]

Muchos padres confunden apego seguro con sobreprotección. Especialmente algunas mujeres exageran su rol materno y viven por y

[20] P. Fonagy, *et al.*, "Measuring the Ghost in the Nursery: an Empirical Study of the Relation Between Parent's Mental Representations of Childhood Experiences and their Infant's Security of Attachment", en *Journal of the American Psychoanalytic Association*, 41(4), 1993, pp. 957-989.
[21] K. Repetur Safrany y L. Quezada, "Vínculo y desarrollo psicológico: la importancia de las relaciones tempranas", 2005. Disponible en: http://www.revista.unam.mx/vol.6/num11/art105/nov_art105.pdf

para sus hijos. Toman las decisiones por ellos y no los dejan actuar ni aprender a su ritmo; consideran que ellos no saben, que son inmaduros y que les tienen que decir a cada instante lo que deben hacer y lo que no. No los dejan cometer sus propios errores y aprender de ellos. Está demostrado que la sobreprotección genera inseguridad y baja autoestima, mientras que criar desde el respeto a la individualidad, cubriendo las necesidades de afecto físico y emocional sin trivializarlas en ningún momento contribuye a criar personas más estables y seguras de sí mismas, incluso con un pensamiento crítico más desarrollado respecto al mundo, con valores de empatía y respeto hacia sí mismas y hacia las demás personas.

6. DEL APEGO A LA RESILIENCIA

Un niño que sabe que su figura de apego es accesible y sensible a sus demandas siente un fuerte y penetrante sentimiento de seguridad que brinda la fuerza necesaria para soportar las adversidades, lo que se conoce como *resiliencia*. La resiliencia es la capacidad humana para afrontar, sobreponerse y salir fortalecido de o transformado por las experiencias de adversidad. La palabra tiene su origen en el mundo de la física. Se utiliza para expresar la capacidad de algunos materiales de volver a su estado o forma natural después de sufrir altas presiones deformadoras. La psicología adoptó el término al observar la capacidad del ser humano para enfrentar y sobreponerse a situaciones adversas —situaciones de alto riesgo como pérdidas, abusos, pobreza extrema, maltrato y todo tipo de circunstancias excesivamente estresantes— y generar en el proceso un aprendizaje e inclusive una transformación. La resiliencia supone una alta capacidad de adaptación a las demandas estresantes del entorno y genera la flexibilidad para cambiar y reorganizar la vida después de haber recibido fuertes impactos negativos.

Ya mencionamos la necesidad de que el niño desarrolle un apego seguro como base de su futura resiliencia. Esta se teje desde la comunicación intrauterina, desde la seguridad afectiva de los primeros meses de la vida, y más tarde desde la mente, desde la interpretación que el niño da a los acontecimientos de la vida. Así pues, no hay que buscarla solo en la interioridad de la persona ni en su entorno, sino en ambos, anudando, entretejiendo un proceso íntimo con el entorno social.

A lo mejor te estás preguntando qué pasa con los niños que no corren con la suerte de haber tenido un apego seguro. Quizás tú eres uno de ellos. Niños cuyas experiencias tempranas no han sido tan afortunadas y viven lidiando con sentimientos negativos como la inseguridad, la vergüenza, la ira, la culpabilidad, el desprecio y la soledad. Estados emocionales negativos que bloquean la posibilidad de vivir al menos algunos momentos de relajación, tranquilidad y mucho menos de felicidad.

Ese fue el caso de Boris Cyrulnik, neurólogo, psiquiatra, psicoanalista y etólogo cuyas experiencias le permitieron desarrollar el concepto de *resiliencia*. Cyrulnik nació en Burdeos, Francia, en 1937 en una familia judía. Sufrió la muerte de sus padres en un campo de concentración nazi del que él logró huir cuando solo tenía 6 años. Tras la guerra deambuló por albergues hasta acabar en una granja de beneficencia. Tuvo la suerte de que unos vecinos le inculcaran el amor a la vida y a la literatura, y pudo educarse y crecer superando su pasado.[22] Cyrulnik admite que una base insegura se puede corregir con buenas experiencias futuras en la relación con *un otro* que funcione como pilar de resiliencia. Una infancia desgraciada solo supone lo que él llamó "empezar mal en la vida". Si esta persona se queda sola es bastante probable que tenga una vida desgraciada, pero si con el paso del tiempo se ve rodeada de afecto, puede tener una vida feliz. El afecto ayuda entre un 70% y 80% a la resiliencia, a superar las dificultades y a resituarse en el mundo de una manera más sana y segura. Pero es importante que este afecto sea variado, hay que intentar siempre contar con una constelación afectiva, con diferentes personas y estilos afectivos. Esto sí que es un factor de protección.

---

[22] A. Melillo, "El pensamiento de Boris Cyrulnik". Disponible en: http://www.redsistemica.com.ar/melillo.htm

Por ejemplo, si un bebé solo cuenta con el afecto de su madre, puede sentirse muy feliz al sentirse amado en su infancia, pero acabará en una especie de cárcel afectiva, especialmente cuando el amor solo le llega de una persona, y al final se tornará en una dependencia asfixiante que le impedirá madurar. Esta dependencia emocional le causará problemas en la adolescencia, cuando tenga que empezar a alejarse de ella para vivir su propia aventura social y sexual. Solo podrá dejar de depender a través del odio. Es importante que el niño o la niña puedan contar con diferentes estilos afectivos, modelos y referentes adultos. Buscar el apoyo de familiares o de amigos, establecer lazos con los compañeros de la escuela, con los vecinos, con el entorno. El hecho de experimentar diferentes estilos de amar ayuda a no identificar el amor, la indiferencia o el odio con una forma específica de comportamiento. Abre la mente y, al mismo tiempo, permite desarrollar diferentes facetas de la personalidad.

Por otro lado, haber tenido una infancia feliz en el más amplio sentido de la palabra no garantiza que estemos protegidos para toda la vida contra las adversidades; para lograrlo tenemos que contar con recursos internos y externos. Recursos internos como la capacidad de amar, la habilidad para *observar nuestros pensamientos y apegarlos a la realidad*, el poder de reflexionar y hacernos responsables de nuestros actos, la capacidad de confiar en las personas y de entablar relaciones afectivas y sociales, así como tener una personalidad proactiva y luchadora. Entre los recursos externos se encuentra lo que Cyrulnik llama *tutores de resiliencia*: aquellas personas (padres, abuelos, amigos, vecinos, profesores, grupos) e incluso cosas (un libro, un lugar, un acontecimiento, una obra de arte) que provocan un renacer del desarrollo psicológico tras el trauma, que para la persona herida son el punto de partida para intentar retomar o iniciar otro tipo de desarrollo. Quien padece de un sufrimiento tiene la posibilidad de encontrar en su contexto afectivo y social tutores de resiliencia con quienes pueda sentirse querido incondicionalmente, y así ser capaz de crecer y sobreponerse.

Nadie vive solo y es difícil que alguien pueda curarse solo. Todos dependemos de nuestro entorno. Cuando una persona está herida o se siente infeliz, necesita transformar su dolor, darle un sentido. Por ejemplo, ocurre a menudo que niños heridos por la muerte o el divorcio de los padres, o bien por enfermedades tempranas, se vuelven altruistas, empáticos y generosos. Comprenden el dolor mejor que nadie porque han pasado por él. Tenemos ejemplos de hijos maltratados por sus padres que acaban siendo magníficos padres, o hijas que al ver que su padre maltrataba a su madre aprendieron que no deseaban ese tipo de pareja a su lado, y en consecuencia acaban encontrando un compañero amoroso y respetuoso. Esto es resiliencia.

Por el contrario, hay quienes repiten pautas, sin superarlas: el hijo de padre alcohólico que bebe y maltrata a su pareja, o la hija que encuentra siempre una pareja alcohólica que la maltrate. Cuando no se puede transformar el dolor ni encontrarle un sentido, no hay resiliencia sino confusión. Y no se trata de que los acontecimientos tengan sentido en sí mismos, sino que tú se lo des, que les otorgues un significado en tu vida. Ser resiliente no significa que una persona no experimente dificultad o peligro. El dolor emocional y la tristeza son comunes en personas que han sufrido grandes adversidades o traumas en sus vidas. De hecho, el camino a la resiliencia es probable que incluya una considerable angustia emocional. La resiliencia no es un rasgo que las personas tienen o no tienen. Se trata de pensamientos, sentimientos y actitudes que se pueden aprender y por lo tanto desarrollar en cualquier persona. De aquí la importancia de conocer más nuestra psicología y ampliar nuestro nivel de conciencia.[23]

Ecuación entre resiliencia y estrés

$$\frac{\text{Stress}}{\text{Factores de resilencia}} = \text{Carga alostática} = \text{Vulnerabilidad a la enfermedad}$$

Si el estrés es mayor que los factores de resiliencia, aumenta la carga alostática y nos hace más vulnerables a las enfermedades. La medicina conductual considera entre los factores de resiliencia a los hábitos

---

[23] B. Cyrulnik, *Los patitos feos. La resiliencia: una infancia infeliz no determina la vida*, Madrid, Gedisa, 2001.

sanos, higiene del sueño, nutrición saludable, ejercicio físico, pensar positivamente, ampliar el nivel de conciencia, soporte familiar y social, respuesta de relajación y *mindfulness*. Asimismo, la medicina conductual se apoya en equipos de *biofeedback* para enseñar a las personas a tener un control consciente sobre los cambios fisiológicos que se activan durante la respuesta de estrés y para medir los avances en el control del mismo; de ello nos ocuparemos en el siguiente apartado.

7. *BIOFEEDBACK*

El *biofeedback* o retroalimentación biológica se refiere al uso de aparatos para lograr conciencia y control voluntario de aquellos procesos del organismo que normalmente nos pasan inadvertidos. Los equipos de *biofeedback* controlan los sistemas del organismo que pueden ser captados por electrodos y los transforman en señales auditivas o visuales. Cualquier cambio interno es traducido inmediatamente a una señal externa: un sonido, un color, una luz o un cambio en la gráfica. Los equipos son de alta precisión y pueden determinar al momento si existe tensión en el cuerpo. Es lo que comúnmente conocemos como *polígrafo* o *detector de mentiras*.

Cuando una persona se encuentra conectada a un equipo de *biofeedback*, puede observar y recibir información inmediata sobre las funciones de su organismo, al que está aprendiendo a controlar: tensión muscular, temperatura periférica, conductividad de la piel o transpiración, frecuencia respiratoria, presión sanguínea, ritmo cardíaco y la actividad de las ondas cerebrales (lo que se conoce como *neurofeedback*). Puede observar cómo reacciona su organismo ante tales estímulos, y de esta manera aprende a manejar voluntariamente ciertos procesos fisiológicos.

Lo que se busca es que la persona observe y reconozca cómo se manifiesta el nerviosismo en su cuerpo y, una vez identificado, que aprenda a manejar voluntariamente aquellos procesos fisiológicos que está intentando controlar. Lo que se pretende con el aprendizaje es disminuir la tensión muscular, la presión sanguínea, el ritmo cardíaco, la sudoración y la actividad de las ondas cerebrales, así como aumentar la temperatura periférica de manos y pies utilizando alguna técnica de relajación, de autocontrol emocional o de meditación. Una vez que los aparatos reflejan que se ha desarrollado la habilidad de reducir la tensión en los distintos sistemas del organismo, el objetivo final es lograr la relajación sin la retroalimentación del equipo.

La mayoría de los equipos de biorretroalimentación son caros y difíciles de usar sin la asesoría de un terapeuta especializado; sin embargo, hay una modalidad (es la que uso yo en el consultorio): el *biofeedback* del ritmo cardíaco. Esta está teniendo mucho éxito para reducir el estrés o para beneficiar a personas que sufren algún padecimiento físico o emocional como arritmia, asma, fatiga crónica, desórdenes de sueño, hipertensión, ansiedad, ira, entre otras. Los *coaches* también la usan para transformar el estrés en alto rendimiento, tanto en los negocios y organizaciones como en los deportes, colegios y universidades.

El equipo que controla la frecuencia cardíaca mide los latidos por minuto y proporciona una información inmediata de cómo están actuando sobre este parámetro los esfuerzos de relajación. El corazón genera series continuas de pulsos electromagnéticos, en los cuales el intervalo de tiempo entre cada latido varía de forma dinámica y compleja. A esto es a lo que se llama *variabilidad del ritmo cardíaco* (HRV). El siempre presente campo rítmico del corazón influye significativamente en todos los procesos orgánicos.

Por medio de un software conocido como *emWave PC*, creado por el Instituto HeartMath,[24] es posible ver en la pantalla de una computadora y en tiempo real los patrones de comportamiento del corazón por medio de iconos, gráficas y sonidos. Estos son los indicadores objetivos de cómo nuestros pensamientos y nuestras emociones están actuando directamente sobre nuestros procesos fisiológicos. Para el registro se utiliza un sensor de pulsaciones en el lóbulo de la oreja o en el dedo pulgar, conectado a un USB que mide la variabilidad cardíaca y el estado de coherencia a través de gráficas.

---

[24] Instituto Heartmath, www.heartmath.org

Actualmente, el corazón es reconocido por los investigadores[25] como un órgano mucho más complejo de lo que se creía, pues incluso cuenta con una especie de cerebro propio, lo que ha dado lugar a una nueva especialidad llamada *neurocardiología*, centrada en la investigación del corazón, concebido como un órgano y también como un complejo y sofisticado sistema que recibe y procesa información. Este centro nervioso del sistema cardíaco —denominado *cerebro del corazón*— lo habilita para aprender, recordar y tomar decisiones funcionales con relativa independencia de la corteza cerebral.

Los investigadores del Instituto HeartMath sostienen la hipótesis de que el campo del corazón actúa como una onda portadora de información que provee una señal sincronizadora que llega a todo el cuerpo; esto significa que las pulsiones de energía se irradian en ondas desde el corazón y que esta energía interactúa con la de los demás órganos y estructuras. El corazón genera el más poderoso y más extenso campo eléctrico del cuerpo. Comparado con el producido por el cerebro, el componente eléctrico del campo del corazón es algo así como sesenta veces más grande en amplitud y penetra cada célula del cuerpo. El componente magnético es aproximadamente 5000 veces más fuerte que el campo magnético del cerebro y puede ser detectado a varios pies de distancia del cuerpo con magnetómetros sensibles.

Investigaciones realizadas en el Instituto HeartMath muestran que la información perteneciente al estado emocional de una persona también se comunica vía el campo electromagnético del corazón. Los patrones rítmicos de los latidos del corazón cambian significantemente mientras experimentamos diferentes emociones. Se ha observado que las emociones positivas e ininterrumpidas parecen hacer surgir un modelo distinto de funcionamiento, al cual llaman *coherencia psicofisiológica*. Durante este modelo, el ritmo cardíaco exhibe una ola con patrones de forma sinusoide y el campo electromagnético del corazón se vuelve mucho más organizado. En contraste, sentimientos

---

[25] D. Childre, *One Minute Stress Management. Freeze Frame*, Los Angeles, Planetary, 1998.

negativos —como la ira o la frustración— están asociados con un errático, desordenado e incoherente patrón en el ritmo cardíaco.

Los resultados de estas investigaciones indican la importancia que tiene la coherencia psicofisiológica en el mejoramiento de la conciencia sensorial orgánica (la condición básica para la armonía de las funciones fisiológicas) y en una notable reducción en el diálogo mental interno, lo que incide en la estabilidad emocional, el desempeño mental y, finalmente, en una conducta más eficaz y asertiva.

En resumen, el *biofeedback* nos da el poder de usar nuestros pensamientos para controlar el cuerpo. Si logramos reconocer e identificar los signos sutiles que marcan el comienzo del estado de excitación, además de poder autocorregirlo será más fácil invertir la dirección del estrés y del pensamiento distorsionado que se está empezando a desarrollar. Esto lo logramos mediante técnicas de relajación, de autocontrol emocional o de meditación. Cuando la persona aprende a relajarse y a modificar sus procesos fisiológicos, enseña a su mente a controlar al cuerpo y de esta forma regula sus emociones.

8. PSICONEUROINMUNOENDOCRINOLOGÍA

En los últimos años, la nueva información procedente de la neurociencia y la medicina conductual ha ampliado de manera espectacular nuestros conocimientos sobre el funcionamiento integral del ser humano. La psiconeuroinmunoendocrinología (PNIE) es un campo científico interdisciplinario que se dedica al estudio e investigación de los mecanismos de interacción y comunicación que existen entre el cuerpo psíquico (pensamiento, emoción y conducta), los sistemas responsables del mantenimiento homeostático del organismo (los sistemas nervioso central y autónomo) y el sistema inmunológico y neuroendocrino, así como sus implicaciones clínicas.[26]

---

[26] G.F. Solomon, "Psiconeuroinmunología: sinopsis de su historia, evidencias y consecuencias". Ponencia presentada en mesa redonda "Psicosomática" del Segundo Congreso Virtual de Psiquiatría, Interpsiquis, realizado del 1º de febrero al 7 de marzo de 2001.

La PNIE comprende el estudio de la relación de los mecanismos regulatorios y de control del organismo. La comunicación entre sus componentes se establece mediante diferentes tipos de señalización molecular que conforman distintos idiomas biológicos. De esta forma tenemos un idioma neuropsíquico, dado por los neurotransmisores y neuromediadores; otro inmunitario, dado por las interleucinas e inmunomediadores, y otro endocrino, dado por las hormonas y péptidos. Hoy se sabe que cada uno de los componentes que forman la PNIE es capaz de relacionarse con otro, o bien actuar sobre sí mismo (automodulación), mediante todos los idiomas PNIE. A grandes rasgos podríamos decir que se trata de los sistemas de comunicación entre las distintas partes del organismo, conceptualizados en una red de trabajo interrelacionada (*network*), y que deben funcionar armónicamente como un todo y en permanente interconexión con el medio en que se desarrollan.[27]

Veamos cómo se fue descubriendo la interrelación entre estos sistemas. A finales de la década de 1960 y durante la década de 1970, la evidencia empezó a sugerir que el funcionamiento del sistema inmunológico estaba íntimamente relacionado con el estrés. Investigadores de la NASA encontraron cambios en el recuento de glóbulos blancos de la sangre de los astronautas que solo aparecían durante el estrés mental y físico que implicaba la vuelta a la tierra. Las muestras de sangre tomadas a los astronautas del *Apollo* antes de partir a la Luna y a los viajeros del *Skylab* mientras estaban en órbita mostraban cantidades normales de células inmunológicas. Inmediatamente después de la vuelta a la Tierra, los dos grupos tenían recuentos de glóbulos blancos considerablemente más bajos. Paralelamente, otro descubrimiento apoyó los hallazgos de la NASA. Un estudio realizado por un grupo de médicos australianos mostró que las células inmunológicas de 26 personas, cuyos cónyuges habían fallecido recientemente, habían perdido algo de la capacidad de responder a microscópicos desafíos inmunológicos.

---

[27] A. Márquez López-Mato, *Psiconeuroinmunoendocrinología. Aspectos epistemológicos, clínicos y terapéuticos,* Buenos Aires, Polemos, 2002.

Un psiquiatra de la Universidad de Stanford, Georges Solomon, señaló la importancia de estas revelaciones al mundo médico. Solomon trabajaba con personas enfermas de artritis reumatoide, una enfermedad autoinmune, y con la ayuda del doctor Alfred Amkraut (un inmunólogo visionario) empezó a buscar las claves que ligaban el estrés con el sistema inmunológico. Juntos trabajaron produciendo estrés en grupos de ratas, antes de implantarles tumores, y al observar los resultados vieron que en un alto porcentaje de ratas estresadas los tumores crecieron con rapidez. El resultado de sus experimentos, aunado a los anteriores, sugería un lazo entre la mente y el sistema inmunológico. Solomon propuso que esa nueva ciencia se llamara *psicoinmunología*.

Paralelamente, Robert Ader —profesor de Psiquiatría y Psicología en la Universidad de Rochester—, trabajando con condicionamiento pavloviano, usó un grupo de ratas destinadas genéticamente a morir por una manifestación de lupus eritomatoso sistémico, un tipo de enfermedad autoinmune. Las ratas que fueron condicionadas vivieron más tiempo que las que no habían sido condicionadas.[28]

Como Solomon, Ader estaba convencido de que se movía en una nueva dimensión de la ciencia y estaba seguro de que en el fenómeno intervenían la mente (*psico*) y el sistema inmune (*inmunología*), pero también creía que cualquier reacción condicionada dependía del sistema nervioso. Por consiguiente, al término *psicoinmunología* de Solomon le añadió el prefijo *neuro*, para señalar el papel del sistema nervioso en el proceso de la enfermedad. El resultado fue la palabra *psiconeuroinmunología* (PNI). El siguiente hito sería el hallazgo • de Blalock, que reveló la existencia de células inmunológicamente competentes, los linfocitos, que pueden sintetizar a las hormonas del estrés y a los neuropéptidos, que anteriormente se pensaba que solo eran producidas por células neuroendocrinas.[29]

---

[28] R. Ader y N. Cohen, "Behaviorally Conditioned Immunosuppression and Murine Systemic Lupus Erythematosus", en *Psychosomatic Medicine*, 44, 127, 1982.
[29] J.D. Blalock, "The Immune System as a Sensory Organ", en *Journal of Immunology*, 132, 1984, pp. 1070-1077.

● La aportación cumbre se produjo en 1973, cuando Solomon Snyder y Candace Pert,[30] del John´s Hopkins, descubrieron la *endorfina* (el nombre abreviado de *morfina endógena*), implicada en la reducción del dolor y en la generación del placer. Este descubrimiento llevó a una sucesión de hallazgos de otros receptores y sus neurotransmisores, que están en todas las células del sistema nervioso. Estas moléculas llamadas *neuropéptidos* son los mensajeros moleculares que facilitan la conversación entre los sistemas nervioso, inmunológico y endocrino. Es decir, estos mensajeros conectan tres sistemas distintos en una sola red. Siempre se había considerado que esos tres sistemas estaban separados y tenían funciones distintas: el sistema nervioso, constituido por el cerebro y una red de células nerviosas, la sede de la memoria, del pensamiento, de la sensibilidad corporal y de la emoción; el sistema endocrino, constituido por las glándulas y sus secreciones hormonales, principal sistema regulador de las diversas funciones corporales; y el sistema inmunológico, constituido por el bazo, la médula ósea, los ganglios linfáticos y las células inmunológicas, el sistema de defensa del cuerpo, responsable de la integridad de las células, de los tejidos y de los órganos.

● Los neuropéptidos circulan libremente por esta red alcanzando todos los rincones del organismo. Se transforman así en la manifestación bioquímica de la memoria, del pensamiento, de la sensibilidad corporal, de la emoción, de los niveles hormonales, de la capacidad defensiva, de la integridad de células, tejidos y órganos. La mente no está localizada solo en la cabeza, sino que está distribuida en todo el cuerpo en forma de moléculas-señal. Todas las partes del cuerpo y de la mente *saben* lo que está pasando en todas las demás partes del cuerpo y de la mente. Es un sistema de información integrado.

Tradicionalmente, cada especialidad médica entiende la enfermedad de forma parcial. Esta parcialidad es producto de un pensamiento unicausal y simplista. El ser humano es una complejidad de sistemas que nosotros hemos dividimos para entender y aprender, pero no debemos

---

[30] C.B. Pert y S.H. Snyder, "Opiate Receptor: Demostration in Nervous Tissue", en *Science*, 179, 1973, pp. 1011-1014.

perder de vista la idea de que *el todo es más que la suma de las partes*. La psiconeuroinmunoendocrinología (PNIE) recupera la versión holística de la medicina hipocrática pero sin olvidar la singularidad de cada ser. Solo así se entiende que no hay enfermedades sino enfermos.

Las investigaciones en psiconeuroinmunoendocrinología proveen una base científica para la práctica de la medicina humanística, ya que introdujo en el campo de la ciencia algunas ideas que durante años estuvieron confinadas al pensamiento mágico. Ideas como que la meditación ayuda a reducir la tensión arterial, que los lazos sociales mejoran la supervivencia frente a enfermedades como el cáncer, que las personas con estrés padecen más resfríos y que los placebos actúan no solo en la mente humana sino también en las células supuestamente inconscientes, son hoy centrales para una mirada integradora que busque responder cómo y por qué enfermamos.

La PNIE nos enseña también lo errado del concepto de *equilibrio*. Lo normal es la adaptación circadiana, metabólica, endócrina y psicológica a cambios permanentes. La fluctuación y la adaptabilidad definen la salud. La pérdida de esta capacidad es la enfermedad.

En conclusión, toda experiencia conflictiva o traumática puede producir cambios orgánicos. Un hecho traumático externo puede quedar grabado en tres tipos de memoria: la sensorial corta, la límbico-temporal larga o la inmunoendócrina, que es eterna.[31]

En el siguiente capítulo veremos la importancia de aprender a relajar el cuerpo físico y explicaremos de una manera sencilla las técnicas más usadas.

---

[31] A. Márquez López-Mato, *Psiconeuroinmunoendocrinología...*

Técnicas de relajación

Seguramente, has experimentado lo difícil que es dirigir tu mente o mantener tu atención cuando tu cuerpo está muy tenso, inquieto o extremadamente cansado. Es una utopía querer domesticar nuestra mente si no sabemos relajar nuestro cuerpo. Las técnicas de relajación corporal son la base para la práctica de la concentración y de la meditación.

Recuerda: "La relajación no es algo que tú haces. Es una respuesta natural que tú permites. Es lo que queda cuando dejas de crear tensión".[1] Permitir la relajación es evocarla de una manera consciente, es pedirle a nuestra mente que detenga por un momento su caudal de pensamientos y que se enfoque en sentir el cuerpo.

Si se realiza correctamente, la relajación ejercerá un efecto inmediato al terminar la primera sesión. Se experimentará serenidad y calma. Sin embargo, en ocasiones, sobre todo cuando nunca se ha practicado, en los primeros intentos el cuerpo puede reaccionar como un caballo salvaje que no quiere ser domesticado; así, por ejemplo, sentiremos ganas de ir al baño, o comezón en alguna parte del cuerpo, y la mente se llenará de pensamientos ajenos a la relajación: pendientes, los niños, el trabajo, las deudas, etcétera. Por otro lado, también puede que el cuerpo se rebele ante una situación novedosa y que no controla; es decir, acostumbrado a sus tensiones, cuando le damos la orden de relajarse no es de extrañar que se produzcan sobresaltos o movimientos

---

[1] J. y M. Levey, *El arte de relajarse...*

involuntarios: es la reacción normal ante una situación de pérdida de control sobre el cuerpo. Todo ello desaparecerá con la práctica.

Los beneficios físicos y emocionales serán evidentes cuando lleves varias semanas practicando con regularidad. Los ejercicios de relajación debemos hacerlos a diario; se requiere un entrenamiento para poder obtener los numerosos beneficios de la relajación. Una vez que comenzamos a notar estas mejoras, es importante continuar practicándola por el resto de nuestras vidas para que su efecto sea permanente. Esto no supondrá un esfuerzo (solo al principio), porque una vez que sepamos relajarnos con facilidad, podremos conseguirlo en unos instantes. Cuando lleves algún tiempo practicando alguna técnica de relajación descubrirás que esta se ha convertido en parte de tu persona. Observarás que puedes relajarte espontáneamente con solo permanecer sentado un momento o respirar de forma consciente, o bien al enfocar tu atención en alguna zona de tu cuerpo.

I. EL ARTE DE RELAJARTE

Aprender y practicar regularmente alguna técnica de relajación es un arte que está cada vez más a nuestro alcance, gracias al renovado interés que en la actualidad hay por los temas de la salud y su relación con la conexión cuerpo-mente-espíritu. Pero como cualquier arte, su práctica necesita varios componentes:

- MOTIVACIÓN. Es básica no solo para aprender a relajarnos, sino también para cualquier actividad que emprendamos. Cuando empiezas a practicar la relajación, es importante que sea una decisión propia, y no impuesta por otros. Sabemos que estamos motivados cuando tenemos la voluntad de hacer algo y además somos capaces de perseverar en el esfuerzo que ese algo requiera durante el tiempo necesario para conseguir el objetivo que nos marcamos. Esa fuerza está directamente relacionada con la mente, porque son los pensamientos relacionados con nuestros valores, actitudes, juicios y opiniones los que nos dictan lo que necesitamos y lo que es o no importante. Dicho de otro modo, si estamos dispuestos a hacer el esfuerzo de practicar la relajación, es porque nos impulsa el hecho de obtener los beneficios en nuestro cuerpo físico, pues sabemos —como dije anteriormente— que él es la puerta de entrada para domesticar la mente y la base para la práctica de la concentración y la meditación.

- DISCIPLINA. También es esencial, pues para sacar provecho de las técnicas de relajación, es importante mantener una práctica constante y coherente. Escoge una hora del día para practicar. Para mí, las primeras horas de la mañana resultan mejores, pero no hay reglas a este respecto; el horario que te acomode siempre será el mejor. No obstante, ayuda ceñirse a una hora determinada, ya que la sensación de estar llevando a cabo un ritual hace que tu compromiso sea más fuerte.

- UN LUGAR ADECUADO. También es muy importante. Al principio es mejor practicar en un lugar tranquilo y confortable para que te resulte más fácil concentrar todas tus energías en las sensaciones físicas que estás aprendiendo a desarrollar. Es preferible sentarse en una silla cómoda para que la espina dorsal permanezca recta, dado que es menos probable dormirse en esa posición. Protege tu momento de relajación, apaga tú celular y haz que tu familia sepa que no quieres ser interrumpido por circunstancias que no sean urgentes.

- TIEMPO. Aunque no hay un tiempo establecido para la relajación, un buen objetivo es dedicarle entre veinte y 25 minutos al día, algunas personas lo alargan de 45 minutos a una hora. Sería excelente dedicarle veinte minutos por la mañana y veinte por la noche. No obstante, lo más importante no es el tiempo, sino ir integrando estas técnicas en nuestras actividades diarias de un modo consciente. Es decir, aprovechar para soltar la tensión y traer calma y claridad a la mente en esos minutos que consideramos perdidos durante el día; por ejemplo, cuando esperamos en la fila del banco o del supermercado, en la sala de espera de un médico o parados en el tráfico de la ciudad. Con la práctica verás que puedes mantener un equilibrio óptimo entre la activación y la relajación mientras caminas, hablas, manejas o efectúas cualquier otra actividad.

- GUÍA EXTERNA, GUÍA INTERNA. Al principio es aconsejable la guía externa de otra persona o escuchar una relajación grabada por otra persona o con tu propia voz, ya que así resulta más fácil permitirse fluir en la experiencia. A medida que te familiarices con los estadios de la relajación y con los múltiples indicadores físicos y mentales, serás capaz de entrar en dichos estados voluntariamente y bajo tu propia guía. El equilibrio que desarrollas es como conducir un coche y al mismo tiempo ir disfrutando el paisaje. Con la práctica iras reconociendo tus propias sensaciones físicas y mentales, lo que te permitirá guiar tus propias sesiones de relajación.

- OBSTÁCULOS INEVITABLES. Hay dos obstáculos principales con los que te encontrarás en tu práctica: la distracción y la somnolencia. La *distracción* puede ser externa, provocada por el ruido, el calor, el frío; o interna, desencadenada por sensaciones físicas como dolor, comezón, ganas de ir al baño o entumecimiento. Pero la más común y siempre presente es la distracción mental. La mejor estrategia en ambos casos es incluir la distracción en el ámbito de tu atención, mientras minimizas —como lo haces en tu computadora— tus resistencias o tu identificación con el acontecimiento que te distrae. Minimizarla significa aceptarla sin juicio; para ello puedes nombrar la distracción para que la mente, que en ese momento es como una cachorrita que reclama atención, se sienta atendida. Puedes englobar la distracción en una palabra y decir mentalmente: dolor, comezón, recuerdo, preocupación, pendiente, o el nombre de la persona que se cruzó en ese momento por tu mente. No te sumerjas en ningún comentario mental durante el proceso, no lo alimentes, simplemente nómbralo y déjalo ir. Poco a poco subyugarás a la mente dispersa y agitada y lograrás concentrarte en la relajación de tu cuerpo. En cuanto a la somnolencia, es conveniente que revises tu postura para asegurarte de que mantienes tu espalda recta. Puedes hacer varias respiraciones lentas y profundas o incluso refrescarte la cara con agua fría antes de continuar la sesión.

Cuando empieces a practicar las técnicas de relajación, aprenderás a liberar la tensión innecesaria, revitalizarás tu cerebro y tus músculos con oxígeno y nutrientes, podrás pensar con más claridad, tomar mejores decisiones, actuar con mayor habilidad y, lo más importante, contarás con más herramientas para domesticar tu mente.

2. PRINCIPALES TÉCNICAS DE RELAJACIÓN

Hay numerosas técnicas para evocar la respuesta de relajación. Las que expongo a lo largo del capítulo son las más usadas:

- Respiración diafragmática
- Ejercicios de estiramiento
- Relajación progresiva
- Autohipnosis
- Entrenamiento autógeno
- Imaginación y visualización
- Ejercicio para fortalecer tu sistema inmunológico
- Mi técnica de relajación

Vamos a ver en qué consiste cada una de estas técnicas. Te invito a ponerlas en práctica, y recuerda que aunque los beneficios son evidentes casi inmediatamente, los frutos reales de estas técnicas solo emergerán gradualmente cuando los cultives mediante esfuerzo y disciplina constantes.

3. LA RESPIRACIÓN DIAFRAGMÁTICA

El ritmo y la frecuencia de la respiración están íntimamente conectados con nuestros estados mentales y emocionales. De hecho, los pensamientos y las emociones hacen que la respiración varíe; por lo tanto, si controlamos la respiración, si respiramos más lento, calmamos la mente y equilibramos las emociones. Los adultos normalmente respiramos entre 18 y 26 veces por minuto; si nos entrenamos para respirar de cuatro a seis veces por minuto, en menos de tres minutos nos sentiremos calmados y en paz.

El objetivo de esta técnica es pasar de la respiración tensa y superficial a la respiración profunda o diafragmática. El diafragma es el músculo que separa los pulmones del estómago, el que crea un amplio espacio para que nuestros pulmones se llenen de aire durante la inhalación. Cuando estamos ansiosos o estresados, nuestra tendencia natural es contener la respiración, y el aire se queda literalmente atrapado a la altura del pecho, provocando una sensación de opresión, la misma sensación que tenemos cuando sentimos angustia. Cuando vivimos crónicamente tensos, a duras penas llenamos los pulmones de aire, y nuestra respiración superficial ayuda a incrementar la sensación de angustia. Esto se vuelve un círculo vicioso. Además, el ideal de belleza de nuestra cultura, que gira alrededor del proverbial abdomen plano (sobre todo para las mujeres), tampoco ayuda a practicar este tipo de respiración. Si apretamos continuamente los músculos del estómago, perdemos la capacidad natural de permitir que el diafragma, al expandirse, llene de oxígeno la parte baja de nuestros pulmones, y nuestro cuerpo permanece en un estado de alerta constante, despojado de los niveles óptimos de oxígeno y aumentando la sensación de ansiedad. Pedirle a tu mente que se concentre en la respiración rompe el círculo vicioso.

Ejercicios

La práctica es muy sencilla. Siéntate o acuéstate cómodamente y lleva tu atención a la respiración:

1. Haz una inhalación normal. No cambies ningún aspecto de tu forma habitual de respirar, simplemente observa cómo lo haces.

2. Ahora haz una inhalación lenta y profunda, detén el aire por unos segundos y observa en dónde se quedó: en tu garganta, a la altura del pecho o en tu abdomen. Una vez que observaste tu manera habitual de respirar, continúa con el ejercicio.

3. Coloca las manos sobre tu vientre, inhala de nuevo lenta y profundamente y permite que el aire entre por tu nariz y llegue hasta tu abdomen. Advierte cómo este se expande al hacer una inhalación tan profunda; no hagas ningún esfuerzo por limitar esta expansión. Después exhala a través de la boca, sacando todo el aire de tus pulmones.

4. Haz dos o tres inhalaciones normales y alterna con dos o tres inhalaciones lentas y profundas. Compara y contrasta las sensaciones asociadas a la respiración normal y a la respiración profunda y consciente. ¿La respiración profunda ayuda a relajarte?

5. Continúa haciendo varias inhalaciones lentas y profundas, contando mentalmente cuatro tiempos mientras inhalas, y cuatro tiempos mientras exhalas. Repite este proceso a lo largo de varios minutos.

6. Mientras continúas respirando de esta manera, toma conciencia de cómo te sientes al hacer cada inhalación y cada exhalación.

7. Puedes agregar otro elemento a tu práctica. Cuando inhales, imagínate que el aire que entra a través de tu nariz está cargado de una sensación de paz y de tranquilidad, y que al exhalar por tu boca sale la tensión y la ansiedad. Puedes repetir mentalmente: "Inhalo paz y tranquilidad, exhalo tensión y ansiedad".

8. Continúa este proceso hasta que sientas que la paz y la tranquilidad inundaron tu cuerpo y tu mente.

La respiración es esencial para la vida, así que aprender a respirar correctamente es el mejor antídoto contra el estrés y el requisito indispensable para practicar cualquier técnica de relajación y de meditación. *La mente solo se rinde a la respiración.*

4. EJERCICIOS DE ESTIRAMIENTO

Estirar los músculos es otra reacción normal del cuerpo ante el estrés. Lo bueno de los ejercicios de estiramiento es que se pueden realizar en cualquier lugar y en cualquier momento y que ayudan a sacar de una manera agradable la tensión de tu cuerpo. Si trabajas mucho tiempo sentado, sé que los vas a disfrutar y agradecer.

Ejercicios

CUELLO. De las muchas partes del cuerpo afectadas por el estrés, el cuello es quizás donde más lo notamos. Aunque su compleja anatomía lo hace sumamente flexible, las tensiones diarias lo vuelven blanco fácil de lesiones. El problema es que nunca lo tomamos en cuenta hasta que nos duele. Los siguientes ejercicios te ayudarán a mantener los músculos de tu cuello fuerte y relajado, eliminando los efectos desagradables de la tensión y el estrés.

1. Lentamente inclina la cabeza hacia atrás, lo suficiente como para que puedas mirar hacia arriba. Mantén la postura mientras cuentas hasta cinco. Regresa la cabeza a su posición normal. Repite el ejercicio las veces que consideres necesario.

2. Ahora inclina la cabeza hacia adelante y hacia atrás, hacia un hombro y al otro. Realiza giros con la cabeza hacia un lado y otros como haciendo círculos con la nariz.

3. Mantén la cabeza derecha y mirando hacia el frente. Lentamente inclina la cabeza hacia el lado derecho; mantén esa postura contando hasta cinco. Regresa la cabeza a su postura normal. Ahora repite con el lado izquierdo. No debes estirarte demasiado, tus orejas no deberán tocar tus hombros.

4. Suavemente baja la cabeza y gírala lentamente de derecha a izquierda lo más lejos que la puedas girar. Regresa la cabeza a su posición normal. Ahora mueve la cabeza hacia el otro lado.

HOMBROS. Súbelos, bájalos y rótalos uno a la vez, y luego simultáneamente. Relaja los hombros y deja que tu cabeza caiga hacia adelante, con el mentón apoyado en el pecho. Repite este procedimiento las veces que sea necesario.

BRAZOS. Parado, con las rodillas ligeramente flexionadas, estira los brazos hacia el frente con los dedos entrelazados y las palmas hacia fuera. En esa posición levanta los brazos por encima de tu cabeza. Estira los brazos todo lo que puedas. Quédate así por alrededor de diez segundos. Luego relájate y repite este procedimiento. Alza los brazos e imagina que jalas de una cuerda, estirando y alternando cada uno de tus brazos.

MANOS. Extiende tus brazos delante de tu cuerpo con la palma hacia arriba. Rota las muñecas hacia ambos lados. Sacude las manos como si salpicaras agua. Relájate y repite el procedimiento.

COLUMNA. Sentado en una silla, inclina el torso hacia adelante, aflojando la cabeza entre las piernas y colgando los brazos a cada lado de tus piernas. Sube y baja lentamente. Después coloca las manos detrás de la nuca y lleva los codos hacia abajo y el mentón al pecho; respira en esa posición tratando de soltar toda la tensión. Vuelve a la posición inicial y si te parece necesario, repite el ejercicio.

PIERNAS Y PIES. Sentado delante de un escritorio, empújate de él con las manos y estira tus piernas; contrae y extiende los pies varias veces y rota los tobillos.

El orden de los ejercicios no es importante. Puedes realizar todos o el que más te guste. Lo que ayuda para lograr resultados satisfactorios es hacerlos de manera consciente y constante.

5. RELAJACIÓN PROGRESIVA

Se trata de una técnica introducida por Edmund Jacobson en 1929, y se basa en la premisa de que las respuestas del organismo al estrés provocan pensamientos y conductas que causan una gran tensión muscular.[2] Es imposible que se experimente la sensación de bienestar corporal si la mente está estresada. La relajación muscular profunda reduce la tensión física y es incompatible con la ansiedad: el hábito de responder de una forma anula el hábito de responder de la otra. La relajación progresiva ayuda a la persona a distinguir entre la sensación de tensión muscular y la de relajación profunda. Varios autores destacan la importancia de esta técnica para el tratamiento de la hipertensión, los dolores de cabeza, el dolor crónico y el insomnio de inicio. Asimismo, es muy recomendable para el entrenamiento del parto psicoprofiláctico.

Ejercicios

El procedimiento que se describe a continuación es una forma abreviada para aprender esta técnica de un modo más rápido. Se trabaja tensando y relajando cuatro grupos principales de músculos. Repite cada proceso por lo menos una vez, tensando cada grupo de músculos de ocho a diez segundos y relajándolo después por veinte o treinta segundos. Lo importante es observar la diferencia entre tensión y relajación. Trata de tensar solo los músculos con los que estás trabajando y mantener el resto del cuerpo relajado.[3]

---

[2] E. Jacobson, *Progressive Relaxation*, Midway Reprint, Chicago, The University of Chicago Press, 1974.

[3] M. Davis, M. McKay y E.R. Eshelman, *Técnicas de autocontrol emocional*, Barcelona, Ediciones Martínez Roca, 1988.

Para empezar, siéntate en una posición cómoda y relájate:

MÚSCULOS DE MANOS, ANTEBRAZOS Y BÍCEPS. Cierra ambos puños con las uñas hacia afuera para que no te lastimes la palma de tus manos. Dobla los codos como en la posición de Charles Atlas, para que tenses también los bíceps y los antebrazos. Mantén fuerte la tensión por unos segundos y relájate, estirando los brazos y posándolos suavemente sobre tus piernas. Siente la flacidez y compárala con la tensión que sentías hace unos segundos. Repite este ejercicio por lo menos una vez.

MÚSCULOS DE LA CABEZA, CUELLO, HOMBROS Y CARA. Dirige tu atención hacia la cabeza. Desplázala hacia atrás tanto como puedas sin hacerte daño; gírala describiendo un círculo completo, hacia la derecha y luego hacia la izquierda. Ahora encoje los hombros hasta que la cabeza quede hundida entre ellos. Frunce el entrecejo (como si estuvieras enojado) y cierra los ojos con fuerza. Aprieta la lengua tensándola sobre el techo del paladar. Mantén unos segundos esa tensión y ahora relájate. Baja los hombros, suelta la tensión de la cara y observa cómo la relajación se extiende al cuello, a la nuca y a los hombros. Repite este ejercicio de nuevo por lo menos una vez.

MÚSCULOS DE LA REGIÓN LUMBAR, DEL TÓRAX Y DEL ESTÓMAGO. Separa los hombros arqueando la espalda como si fueras a hacer una inhalación profunda. Mantén esa tensión por unos segundos y relájate. Ahora vuelve a hacer una inhalación profunda, sostén la respiración lo más que aguantes, aprieta el estómago con la mano y observa la tensión que se produce. Relájate y repítelo de nuevo.

MÚSCULOS DE LAS CADERAS, MUSLOS, PANTORRILLAS Y PIES. Extiende los pies dirigiendo fuertemente la punta de los dedos hacia arriba, para que sientas la tensión en las pantorrillas, los muslos y los glúteos. Relájate de nuevo soltando suavemente toda la tensión. Siente la sensación de pesadez en la parte más baja de tu cuerpo a medida que la relajación se va haciendo más profunda. Observa y permite que la relajación se extienda a todos los músculos de tu cuerpo.

6. AUTOHIPNOSIS

Es uno de los métodos más rápidos y sencillos para inducir la relajación. En algunos aspectos la hipnosis es muy parecida al sueño; igual que en este, hay una disminución de la conciencia acompañada de inercia y de pasividad, pero a diferencia del sueño, en la hipnosis la conciencia no desaparece nunca por completo.

El término *hipnosis* fue creado en 1843 por James Braid, quien lo definió como un *sueño nervioso* sustancialmente diferente al sueño corriente. Lo que él describía como una experiencia hipnótica coincidía totalmente con lo que Franz Mesmer y sus discípulos habían llamado, en 1778, *magnetismo animal*. Mesmer fue el descubridor de una espectacular manera de curar enfermedades que se basaba en la sugestión. Antes de la utilización del éter en medicina, el mesmerismo se presentó como una gran esperanza para evitar el dolor producido en las intervenciones quirúrgicas. La gran contribución de Braid fue agrupar bajo un término científico todos los fenómenos que aparecían en lo que erróneamente se llamaba *magnetismo animal*.

A partir de los estudios de Braid, se iniciaron los trabajos de las dos grandes escuelas de hipnosis: la Escuela Neurofisiológica de París, del hospital Pitié-Salpêtrière, y la Escuela Psicológica de Nancy. En la primera, Jean Charcot y su alumno Sigmund Freud aplicaron la hipnosis al tratamiento de las neurosis. En la escuela de Nancy, Hippolyte Bernheim y Emil Coué llegaron a la conclusión de que los efectos obtenidos por el hipnotismo también se podían alcanzar mediante una sugestión en estado de vigilia, lo que luego se denominó *psicoterapia*. Freud se inspiró en ambas experiencias: de Charcot tomó una nueva conceptualización de la histeria, al abandonar la hipnosis por la catarsis, y de Bernheim el principio de una terapia basada en la palabra, así nació el psicoanálisis.[4]

Coué es conocido como el padre del condicionamiento aplicado. Introdujo un nuevo método de autosugestión consciente, tema que

---

[4] S. Freud, *Presentación autobiográfica*, Buenos Aires, Amorrortu, 1925-1926.

desarrolló en un libro.[5] Propuso que para que la autosugestión fluyera de la mente, uno tenía que alimentarla primero. Es por esto que recomendaba a sus pacientes que mientras caminaban se repitieran veinte veces, moviendo mecánicamente los labios, la ahora famosa frase: "Cada día, en cada momento, me siento mejor, mejor y mejor". Esta frase la popularizó el parapsicólogo de origen mexicano y creador del método silva de control mental,[6] José Silva, a finales de la década de 1960.

La figura emblemática de la hipnosis clínica moderna es Milton H. Erickson, quien creó lo que se ha llamado *hipnosis ericksoniana*,[7] que consiste en el uso de la palabra con la finalidad de crear confusión mientras se establece una sugestión indirecta. Erickson utilizaba metáforas y cuentos como herramientas esenciales del trance.

La hipnosis es un mecanismo de defensa común a todos los animales. Seguramente, has escuchado historias de personas comunes que han levantado automóviles o escombros pesados para liberar a un ser querido que quedó atrapado en un accidente o un terremoto. Cuando estamos heridos o amenazados, entramos en un trance hipnótico en el que se disminuyen la temperatura de la piel y la velocidad de la circulación sanguínea y se limita la respiración.[8] Con autohipnosis se puede reproducir este trance fisiológico y disfrutar de sus propiedades terapéuticas sin necesidad de que exista daño o amenaza. Seguramente, tú has experimentado estados espontáneos de hipnosis; al conducir distancias largas, cuando llegas a tu destino, muchas veces no recuerdas tramos del camino; o cuando has estado enfrascado en una plática muy amena y al mirar el reloj ves que pasó mucho más tiempo del que pensabas, o al salir del cine después de experimentar alguna emoción fuerte.

Cada trance hipnótico incluye los siguientes elementos: relajación muscular y ahorro de energía; catalepsia, una sensación de rigidez

---

[5] E. Coué, *Self Mastery Through Conscious Autosuggestion*, EUA, pastic Cat Press, 2012.

[6] J. Silva y M. Philip, *El método silva de control mental*, México, Diana, 1979.

[7] H.M. Erickson, *Escritos esenciales*, vol. I, Barcelona, Paidós, 2001.

[8] D.B. Cheek y L. LeCron, *Clinical Hypnotherapy*, Nueva York, Grune & Stratton, 1968.

en los músculos de brazos y piernas con tendencia a permanecer en la posición en la que se coloquen; tomar las palabras y las frases en sentido literal; disminución de la atención, y aumento de la sugestionabilidad. Vamos a la práctica.

Ejercicio de autoinducción

Te sugiero grabar el siguiente ejercicio en tu celular, ya que tu mente responde mejor a tu propia voz. Te recomiendo que lo hagas en un tono normal, cuidando de no variar el ritmo y haciendo pausas largas entre una frase y otra. No esperes tener resultados al practicarlo la primera vez; después de repetirlo unas diez veces, seguramente serás capaz de entrar en un trance cuya profundidad sea la que tú necesitas.

Ponte lo más cómodo que puedas y escucha tu voz. Relájate.

Mira algún punto que tengas enfrente. Ahora sientes un peso sobre los párpados, los empiezas a sentir tan pesados como si fueran de cemento, como si algo pesado estuviera tirando de tus pestañas. Te cuesta mucho esfuerzo mantenerlos abiertos. Tus ojos se cierran… Repite para ti mismo: "Me siento profundamente relajado"… Toma una respiración profunda y deja que la sensación de relajación se extienda por todo tu cuerpo, más y más profundamente, más y más apacible y cómodamente. Deja que la pesadez y la relajación invadan tu cuerpo… Ahora imagínate en el punto más alto de una escalera automática. Agárrate de la barandilla y empieza a bajar. Los escalones empiezan a moverse delante de ti. En el momento de poner el pie, empezarás a contar lentamente hacia atrás, de diez hasta cero. Cuenta conmigo… diez… nueve… ocho, bajando más y más, siete… seis… cinco… más profundamente, abajo con cada respiración, cuatro… tres… dos… uno… cero. Respirando lenta y profundamente. Vamos a bajar otra escalera dos pisos más. Cuenta conmigo… diez… nueve… ocho, bajando más y más, siete... seis... cinco... más profundamente, abajo con cada respiración, cuatro... tres... dos... uno... cero.

Vamos a bajar al último nivel, sintiendo la relajación más y más profunda. Diez... nueve... ocho, bajando más y más, siete... seis... cinco... más profundamente, abajo con cada respiración, cuatro... tres... dos... uno... cero. Estás llegando a un nivel mental más profundo, más tranquilo y más saludable. Concéntrate ahora en tus párpados, imagínate que tus párpados están pegados, imagina que un duendecillo ha puesto pegamento y lo extiende a lo largo de tus ojos... Al contar del uno al tres serás incapaz de abrir los ojos. Uno... hay unos duendecillos que están extendiendo pegamento por tus párpados... Dos, tus ojos están fuertemente cerrados, necesitarías unos alicates para abrirlos... Tres, ahora están cerrados con llave, no puedes abrirlos. Intentas abrirlos y no lo logras. (Si has sentido esta sensación, habrás llegado al nivel medio de hipnosis).

Continúa con tus párpados cerrados... Siente la grata sensación de relajación en todo tu cuerpo. Ahora repítete a ti mismo: "Voy a contar del uno al tres; al llegar al tres abriré con facilidad mis ojos y me sentiré muy a gusto, muy descansado y en perfecto estado de salud. Uno... saliendo poco a poco, dos... sintiendo mi cuerpo relajado, tres... abro mis ojos. Estoy bien despierto, muy descansado y en perfecto estado de salud, sintiéndome mucho mejor que antes".[9]

Una vez que te hayas familiarizado con la técnica, puedes variarla y adaptarla a tus propias necesidades y a tu propio estilo, aunque es importante que sigas ciertas reglas:

- Las autosugestiones deben ser directas y afirmativas, evita incluir la palabra *no*.

---

[9] M. Davis, M. McKay y E.R. Eshelman, *Técnicas de autocontrol...*

- Formula las sugestiones para un futuro inmediato, no para el presente: "Dentro de poco podré liberarme de este dolor".

- Repite las sugestiones por lo menos tres veces.

- No utilices nunca la palabra *intento* en una sugestión. Esta palabra implica duda, y por lo tanto posibilidad de fracaso.

- Si trabajas con un dolor físico o una emoción desagradable, inicialmente piensa que el síntoma o la emoción están aumentando de intensidad. Exagéralo al máximo, puedes repetirte, por ejemplo, "el dolor de... o el miedo a... se está haciendo cada vez más intenso". Cuando una emoción o un síntoma llegan a un punto máximo, lo único que pueden hacer es retroceder, es decir, mejorar. De la misma manera que has empeorado un síntoma o emoción puedes también sugestionarte para disminuirlo: "Siento mi cuerpo agradablemente relajado" o "Me siento tranquilo y en paz".

- Dale a cada sugestión una imagen visual y una emoción. Por ejemplo, si te sientes muy cansado, imagínate que vas caminando sobre las nubes y con un aire atlético y feliz.

- Escribe las sugestiones por anticipado en frases que puedas recordar fácilmente durante el estado hipnótico.

La hipnosis por sí misma es muy relajante. No es necesario inducir sugestiones determinadas para obtener y sentir sus efectos; sin embargo, las sugestiones hechas a la medida de tus necesidades aumentarán su efectividad. Algunas frases que te sugiero para situaciones específicas son:

- DOLOR DE ESPALDA O CABEZA: "Poco a poco sentiré que los músculos de la espalda se relajan", "Pronto voy a sentir menos calor y menos tensión en la cabeza".

- INSOMNIO: "Poco a poco voy a irme sintiendo más y más somnoliento. Dentro de pocos minutos me quedaré completamente dormido y descansaré tranquilamente toda la noche".

- FATIGA CRÓNICA: "Puedo despertarme fresco y descansado y disfrutar del día que empieza".

- PENSAMIENTOS OBSESIVOS: "Me siento lleno de vida. Voy a disfrutar del día de hoy. Dentro de poco podré liberarme de estos pensamientos".

- SENTIMIENTOS DE INSEGURIDAD: "La próxima vez que me encuentre con..., o me pase tal cosa..., me sentiré seguro de mí mismo. Puedo sentirme seguro y bien porque tengo motivos para ello".

Actualmente es bien sabido que la sugestión tiene un gran dominio sobre la mente de las personas, es decir que puede influir sobre la fuerza o intensidad de fenómenos mentales como la percepción, la memoria, el pensamiento, los sentimientos, la imaginación y la voluntad, entre otros.

En los últimos años, diversos investigadores han encontrado que el campo de las aplicaciones clínicas de la autohipnosis se ha ido haciendo cada vez más amplio, abarcando problemas psicofisiológicos como fobias, depresión reactiva, obesidad, tabaquismo, trastornos psicosexuales, estrés postraumático y dolor crónico, entre otros.[10]

7. ENTRENAMIENTO AUTÓGENO

Es un programa sistemático para enseñar al cuerpo y a la mente a responder de una forma rápida y efectiva a las órdenes verbales de calor y pesadez en las extremidades. Esta técnica tiene sus orígenes en la última década del siglo XIX, con las investigaciones sobre hipnosis realizadas por el neurólogo alemán Oskar Vogt, en el Instituto

---

[10] D.E. Gibbons, *Applied Hypnosis and Hyperempiria*, Lincoln, NE, Authors Choice Press, 2000. Véase también C. Daitch, *Affect Regulation Toolbox. Practical and Effective Hypnotic Interventions for the Over-reactive Client*, Nueva York, Norton, 2007.

de Berlín. Vogt trabajó con sujetos expertos en hipnosis para que por sí mismos entraran en un trance, con el objetivo de reducir la fatiga, la tensión y el dolor de cabeza, lo que además parecía ayudarlos a resolver sus problemas cotidianos. Estas personas referían que, al desaparecer la tensión muscular, tenían sensación de calor y pesadez.

Johannes H. Schultz, neuropsiquiatra berlinés, se interesó por los trabajos de Vogt y descubrió que se puede crear un estado muy parecido al trance hipnótico pidiéndole a la mente que piense en la sensación de calor y pesadez en los brazos y en las piernas. Schultz combinó algunas de las sugestiones creadas por Vogt con otras técnicas de yoga y en 1932 publicó su técnica en un libro titulado *Entrenamiento autógeno;*[11] es decir, un entrenamiento desarrollado a partir del propio sujeto.

En muchas ocasiones su método se considera una técnica de autohipnosis, pero esto no es del todo correcto, ya que una exigencia del método es mantenerse todo el tiempo completamente consciente, con la atención despierta y con toda la capacidad de observación disponible. Si bien es cierto que aparecen sensaciones intensamente agradables —pérdida de peso, como flotar, o, al contrario, como hundirse en la arena con una sensación muy grata—, todo ello también ocurre con algunas técnicas de yoga, sin que haya pretensión alguna de autohipnosis.

Los especialistas dicen que hay que practicar de cuatro a diez meses para dominar la técnica. Huber propone dos métodos de acortamiento del entrenamiento autógeno,[12] que son los que voy a explicar aquí.

---

[11] J.H. Schultz, *El entrenamiento autógeno*, Barcelona, Científico-Médica, 1969.
[12] H. Huber, *Stress y conflictos*, Madrid, Paraninfo, 1980.

Ejercicios

Para empezar se recomienda estar sentado, aunque también podemos comenzar acostados cómodamente sobre una colchoneta o en la cama. En ocasiones en las que nos encontramos muy cansados, podemos hacer el primer ejercicio de Schultz en la cama con el objetivo de dormirnos y descansar profundamente. El ejercicio de sensación de peso nos facilita una entrada voluntaria en el sueño extremadamente agradable.

Lo más importante al hacer estos ejercicios es tener una actitud de observación pasiva; es decir, mantenernos conscientes de lo que vamos experimentando, pero sin analizarlo. Repite cada fórmula verbal en la mente, de forma pausada y lenta, percibiendo la sensación de peso y calor con atención, mientras te concentras en cada parte de tu cuerpo.

Primer acortamiento de las fórmulas
del entrenamiento:

Repite 6 veces la frase:
"Mi brazo derecho está muy pesado".

Repite 1 vez la frase:
"Estoy muy tranquilo".

Repite 6 veces la frase:
"Mi brazo izquierdo está muy pesado".

Repite 1 vez la frase:
"Estoy muy tranquilo".

Repite 6 veces la frase:
"Mi brazo derecho está muy caliente".

Repite 1 vez la frase:
"Estoy muy tranquilo".

Repite 6 veces la frase:
"Mi brazo izquierdo está muy caliente".

Repite 1 vez la frase:
"Estoy muy tranquilo".

Repite 6 veces la frase:
"Mis brazos y mis piernas están pesados y calientes".

Repite 1 vez la frase:
"Estoy muy tranquilo".

Repite 6 veces la frase:
"Mi pulso es tranquilo y regular".

Repite 1 vez la frase:
"Estoy muy tranquilo".

Repite 6 veces la frase:
"Mi respiración es muy tranquila".

Repite 1 vez la frase:
"Estoy muy tranquilo".

Repite 6 veces la frase:
"Mi plexo solar está caliente".

Repite 1 vez la frase:
"Estoy muy tranquilo".

Repite 6 veces la frase:
"Mi frente está agradablemente fresca".

Repite 1 vez la frase:
"Estoy muy tranquilo".

Al terminar este proceso se recomienda que te estires con mucha calma, realices dos o tres respiraciones lentas y profundas y sin prisa abras los ojos y te incorpores a tu actividad.

La duración de este ejercicio puede oscilar entre cinco minutos y media hora; podemos observar que conforme aumenta la práctica el tiempo parece extenderse. Al principio es recomendable una duración más breve, de alrededor de cinco minutos, realizando el ejercicio tres veces al día. Poco a poco iremos incrementando la duración del mismo, y con ello sus efectos se ampliarán y se mantendrán en el tiempo.

Segundo entrenamiento corto:

Este tipo de entrenamiento solo se debe hacer cuando el tiempo es muy limitado, dos o tres minutos. En estos casos será suficiente con que repitas las siguientes palabras en tu mente, de forma pausada y lenta: "pesadez", "tranquilidad", "calor", "cabeza despejada y clara", "brazos firmes", "respirar hondo" y "abrir los ojos".

Stetter y Kupper evaluaron la eficacia clínica del entrenamiento autógeno, a partir de sesenta estudios publicados entre 1952 y 1999.[13] Encontraron que las aplicaciones más efectivas se dieron en casos de migrañas, hipertensión esencial moderada, problemas asociados a patología coronaria, asma bronquial, trastornos de dolor somatoformes, enfermedad de Raynaud, trastornos de ansiedad, depresión moderada y trastornos funcionales del sueño.

8. VISUALIZACIÓN CREATIVA

Esta técnica consiste en utilizar el pensamiento para conseguir un estado de relajación física y mental profunda. Es una poderosa herramienta que se utiliza tanto para la sanación como para materializar nuestros sueños y deseos. Utilizándola adecuadamente, podremos aprender a controlar nuestra imaginación de un modo creativo y productivo; no solo nos ayuda a dominar los síntomas psicosomáticos

---

[13] F. Stetter y S. Kupper, "Autogenic Training: A Meta-Analysis of Clinical Outcome Studies", en *Psychophysiology and Biofeedback*, 27(1), 2002, pp. 25-48.

asociados con el dolor y con la ansiedad, sino también a activar y reforzar las cualidades positivas de la mente.

La imaginación es la habilidad de crear una idea o una imagen mental; en la visualización se utiliza la imaginación para crear una imagen clara de algo que deseamos manifestar. Ambas son funciones mentales universales, comunes a todo ser humano. Aunque estas capacidades desempeñan una función crítica en nuestra salud física, mental y emocional, en nuestro rendimiento y en nuestra creatividad no hemos comprendido sus alcances ni desarrollado todo su potencial. Si tuviéramos más conciencia de estos procesos mentales habitualmente inconscientes, podríamos aprender a extender de un modo espectacular el campo de posibilidades que tenemos a nuestro alcance.

Cuando imaginamos o visualizamos cualquier situación, nuestro cerebro responde a esa imagen mental casi exactamente igual que si estuviera sucediendo en la realidad. Es decir, el cerebro no es capaz de distinguir entre una vivencia real y una imaginada, puesto que se activan las mismas redes neuronales. En este principio se basa la técnica de la visualización, un ejercicio mediante el cual se pueden provocar cambios en nuestro cuerpo físico, aliviando síntomas; en nuestro cuerpo psíquico, transformando la manera de reaccionar ante cualquier situación, y en nuestro cuerpo espiritual, permitiéndonos sentirnos parte del Todo.

Constantemente estamos creando imágenes en nuestra mente; de hecho, las personas que tienen tendencia a anticipar acontecimientos suelen utilizar su imaginación como una forma innecesaria de sufrimiento añadido, creando resultados anticipados a situaciones que aún no se han producido. Por ejemplo, si tienes miedo a reprobar un examen, a perder tu trabajo, a quedarte solo, a sufrir una enfermedad o a tener un accidente, el simple hecho de imaginar la experiencia negativa y frustrante te provocará ansiedad y tu mente tratará de conseguir lo que le pides. Esto se conoce como *profecía autocumplida*. Por esto se plantea la alternativa contraria; o sea, si es posible condicionar nuestra mente hacia consecuencias negativas, también se puede condicionar en el sentido contrario. Si los pensamientos y las imágenes son de carácter negativo, la vida quedará envuelta en una atmósfera de negatividad; por el contrario, si se envuelve en pensamientos e imágenes positivas, el resultado desembocará en lograr una vida satisfactoria. Siempre atraemos a nuestras vidas aquello en lo que creemos con más fuerza, lo que ansiamos más profundamente, lo que imaginamos de un modo más real.

Si bien en español el término *visualización* parece referirse solo a lo visual, el vocablo inglés *imagery* se acerca más a lo que realmente es el proceso, ya que implica el uso de la imagen mental que abarca todos los sentidos: visión, audición, olfato, gusto y sensaciones kinestésicas de movimiento, posición y tacto. Por tanto, la técnica de la visualización comprende un proceso de pensamiento que involucra el uso de todos los sentidos.

La visualización utilizada para la sanación ganó popularidad en la década de 1970, cuando la estadounidense Shakti Gawain escribió su libro *Visualización creativa, el arte de transformar la imaginación en realidad*.[14] No obstante, el empleo de esta técnica como terapia psicológica en enfermos con cáncer empezó en 1978, cuando el oncólogo Carl Simonton y su esposa, la psicóloga Stephanie Matthews-Simonton, publicaron en Estados Unidos el libro *Getting Well Again*,[15] en el cual presentaban las conclusiones de la investigación que ambos habían llevado a cabo en enfermos oncológicos durante la década de 1970 en el Centro de Terapia e Investigación sobre el Cáncer en Dallas, Texas. Su publicación marcaría un nuevo enfoque médico dentro de la relación mente/cuerpo y se transformaría en un clásico dentro del terreno de la visualización creativa, a tal grado que a veces se llama a esta obra *La técnica de los Simonton*.

En agosto de 1993, cuando conocí la medicina mente/cuerpo, asistí a un curso de *biofeedback* en la Clínica Menninger en Topeka, Kansas, y mi maestra, la doctora Patricia Norris, nos platicó el caso de Garrett Porter, un paciente de nueve años de edad que en febrero

---

[14] S. Gawain, *Visualización creativa, el arte de transformar la imaginación en realidad*, México, Selector, 1991.

[15] C. Simonton, S. Matthews-Simonton y J.L. Creighton, *Getting Well Again*, Los Ángeles, Tarcher, 1978.

de 1979 había sido diagnosticado por medio de un PET Scan con astrocitoma, un tumor canceroso ubicado en el hemisferio derecho de su cerebro. El niño estuvo durante un año en terapia con *biofeedback* y visualizaciones, en las cuales Garrett imaginaba que un muñequito de un videojuego muy popular en esa época (Pacman) se comía las células cancerosas de su cerebro, y que una nave espacial las expulsaba de su cuerpo. El siguiente PET Scan realizado al finalizar el año de tratamiento, en febrero de 1980, salió completamente limpio. Esta experiencia fue publicada en 1985 en el libro titulado *Why Me?*,[16] libro que yo les enseño a mis pacientes para mostrarles la evidencia clínica del poder de la mente a través de la visualización.

Pasos para una buena visualización

La visualización es una técnica sencilla, aunque pueda parecer difícil, sobre todo para aquellas personas poco imaginativas. Muchas personas se preocupan porque no pueden "ver" una imagen mental cuando cierran los ojos e imaginan algo. Otros sienten que realmente no ven nada y que únicamente "piensan en algo", o se imaginan que lo están mirando o tienen la impresión de que lo sienten. Sea cual fuere el proceso que utilices para fabricar alguna escena en tu mente, esa es tu forma de visualizar.[17] No importa si al principio apenas percibes detalles o todo aparece en blanco y negro; la práctica cotidiana hará que paulatinamente las imágenes aparezcan con mayor nitidez y calidad. Como en todo, es fundamental la práctica constante de los pasos que se explican a continuación:

• • Hay que pensar en una imagen agradable, una escena creada por tu mente. Cualquiera que te resulte agradable y relajante: la playa, el campo, la montaña, tu refugio preferido. Lo importante es que exaltes todos tus sentidos. Por ejemplo, imagínate cami-

---

[16] P. Norris y P. Garrett, *Why Me?*, Walpole, New Hampshire, Stillpoint Publishing, 1985.
[17] S. Gawain, *Visualización creativa...*

nando en una playa de El Caribe... sintiendo la suave arena en tus pies y la brisa fresca en tu piel... viendo el azul turquesa del agua, diferenciado del azul del cielo... escuchando el vaivén de las olas... y percibiendo el olor característico del mar. Seguramente, mientras leías este párrafo pudiste tener la imagen clara en tu mente. Todo el tiempo estamos visualizando, incluso con los ojos abiertos.

- Tómate el tiempo necesario para encontrar la imagen, es decir, para adentrarte en ella como si la estuvieses viviendo.

- Imagina claramente la escena mientras repites las palabras "tranquilo" y "relajado" con cada inhalación y exhalación. Respira y visualiza a la vez, notarás un efecto doblemente calmante.

- Trasládate al interior de la imagen construida en tu mente y siéntete parte de ella, a la vez que sueltas todas las tensiones de tu cuerpo.

- Permanece quieto durante unos minutos en tu visualización y poco a poco empieza a abrir lentamente la conciencia a los sonidos de la habitación en la que te encuentres y a la sensación de tu cuerpo. Comienza a incorporarte lentamente a tus actividades sin ningún movimiento brusco.

Ejercicio de visualización en el bosque

Este ejercicio también lo puedes grabar en tu celular. Te recomiendo usar una música de fondo con sonidos del bosque (en YouTube encontrarás algunas opciones).[18] Recuerda emplear un tono normal, cuidando de no variar el ritmo de tu voz y haciendo pausas largas entre una frase y otra, para que así le des tiempo a tu cuerpo de profundizar con todos tus sentidos en la visualización.

---

[18] "Bosque sonidos de la naturaleza". Disponible en: http://www.youtube.com/watch?v=x7VCuqY1yXM

Siéntate o acuéstate lo más cómodo posible y cierra tus ojos... Respira profundamente y al exhalar siente que todo tu cuerpo se relaja... Empiezas a apartarte del lugar en el que te encuentras... Deja atrás los ruidos y las prisas cotidianas... Comienzas a cruzar un valle con sembradíos de diferentes tonos de verde... Es una mañana de primavera, la temperatura es muy agradable... Al final visualizas una vereda... es un sendero que te lleva al bosque... El camino está lleno de hojas de diferentes tonos... verdes... naranjas... cafés... doradas... Siente tus pasos sobre estas hojas, como si estuvieras pisando sobre algodones... Eleva tu mirada y visualiza los árboles... los árboles de donde cayeron estas hojas que estás pisando... Observa el verde intenso del follaje contrastando con el azul del cielo... Siente los rayos del sol que llegan a tu piel diluidos por las ramas de los árboles... Miras algunos pájaros de diferentes tonos y tamaños que vuelan, pasando de un árbol a otro... de una rama a otra... Escucha su canto... Escuchas también ruido de agua... A lo lejos ves un claro en el bosque y te diriges hacia allá... Siente que caminas con mucha seguridad... con una grata sensación de paz... Mientras caminas toma conciencia de la sensación de tranquilidad y libertad que experimentas... Sigue escuchando el sonido de las aves, del crujir de las ramas con el viento y del agua que corre... y vuelve a sentir una grata sensación de relajación... de emoción... de alegría profunda... Conforme te acercas al claro del bosque, visualiza los rayos del sol atravesando el follaje de los árboles iluminando con unos tonos dorados el camino sobre el que vas subiendo... Siente los rayos del sol como una caricia en tu piel... Ya llegaste a este lugar... Es un hermoso paraje en la montaña en donde brota un manantial... Escucha el ruido del agua... Visualiza correr el agua fresca y clara y siente una grata sensación de frescura en todo tu cuerpo... Siente a la vez la calidez de los rayos del sol y la frescura del agua que salpica tu cara... Hay una piedra a lado del manantial en donde te puedes sentar a observar toda la belleza que hay a tu alrededor... Te sientes muy tranquilo... muy relajado... muy seguro... en paz... Todas *las aves se acercan a ti amistosamente... Observa el color de sus plumas... su tamaño... sus picos... sus diferencias... Te sientes uno con la naturaleza... te sientes muy en paz... muy sereno... con una grata sensación de relajación en todo tu cuerpo... Estás en un lugar maravillosos, lleno de colorido... Siente cómo los rayos del sol que atraviesan el follaje tocan tu piel, dándote una grata sensación de calidez y llenándote de su energía... Es un lugar paradisíaco... Observa todos los detalles... los colores... Escucha los ruidos de la naturaleza... Siente la calidez de los rayos del sol y la frescura que emana de la tierra... Escucha el ruido del agua y trata de oler a tierra mojada, a hierba, a campo... Huele fresco... huele muy agradable... Respira profundamente y llénate de esta sensación de la naturaleza... Siente cómo todo tu cuerpo se relaja y a la vez se llena de energía... de una energía que te hace sentir muy fuerte internamente... Regresa por esa vereda por la que llegaste... observando de nuevo todos los detalles... La sensación de pisar las hojas como si fuera una cama de algodón.... Siente la sensación de frescura y de calidez en tu piel... Al final de la vereda hay otro claro en el bosque... Camina hacia allá... Al llegar ahí te vas a parar en medio... Levanta la vista... observa todos los detalles... Toma una respiración profunda... llénate de energía y cuenta lentamente del uno al tres... Al llegar al tres abrirás tus ojos... te sentirás muy a gusto... muy relajado... y en perfecto estado de salud.... Uno... saliendo poco a poco... dos... sintiendo todo tu cuerpo... tres... ojos abiertos... Te sientes muy a gusto, muy tranquilo, muy relajado y en perfecto estado de salud.*

Se ha demostrado que las técnicas de visualización disminuyen los efectos secundarios de la quimio y la radioterapia, reducen la tensión, la ansiedad y mejoran el estado de ánimo en pacientes con cáncer, en quienes se produce un aumento de la calidad de vida.[19]

---

[19] B. Siegel, *Amor, medicina milagrosa*, Madrid, Espasa Calpe, 1995.

Actualmente, la visualización como herramienta psicológica está siendo utilizada no solo en enfermos oncológicos, sino también en pacientes con SIDA, en quemados, traumatizados, en embarazos y partos, en manejo del dolor y en programas tan diversos como en el entrenamiento con deportistas, reducción del estrés, tabaquismo, trastornos de alimentación, control del peso, etcétera.[20]

9. EJERCICIO PARA FORTALECER TU SISTEMA INMUNOLÓGICO

Cuanta más conciencia pongamos en nuestro cuerpo físico, más energía y fuerza tendrá nuestro sistema inmunológico. Al cuerpo le encanta que le pongamos atención. Es como si cada célula se despertara y se alegrara. La mayoría de las enfermedades se adquieren cuando no estamos presentes en nuestro cuerpo. Habitar nuestro cuerpo fortalece no solo el sistema inmunológico físico, sino también el sistema inmunológico psíquico. Al elevar nuestra frecuencia vibratoria, todo lo que vibra a una frecuencia más baja —como el miedo, la ira, la depresión o cualquier emoción desagradable— no entra en nuestro campo de conciencia, y si lo hace, no le pondremos resistencia, simplemente dejaremos que fluya.

Tolle recomienda practicar una meditación de autosanación, simple pero muy poderosa, que ayuda a fortalecer nuestro sistema inmunológico.[21]

Es particularmente efectiva si la usas cuando sientes los primeros síntomas de una enfermedad, pero también funciona con enfermedades que ya están arraigadas si la practicas frecuentemente y concentrado.

---

[20] M. Valiente, "El uso de la visualización en el tratamiento psicológico de enfermos de cáncer", en *Psicooncología*, vol. 3, núm. 1, 2006, pp. 19-34.
[21] E. Tolle, *El poder del ahora....*

Ejercicio

Cuando tengas algunos minutos libres durante el día —especialmente por la noche antes de quedarte dormido y por la mañana antes de levantarte—, inunda tu cuerpo con conciencia. Cierra tus ojos y ve llevando tu atención a las distintas partes de tu cuerpo: pies, piernas, abdomen, pecho, hombros, brazos, manos, cuello, cabeza… Siente la energía en todo tu cuerpo con toda la intensidad posible. Mantén tu atención en cada parte de tu cuerpo durante 15 segundos aproximadamente.

A continuación, deja que tu atención recorra el cuerpo unas cuantas veces como una ola, de los pies a la cabeza y de la cabeza a los pies. Dedicar un minuto a esta parte es suficiente. Luego siente tu cuerpo interior como un campo de energía unificado. Mantén esa sensación durante unos minutos, sintiendo la energía vibrar en cada célula de tu cuerpo. No te preocupes si tu mente consigue apartar tu atención del cuerpo y te quedas perdido en algún pensamiento. En cuanto te des cuenta, reorienta de nuevo tu atención, sin juicio, a tu cuerpo interior.

Aprender a mantener un estado de conexión permanente con nuestro cuerpo interior, al sentirlo en todo momento, cambia nuestro estado de conciencia y la calidad de lo que hacemos. Al no concederle toda nuestra atención a la mente, nos volvemos más fuertes, como un árbol que está profundamente arraigado en la tierra, o un edificio con cimientos firmes y sólidos. Siempre que estés esperando, dondequiera que sea, en el tráfico, en las colas, en las salas de espera, emplea ese tiempo en sentir tu cuerpo. Esto dará rápidamente profundidad a tu vida y la transformará.

10. MI TÉCNICA DE RELAJACIÓN

Durante los ocho años que trabajé en la Clínica Antiestrés Serenitá, hice un compendio de todas las técnicas de relajación que expliqué anteriormente. Ya que solo tenía 12 sesiones para trabajar con cada paciente, en un solo ejercicio reuní elementos de respiración diafragmática, relajación progresiva, autohipnosis, entrenamiento autógeno e imaginación y visualización. Espero que también a ti te ayude esta técnica.

Ejercicio

Te recomiendo que grabes este ejercicio en tu celular con una música suave de fondo que te evoque tranquilidad. Haz pausas donde hay puntos suspensivos. No te sugiero que lo hagas acostado, a menos que quieras quedarte dormido. Primero es importante que encuentres una silla cómoda y que te sientes con tu espalda recta y con tus dos pies apoyados en el suelo.

Tensa todo tu cuerpo: aprieta los puños, cierra fuertemente tus ojos, empuja la lengua contra el techo del paladar, hunde tu cabeza entre los hombros, aprieta el abdomen y empuja tus pies contra el piso haciendo fuerza con tus talones, todo al mismo tiempo... Sostén unos segundos la tensión... y relájate... Siente la diferencia entre tensión y relajación... Deja tus brazos relajados sobre tus piernas y junta tus manos: la mano izquierda con la palma hacia arriba, la mano derecha con la palma hacia abajo. Haz que se encuentren las yemas de ambas manos, que el dedo meñique de la mano derecha coincida con el dedo índice de la mano izquierda. Tu temperatura periférica comienza a elevarse... te vas sintiendo más relajado.

Ahora cierra suavemente tus ojos... Toma una respiración lenta y profunda y al exhalar recorre mentalmente cada parte de tu cuerpo... Relájate...

Toma otra respiración lenta y profunda y al exhalar suelta toda la tensión de tu cuerpo... ¡Relájate!...

Toma una tercera respiración lenta y profunda y al exhalar concentra tu atención en la planta de tus pies... Siente cómo una grata sensación de calor y de relajación empieza a surgir de la planta de tus pies... relajando tus empeines y tus tobillos... Siente tus dos pies agradablemente pesados, relajados y calientes... siente cómo esa grata sensación de calor y de relajación va subiendo lentamente por tus pantorrillas, relajando tus rodillas y tus muslos... Siente tus dos piernas muy pesadas y calientes... Lleva ahora esa grata sensación de relajación a tu cadera... tu abdomen... tu pecho y tu espalda... Empieza a sentir una grata sensación de pesadez en tus hombros... Siente cómo esa sensación va bajando lentamente por tus brazos... relajando tus bíceps...tus codos... tus muñecas... y las palmas de tus manos... Siente tus dos brazos muy pesados... y tus manos relajadas y calientes... Lleva ahora esa grata sensación de relajación a la zona de tu cuello y de tu nuca... Siente cómo toda la tensión que se acumula en esa parte de tu cuerpo se diluye, se esfuma... Empieza a sentir cómo esa grata sensación de relajación sube ahora por tu cuero cabelludo... Quizás sientes un ligero cosquilleo o un aumento de temperatura en esa zona de tu cuerpo... Siente cómo esa grata sensación de relajación empieza a bajar lentamente por tu frente... relajando tus párpados... tus ojos... tus cachetes... tu mandíbula... y tu lengua... Si es necesario, entreabre un poco tu mandíbula para que relajes todos los músculos de tu cara... Siente cómo todos los músculos de tu cara y de tu cuerpo están completamente relajados... Haz un escaneo mental de todo tu cuerpo y si sientes que alguna parte no se ha relajado, mándale la orden verbal... Relájate.

Ahora te voy a pedir que te imagines que estás parado frente a una escalera eléctrica de diez niveles... Conforme vayas descendiendo, sentirás entrar y entrarás en un nivel mental más profundo... más tranquilo... y más saludable... Diez... nueve... ocho... más y más profundo... siete... seis... cinco... Al llegar al uno sentirás entrar y entrarás a un nivel mental más profundo... más tranquilo... y más saludable... cuatro... tres... más y más profundo cada vez... dos... uno... Ya estás *en un nivel mental más profundo... más tranquilo... y más saludable... Ahora ves una luz blanca muy intensa, pero que no lastima tus ojos... como a un metro de distancia de tu cuerpo... Siente cómo se va acercando lentamente... hasta que te envuelve... y quedas protegido dentro de una esfera de luz blanca... Con cada inhalación va entrando esa luz blanca por tu nariz y empieza a iluminar todo tu cuerpo interior... Siente cómo se ilumina tu cerebro... Visualiza cómo se van llenado de luz todos los aparatos y sistemas de tu cuerpo... todo tu cuerpo interior está totalmente iluminado... desde la cabeza hasta la planta de tus pies... Siente una grata sensación de relajación en todo tu cuerpo... Lleva de nuevo tu atención a la respiración... Haz una inhalación lenta y profunda y mientras inhalas imagina como si una ola del mar se acercara de los pies a la cabeza... Al exhalar visualiza la ola regresando y relajando tu cuerpo de la cabeza a los pies... Trata de visualizar, de escuchar y sentir las olas del mar con cada respiración... y repite mentalmente... "Me siento muy a gusto... muy tranquilo... muy sereno... y en perfecto estado de salud... Voy a contar lentamente del uno al tres... Al llegar al tres abriré mis ojos... me sentiré muy a gusto... muy tranquilo... muy descansado... y en perfecto estado de salud..." Uno... saliendo poco a poco... dos... sintiendo tu cuerpo, moviendo tus manos... tres... ojos abiertos... muy a gusto... muy tranquilo... muy relajado... y en perfecto estado de salud.*

Espero que este ejercicio que combina elementos de las técnicas que revisamos anteriormente te sea de utilidad.

La visualización de la luz la puedes cambiar por cualquier otro escenario que quieras trabajar: playa, bosque, montaña, atardecer, o también puedes cambiar los colores.

Cromoterapia

Los colores emiten vibraciones y longitudes de onda que interfieren directamente con nuestro estado físico, mental y emocional. La cromoterapia[22] utiliza ocho colores: rojo, naranja, amarillo, verde, turquesa, azul índigo, violeta y blanco.

- El uso del rojo está indicado en el tratamiento de los desórdenes energéticos, como apatía física, anemia, frigidez y esterilidad. A nivel psicológico es estimulante, facilita la extraversión. Su abuso puede provocar agresividad, irritación y fatiga.

- El naranja es el símbolo de la energía femenina, influye en la vitalidad física y el intelecto. A nivel físico se utiliza para tratar el asma, bronquitis, estreñimiento y dificultades menstruales. En el plano psicológico, trata la aflicción, la pérdida, las dificultades de relación, los problemas de introversión, elimina las inhibiciones, aumenta el optimismo y el tono sexual y da valor para afrontar la vida.

- El amarillo es el color del intelecto. Estimula el hemisferio izquierdo, facilita la creatividad y la concentración, ayuda a concretar objetivos y superar miedos. A nivel físico, ayuda en la indigestión crónica, inflamación abdominal, desarreglos del páncreas, hígado y vesícula biliar.

- El turquesa se emplea para reforzar el sistema inmunológico. Se utiliza en infecciones y enfermedades infecciosas, calma y disminuye las inflamaciones y ayuda al disfrute de la vida familiar. Es un color que estimula el discernimiento y restablece la paz.

- El verde es el color de la sanación, produce una influencia calmante sobre el sistema nervioso, hace que todo sea fluido y relajante. Se utiliza también para aumentar las defensas del sistema inmunológico, en el tratamiento de tumores malignos, en las afecciones cardíacas, los problemas del sistema circulatorio, los dolores de cabeza tensional, las neuralgias, los trastornos del sueño y la inestabilidad emocional. Potencia la capacidad de adaptación, favorece la relajación física y alivia el estrés y el cansancio.

- El azul índigo simboliza la paz y tranquilidad. Se emplea como protección. Ayuda en el tratamiento de las glándulas tiroideas y

---

[22] O. Balzano, *Cromoterapia: orígenes y fundamentos científicos*, Buenos Aires, Grupal Logística y Distribución, 2006.

paratiroideas, laringitis, amigdalitis y los problemas de oídos y garganta. Sirve para reducir el dolor de muelas y las aftas en la boca.

- El violeta simboliza la espiritualidad y la intuición. Es un color de transformación al más alto nivel espiritual y mental, capaz de combatir los miedos y aportar paz. Se utiliza en cromoterapia para calmar el sistema nervioso, tratar el insomnio y los trastornos emocionales como angustia, celos, envidias, miedos sin causa y nerviosismo en general.

- El blanco contiene y refleja todos los colores de la luz y por eso su brillantez promueve el crecimiento espiritual. Limpia y equilibra las emociones, promueve la paz interior y la tranquilidad.

Si leíste todas las técnicas y no sabes con cuál empezar, quizá sea importante que reconozcas primero cómo está afectando el estrés a tu cuerpo y a tu vida diaria, ya que cada uno de nosotros tiene una muy particular manera de responder a las situaciones estresantes. Por ejemplo, si tus síntomas de estrés incluyen signos neuromusculares como dolores de cuello, espalda y cabeza tensionales, bruxismo, espasmos musculares, tics, temblores, insomnio, cansancio o fatiga crónica, entonces te resultarán efectivos los ejercicios de estiramiento, la relajación progresiva y el entrenamiento autógeno.

Si tus síntomas proceden de una hiperactividad del sistema simpático y sufres hipertensión, mala circulación, exceso de transpiración, perturbaciones gastrointestinales como indigestión, colon irritable, úlceras o estreñimiento, entonces te ayudará practicar las técnicas de visualización, autohipnosis y entrenamiento autógeno.

Si el estrés ha debilitado tu sistema inmunológico y padeces gripas frecuentes, rinitis alérgica, dermatitis, enfermedad de Raynaud, fibromialgia, algún tipo de cáncer o cualquier otra de las múltiples enfermedades inmunológicas, entonces practicar la visualización, el entrenamiento autógeno y el ejercicio para fortalecer tu sistema inmunológico te ayudará a mejorar tus síntomas.

Si tus problemas de fatiga son básicamente cognitivos y presentas ansiedad, preocupación, pensamientos obsesivos, miedos, fobias, o si tienes una emocionalidad inestable y te sientes constantemente ansioso, impaciente, enfadado, culpable o agresivo, entonces practicar la respiración diafragmática, los ejercicios de estiramiento y en general cualquier técnica de relajación te resultará de mucha utilidad (también te serán de mucha ayuda las técnicas de autocontrol emocional que veremos en el capítulo 6).

II. RELAJA TU CUERPO, SÉ DUEÑO DE TU MENTE

De acuerdo con lo expuesto en esta primera parte del libro dedicada a nuestro cuerpo físico, si analizamos el funcionamiento de este, nos damos cuenta de que todo el complejo de experiencias que tenemos diariamente se alterna constantemente entre estados de tensión y de relajación. Si estudiamos cuidadosamente el organismo humano, nos percatamos de que el secreto para un funcionamiento perfecto y continúo de los dos grandes motores de la vida —el corazón y la respiración— están basados en la alternancia entre períodos de contracción y relajación de los músculos cardíacos y respiratorios. Cuando estamos en un estado de equilibrio y armonía interna, tanto los movimientos del corazón como los de la respiración son regulares y constantes. Esto indica que la alternancia entre tensión y relajación corresponde a un estado de equilibrio y armonía que experimentamos en nuestro universo interior como felicidad.

Para lograr este equilibrio, es necesario entender que es la interpretación negativa, terrorífica o catastrófica que hacemos de los eventos lo que nos genera gran parte de la angustia y de las enfermedades o síntomas psicosomáticos que padecemos; que el estrés es una reacción natural de nuestro organismo y que en cierta dosis es bueno para nosotros, ya que añade interés y emoción a nuestra vida y nos impulsa a crecer y a desarrollarnos; que para lograr usar el estrés a nuestro favor, es necesario aprender a relajar nuestro cuerpo, y que es una utopía querer domesticar nuestra mente si no sabemos relajar nuestro cuerpo físico.

Recuerda: no importa qué técnica de relajación utilices, lo importante es que lo hagas. No hay relajaciones buenas o malas, la única mala es la que no se intenta.

EL CUERPO PSÍQUICO

Parte II

L as personas funcionamos mediante un complejo mecanismo en el que todo aquello que pensamos, sentimos y hacemos interactúa constantemente entre sí. Este engranaje de pensamientos, emociones y conductas es la esencia de nuestro cuerpo psíquico.

Este cuerpo no es tan obvio como el cuerpo físico, no lo distinguimos tan claramente, pero lo podemos ver desplegarse a su máxima expresión en nuestro actuar y en el lenguaje corporal no verbal, que refleja la gama de emociones que experimentamos a cada momento.

Igual que somos incapaces de desprendernos de nuestro cuerpo físico, sin importar adónde vayamos, la mente es inseparable de nosotros, nunca podemos dejarla atrás y nunca nos abandona. Como resultado sufrimos constantes altibajos. No es el cuerpo el que va de arriba abajo, es nuestra psique, cuyo modo de funcionar no comprendemos. Necesitamos conocer más nuestra propia psicología, después de todo es la mente la que siempre nos está diciendo qué hacer y qué sentir.

La naturaleza del cuerpo psíquico es pensar y sentir a cada momento. Construimos castillos en el aire, los habitamos y luego nos enredamos en nuestra propia creación. De este modo creamos nuestro propio sufrimiento y padecemos las consecuencias. Cuando la mente está inquieta y turbulenta, cuando no podemos controlar la avalancha de pensamientos negativos, no solo nos perjudicamos a nosotros mismos con el alud de emociones desagradables que generamos, sino que también dañamos a los que más queremos con nuestras actitudes y conductas hirientes o insensibles.

No es sorpresa que el cuerpo psíquico no se pueda suprimir ni controlar por la fuerza. Solo mediante la comprensión y el entendimiento somos capaces adquirir control sobre nuestros pensamientos, emociones y conductas y, por lo tanto, sobre nuestra vida.

La mente: nuestra gran herramienta IV

Hace algunos años me invitaron a dar un taller en Cuernavaca, y en uno de los descansos me pidió una de las organizadoras que la acompañara a comprar un material a una librería cercana. Mientras ella buscaba lo que necesitaba, yo me entretuve hojeando un libro del cuál no recuerdo el título, pero un pequeño proverbio al inicio de un capítulo me atrapó. El proverbio decía así: "Somos una casa con cuatro habitaciones: una física, una mental, una emocional y una espiritual. La mayoría de las personas tendemos a vivir en una sola de ellas la mayor parte del tiempo, pero a menos que entremos en cada una, cada día, aunque solo sea para airearla, no seremos personas completas". Pensé: "¡Qué cierto!".

Si todos los días cuidáramos seriamente nuestra salud y nuestro aspecto físico, comiendo saludablemente, haciendo algún tipo de ejercicio, cuidando la calidad y cantidad de horas de sueño, realizando pausas de relajación durante nuestra jornada diaria para reducir los niveles de estrés, observando lo más posible y conscientemente el caudal de pensamientos, emociones y actitudes que estamos generando, y si además dedicáramos algunos momentos de nuestro día para hacer un espacio de silencio, oración o meditación, sin duda seríamos no solo personas completas, sino que nos sentiríamos felices y realizadas.

Es bien sabido que mantener un equilibrio en estas cuatro áreas es importante para tener una vida sana. De hecho, después de leer este proverbio escribí un artículo titulado: "La persona en alto rendimiento",[1] en donde explico que sin este equilibrio es prácticamente imposible ser eficiente en el trabajo, manifestar capacidad creativa, establecer gratas relaciones humanas y mantener la tranquilidad en las innumerables situaciones conflictivas que nos toca vivir. ¿A poco no se oye muy fácil? Pero si es tan sencillo, ¿por qué nos cuesta tanto trabajo lograr este equilibrio?

En los años posteriores a la redacción de este artículo, me dediqué a comprobar tanto en mi autoobservación como en mi consulta privada y en las clases y talleres que imparto, que la dificultad para mantener este equilibrio reside en que la habitación más visitada, en la que pasamos la mayor parte de nuestro día, la consentida, por así decirlo, de la mayoría de las personas, es sin lugar a dudas la habitación de la mente.

Esto es algo que todos experimentamos tan pronto volvemos nuestra atención hacia adentro. Basta con quedarnos un rato a solas con nosotros mismos, mientras nos bañamos, manejamos o a la hora de acostarnos a dormir, para darnos cuenta de que constantemente estamos retirando nuestros sentidos del mundo exterior y dirigiendo nuestros pasos hacia la habitación de la mente. La *pensadera* —como sabiamente lo expresó una persona que conocí unos meses antes de iniciar la escritura de este libro— refiere a esta incapacidad de dejar de pensar, que en sí misma es una terrible enfermedad, de la cual no nos damos cuenta porque casi todo el mundo la padecemos y lo consideramos algo normal. De hecho, mucha gente se da cuenta del grado en que su mente está fuera de control solo hasta que padece períodos de falta de sueño; el insomnio no es sino la incapacidad de desconectarnos de este caudal incesante de imágenes y pensamientos. Podemos decir, sin temor a equivocarnos, que el estado de nuestra mente —es decir, nuestro diálogo interno, lo que constantemente nos decimos— determina el estado en que nos encontramos. La mente no es únicamente el pensamiento, incluye también las emociones y las pautas de reacción inconscientes, tanto mentales como emocionales.

---

[1] A.L. Ornelas Bolado, "La persona en alto rendimiento", en *Revista Hospitalidad* ESDAI, núm. 16, julio-diciembre, México, 2009.

I. LA MENTE ES LO QUE NOS HACE HUMANOS

La mente es la base universal de la experiencia humana, es creadora tanto de la felicidad como del sufrimiento. Resulta difícil encontrar a una persona que no tenga problemas con su mente. Muchas personas son desdichadas porque no tienen suficiente dinero para satisfacer sus necesidades, mientras que otras sufren porque sienten que los demás solo las buscan por su dinero. Unos padecen la falta de trabajo, mientras que otros reniegan porque no les gusta lo que hacen. Algunos se sienten solos e infelices por no tener pareja, mientras que muchos casados viven atormentados por los celos o desmotivados por su relación conyugal. Los que están afuera quieren entrar y los que están adentro quieren salir.

Hay mucho sufrimiento mental en el mundo, inclusive en los países desarrollados. Allí donde la mayoría tiene suficiente comida, ropa, educación y riqueza, se ha registrado un aumento en el consumo de ansiolíticos y antidepresivos, así como un incremento en la tasa anual de suicidios. La mente tortura a todo el mundo, no respeta edad, género, nacionalidad, religión ni nivel socioeconómico o académico.

La enfermedad mental no es más que el estado en que se encuentra una mente cuyos pensamientos han quedado fuera de control. Puedes tener éxito, fama, riqueza, pareja o una familia hermosa, pero si tu mente no está domesticada, a pesar de tenerlo todo, te sentirás eternamente insatisfecho. En cambio, como decía Swami Muktananda, "si tu mente está tranquila y en paz, si te permite dormir por la noche sin la ayuda de pastillas, eres rico aunque no poseas nada".[2] La persona que de verdad ha domesticado a su mente, la ha comprendido y la tiene bajo su control, vive dichosa. Quien ha hecho a su mente pura, fuerte y tranquila puede lograrlo todo. Si algo vale la pena conocer en este mundo es la mente.

Así como es causa del sufrimiento, la mente también es el medio para lograr la felicidad que todos anhelamos, para alcanzar la dicha más elevada. Por eso decimos que la mente puede ser nuestra mejor aliada o nuestra peor enemiga.

---

[2] S. Muktananda, *El misterio de la mente*, México, Siddha Yoga Dham de México, 2000.

2. DOS NIVELES DE CONCIENCIA

Desde que abrimos los ojos al despertar, iniciamos diariamente una conversación ininterrumpida con nosotros mismos; este diálogo interno cognitivo plagado de creencias, valores, juicios, expectativas y puntos de vista organiza frases con las que descubrimos e interpretamos el mundo. Todo el tiempo estamos en dos niveles de conciencia. ¿Quieres experimentarlo? Obsérvate por un momento... Te vas a dar cuenta de que estás siguiendo la lectura y a la vez estás pensando en otra cosa. ¿En qué estás pensando?, ¿qué te estás diciendo?... Hacer pausas durante el día para observar nuestra conversación privada es esencial para domesticar nuestra mente. Si lo hacemos regularmente, nos daremos cuenta de que siempre estamos inmersos en estos dos niveles de conciencia. Primero está el que podríamos llamar *formal*, cuando estamos atentos a una conversación, leyendo, trabajando, contestando el teléfono, escribiendo un mail, escuchando música, manejando, embebidos en una película o en un programa de televisión. Simultáneamente estamos en el segundo nivel, el *privado*, en el que la mayor parte de las veces hay muy poca conciencia; es cuando estamos interpretando, evaluando, haciendo juicios, comparaciones, y si estamos en una conversación, nos adelantamos, sin escuchar, a lo que vamos a responder. La voz interna no necesariamente tiene que ver con lo que estamos haciendo en el nivel formal en ese momento, sino que puede estar revisando el pasado reciente o remoto, o imaginando posibles situaciones futuras. En ocasiones esa voz se convierte en un torturador en la cabeza que juzga con rudeza, castiga y drena la energía vital y la autoestima.

Pensamos lo mismo, todo el día, todos los días

Según estudios científicos, se estima que las personas promedio tenemos alrededor de 60 000 pensamientos al día.[3] No obstante, si ordenáramos esa cantidad de pensamientos por temas, no tenemos más de siete, máximo diez temas en los que pensamos todo el día, todos los días.

---

[3] S.M. Kohenig, *Los ciclos del alma*, Barcelona, Obelisco, 2012.

Te invito a hacer el siguiente ejercicio. Cierra un momento el libro, toma una hoja y una pluma.

PRIMER PASO: Escribe los grandes temas en los que piensas diariamente. Los temas comunes a la mayoría de las personas son pareja, hijos, trabajo, dinero, pendientes, amigos, padres... pero cada persona tiene sus temas personales. Anota los tuyos y cuéntalos. Te aseguro que no pasan de diez o 12. Casi siempre que he hecho este ejercicio en grupos, el promedio es de entre cinco y ocho temas por persona.

SEGUNDO PASO: Ya que contaste tus temas, date cuenta de que 100% de tu energía mental diaria se reparte en ellos. Jerarquízalos poniendo el porcentaje aproximado del tiempo que le dedicas diariamente a cada tema, tratando de que el total sume cien. Observa ahora qué tan proporcionada o desproporcionada está tu energía mental. ¿Qué tema ocupa más tu tiempo?, ¿cuál menos?, ¿te habías percatado de esto?

TERCER PASO: Ahora que tienes tus temas jerarquizados, vamos a ver cómo los piensas. Vimos en el capítulo 1 que la mayoría de las personas vivimos estresadas por la cantidad de estímulos, necesidades creadas, preocupaciones y pendientes que tenemos que realizar a diario. Vimos también que la mayor parte del estrés lo generamos con la manera de interpretar los acontecimientos. Vuelve a tu lista de temas y ponle un asterisco (*) a los temas que piensas con cierta preocupación, dos asteriscos (**) a los que te producen una preocupación mayor y tres asteriscos (***) a aquellos que literalmente sientes que te desbordan, te angustian y que ocupan la mayor parte de tu energía mental, o que se han vuelto una obsesión y no puedes dejar de pensar en ellos. Igualmente, ponle una cruz (+) a los temas que te hacen sentir tranquilidad al pensarlos, dos cruces (++) a los que te causan ilusión y tres cruces (+++) a aquellos que te producen gozo y paz interior. Si algún tema te resulta indiferente, déjalo libre, sin ninguna señal. Observa ahora tu lista. ¿Qué proporción hay entre asteriscos y cruces?, ¿crees que debas cambiar algo?, ¿qué se te ocurre?

3. EL DIÁLOGO INTERNO

Lo primero que tendríamos que cambiar es la manera en que nos decimos las cosas. Investigaciones médicas y científicas recientes han concluido que el enemigo más temido para la salud física y emocional no son los microbios ni los virus, sino los pensamientos y las palabras de cada día, nuestro diálogo interno. Precisamente, domesticar la mente es tener la habilidad de observar ese torrente incesante de pensamientos involuntarios y compulsivos, así como las emociones que los acompañan. Gran parte de la dificultad que tenemos para descubrir el diálogo con nosotros mismos se debe a la velocidad e invisibilidad de los pensamientos. Aparecen automáticamente, en forma taquigráfica, con palabras como *enfermo, perdedor, ignorante*, que en ocasiones están acompañadas de algún símbolo o imagen que se desvanece en una fracción de segundos, pero que deja una secuela de emociones desagradables. Debido al carácter automático, irreflexivo y taquigrafiado del diálogo interno, es fácil tener la ilusión de que los sentimientos emergen directamente de los acontecimientos; sin embargo, cuando nos tomamos el tiempo de ponerlos en orden y observarlos —como si pasaran en una película en cámara lenta—, quedan al descubierto sus influencias malévolas (las técnicas de autocontrol emocional que veremos en el capítulo 6 nos ayudan a traducir esta taquigrafía en frases completas). El problema es que no nos damos cuenta, ya que la mayoría de las personas nos identificamos completamente con esa voz de la mente; hablando en términos espirituales, ese es el estado de inconciencia.[4]

Cuando hablas contigo mismo, estás expresando los pensamientos y sentimientos más profundos que nacen de tu mente y que determinan la forma en que te relacionas con el mundo, además de definir tu relación contigo mismo. Tus pensamientos crean tu realidad; el estado de tu vida no es más que el reflejo de tu estado mental. Tendríamos que ser más creativos en la manera de gastar nuestra dosis

---

[4] E. Tolle, *Una nueva tierra. Un despertar al propósito de la vida*, Bogotá, Norma, 2005.

diaria de energía mental, pues así como la creatividad consiste en cambiar un campo particular, la creatividad personal consiste en modificar el campo de la vida personal. Las probabilidades de contribuir a la cultura en general son mínimas, pero lo que realmente importa, en última instancia, no es si nuestro nombre ha quedado unido a un descubrimiento reconocido, sino si hemos vivido una vida plena y creativa, para lo cual es importante aprender a dirigir nuestro diálogo interno.

4. AUTOESTIMA: LOS JUICIOS SOBRE MÍ MISMO

La voz interna ininterrumpida se la pasa haciendo juicios sobre nosotros mismos, lo cual redunda directamente en nuestra autoestima, que no es más que el juicio y la experiencia de ser aptos para la vida y para sus requerimientos;[5] es una experiencia íntima que habita en el alma de cada persona. Es lo que yo pienso y siento sobre mí mismo. Por eso, como dijo Goethe, "La peor desgracia que le puede suceder a un hombre es pensar mal de sí mismo".

Darnos cuenta de la calidad de los mensajes que nos decimos es una de las formas más poderosas de modificar la imagen que tenemos de nosotros mismos. Si tus pensamientos más recurrentes son "soy un estúpido, "siempre hago todo mal", "estoy gordo", "soy un desastre", "un perdedor", evidentemente tu cuerpo y tu mente reaccionarán ante estos mensajes, lo que crea un círculo vicioso que puede acabar en depresión, episodios de ansiedad, frustraciones, fracasos en las relaciones e incluso adicciones o suicidio.

El primer paso para cambiar estos hábitos de *violencia intraper-sonal* es estar atentos a lo que nos decimos, a los juicios que hacemos de nosotros mismos, ya que nuestros pensamientos son los que crean nuestro cielo o nuestro infierno. El segundo paso es modificar el dialogo interno, la manera negativa y destructiva con la que en ocasiones nos hablamos, convirtiéndonos en nuestro peor enemigo. Con nues-

---

[5] N. Branden, *El poder de la autoestima*, Barcelona, Paidós, 2011.

tros pensamientos podemos llegar a experimentar lo más sublime o podemos rebajarnos hasta sentirnos los más deleznables. Cuando la mente está inquieta y confusa, cuando se piensa negativamente en todo momento, uno no solo se perjudica a sí mismo, sino que también afecta a todas sus relaciones. Por ello, es de suma importancia pensar bien de nosotros mismos y de los demás.

5. LAS DOS MENTES

Nathaniel Branden, psicoterapeuta canadiense especialista en la psicología de la autoestima, afirma que "la esencia misma de la autoestima es confiar en la propia mente y en saber que somos merecedores de la felicidad".[6] Pero, ya que la mente tiene numerosos aspectos, ¿a qué mente se está refiriendo? Todas las sensaciones provenientes de nuestro cuerpo físico, así como todos los procesos cognitivos y emocionales de nuestro cuerpo psíquico, se experimentan en la mente. La mente es el fundamento de nuestra experiencia; todo lo que nos ocurre por fuera o por dentro sucede a causa de la mente. No obstante, hay dos aspectos que destacan.

El primero es la *mente ordinaria*. Ella es la que piensa, hace planes, desea y manipula. Es la que monta en cólera y la que crea oleadas de pensamientos y emociones negativas por las que se deja llevar. Es la que debe seguir siempre proclamando, corroborando y confirmando su existencia mediante la fragmentación, conceptualización y solidificación de la experiencia. Es la mente dualista, discursiva y pensante que solo puede funcionar con un punto de referencia exterior proyectado y falsamente percibido. Es la tierra natal del miedo, arrasada por los sentidos y peleada con el discernimiento. Es dentro de la experiencia de esta mente caótica, confusa, indisciplinada y repetitiva donde al dolor lo transformamos en sufrimiento, al pasado en depresión, al futuro en ansiedad, a la determinación en duda, al valor en cobardía y a la felicidad en desdicha. Igual que una tormenta lleva a un barco de

---

[6] N. Branden, *Los seis pilares de la autoestima*, México, Paidós, 2000.

aquí para allá hasta que lo destroza, la mente ordinaria puede llevar a una persona a cualquier lugar. En un cierto momento está feliz y al momento siguiente es desdichada.

En el Bhágavad Gita, Arjuna le dice al Señor: "Oh Señor, la mente es inquieta, inconstante, turbulenta, fuerte y obstinada, creo que es tan difícil de controlar como el viento".[7]

El segundo aspecto es la *naturaleza de la mente*, su esencia más íntima, que es siempre y absolutamente inmune al cambio. Una conciencia primordial y pura que es al mismo tiempo inteligente, radiante y siempre despierta. Absolutamente abierta, libre e ilimitada, es en su fundamento tan sencilla y natural que nunca puede complicarse, corromperse ni mancharse. Es tan pura que incluso se halla más allá de los mismos conceptos de pureza o impureza. Se podría decir que es el conocimiento del propio conocimiento. Aunque no hay que caer en el error de suponer que la naturaleza de la mente es exclusiva de nuestra propia mente. De hecho, es la naturaleza de todo. Nunca puede subrayarse demasiado que conocer la naturaleza de la mente es conocer la naturaleza de todas las cosas.[8]

6. METÁFORAS DE LA MENTE

Para explicar de una manera sencilla mi forma de ver la mente, me gusta usar diversas metáforas. Una de mis favoritas es que *la mente es como un niño pequeño*. Para un niño de 3 o 4 años, sus padres son su mundo; se siente seguro estando en donde ellos estén y lo único que le importa es darles gusto a papá y a mamá. Asimismo, la mente ordinaria solo quiere darnos gusto y cumplir, sin cuestionar, con todo lo que le pedimos. Imagínate que este niño va con su papás al supermercado y que en las cajas ve que su mamá toma un artículo y lo guarda en su bolsa sin pagarlo. Él hace lo mismo y agarra unos

---

[7] Bhágavad Gita, VI, 34.

[8] Sogyal Rimpoché. *El libro tibetano de la vida y de la muerte*, Barcelona, Urano, 1994.

chicles. En el coche dice: "¡Mira, mamá, me traje unos chicles como tú!". Este niño, al igual que la mente ordinaria, no tiene la capacidad de discernir si lo que le pedimos es bueno o malo para él, lo único que quiere es agradarnos y lo hace con un gusto enorme. ¡Ojo con lo que le pedimos a esta mente!, porque si constantemente le estamos mandando mensajes negativos, estos se vuelven profecías autocumplidas, y luego nos quejamos porque tenemos mala suerte, porque nos enfermamos, porque no conseguimos lo que queríamos o porque no somos atractivos para los demás.

Normalmente, pasamos entre 16 y 18 horas del día activos, es decir, no estamos ni dormidos, ni drogados, ni anestesiados. Sin embargo, la mayor parte de nuestro día vivimos absortos en la mente ordinaria, actuando en automático, como si estuviéramos dormidos. Solo cuando interrumpimos momentáneamente nuestro diálogo para observarlo y darnos cuenta de lo que nos estamos diciendo, funciona la conciencia. El *darse cuenta* es un hecho de la conciencia, no es un hecho de la mente ordinaria. Ser consciente es estar más allá de la mente, en un espacio sin forma. Es simplemente ser consciente. Pero esto no lo experimentamos sino escasos minutos de los 1 440 que tenemos diariamente, y a veces pasamos días enteros en este estado de inconciencia. Me atrevo a afirmar que hay personas que pasan casi la totalidad de sus vidas así.

• Anthony de Mello[9] dice que vivimos *dormidos* y que la manera inequívoca de saber si lo estamos es el sufrimiento. Él dice: "Si sufres, es que estás dormido". Sí, es verdad que el dolor existe, pero no el sufrimiento. El sufrimiento no es real sino una obra de nuestra mente ordinaria. La realidad no causa problemas; los problemas nacen de la mente cuando está dormida. Para él, *despertarse* es la espiritualidad, porque solo despiertos podemos entrar en la verdad y descubrir qué lazos nos impiden la libertad. Y para despertar el único camino es la observación, estar atentos a los cuentos que nos contamos, observar lo que acontece internamente en nuestros tres cuerpos —físico, psíquico y espiritual— y también a nuestro alrededor, como si eso le ocurriese

---

[9] A. de Mello, *Autoliberación interior*, Buenos Aires, Lumen, 1988.

a otra persona, sin juicios ni justificaciones ni esfuerzos para cambiar lo que está sucediendo.

Sogyal Rimpoché se imagina a la mente ordinaria como un mono que salta incansable de rama en rama. Él lo expresa poéticamente: "la naturaleza de la mente se asemeja al cielo y la confusión de la mente ordinaria a las nubes".[10]

Cuando estamos en tierra mirando hacia lo alto, se nos hace muy difícil creer que haya algo más que nubes. Sin embargo, basta con remontarnos en un avión para descubrir sobre ellas una extensión ilimitada de transparente cielo azul. Desde allá, las nubes que suponíamos que eran todo parecen minúsculas y remotas. Las nubes no son el cielo, solo están ahí, suspendidas, cambiando de forma de manera errática, no pueden manchar el cielo ni dejar huella en él en modo alguno. Esta metáfora nos ayuda a imaginar un poco su carácter ilimitado que todo lo abarca.

Podemos decir metafóricamente que en la habitación de la mente viven, y han vivido durante toda nuestra vida, dos seres. Uno exigente, calculador, insatisfecho, neurótico, ansioso y lleno de miedos: el ego, el yo superficial, la mente ordinaria, no observada. Y otro, un ser espiritual oculto cuya voz de sabiduría rara vez oímos y atendemos: El Guía Sabio, el yo profundo, el Testigo, la Conciencia que observa, la naturaleza de la mente.

Domesticar la mente es, pues, aprender a distinguir entre las engañosas y cautivadoras voces del ego y la claridad, la sencillez y el humor de nuestro Guía Sabio. Para entender un poco sobre estas dos manifestaciones de la mente, me gustaría llevarte por un breve recorrido en la manera tan diversa en que se ha estudiado la mente, tanto en Oriente como en Occidente.

---

[10] Sogyal Rimpoché, *El libro tibetano*…

7. HISTORIA DEL ESTUDIO DE LA MENTE EN OCCIDENTE

Desde la antigüedad el hombre se ha interesado en el funcionamiento de la mente y sus mecanismos. La mente es el gran misterio de la vida humana. Es la base universal de la experiencia, la que ha investigado la naturaleza. En ella se originan las teorías, se diseñan los experimentos, se observan los datos, y es la mente la que llega a conclusiones científicas. No hace falta una profunda reflexión para llegar a la conclusión de que el instrumento científico más importante es y ha sido siempre la mente. ¿Por qué entonces la ciencia postergó tanto su estudio científico?

Recordemos que la ciencia en Occidente surgió como tal en el Renacimiento, con una fuerte herencia grecorromana y judeocristiana. Para los científicos, la búsqueda de la verdad estaba afuera, en los cielos, en el universo objetivo. Consideraban la realidad como externa al mundo del pensamiento humano, como el mundo material, el mundo de afuera, y se empeñaron en controlarla y organizarla para adaptarla a las necesidades humanas. Para ellos, la astronomía, la física, la química y la biología eran las ciencias más importantes; el estudio de la mente quedó relegado a los sacerdotes.[11] Fue una época de caza de brujas, época de la Inquisición y del surgimiento del protestantismo. Ciertamente, la mente se consideraba territorio peligroso, susceptible de las tentaciones del demonio. Mientras la mente fuese científica, mirara hacia el exterior y explorara el universo objetivo creado por Dios, todo estaría en armonía. Pero el ámbito interno, subjetivo, resbaladizo, de la mente no era parte de la naturaleza ni era de fiar; en última instancia, no debía creerse en él. En una Europa dominada por esas creencias aterradoras, una ciencia de la mente era impensable.[12]

En la actualidad, la ciencia se considera en muchas ocasiones como la antítesis de la religión, pero en realidad la ciencia fue un producto de una sociedad muy religiosa. Hombres como Copérnico, Galileo,

---

[11] R.A.F. Thurman, *Ciencia Mente: La psicología tibetana: un software complejo para el cerebro humano*, Barcelona, Mandala, 1988.
[12] B.A. Wallace, *La ciencia de la mente*, Barcelona, Kairós, 2009.

Newton y Descartes fueron creyentes cristianos. Era inevitable que al principio la ciencia se desarrollara siguiendo una línea cristiana. René Descartes, como vimos en el capítulo 2, intentó especular sobre la naturaleza de la mente, y su concepción dualista tuvo una fuerte influencia sobre la ciencia durante los siglos siguientes, retrasando la aparición de la investigación científica de la mente. Dado que la mitad de la fórmula cartesiana, el alma, que incluía a los fenómenos mentales, como la conciencia, las imágenes, los pensamientos y las emociones, no era física sino metafísica, se consideraba que estaba más allá de los límites de la ciencia. Y puesto que los fenómenos inmateriales eran inaceptables, la mente tenía que ser ignorada, o bien considerada una propiedad de la materia. No podía existir por sí misma ni ser estudiada de manera científica, a menos que se redujera a algo puramente físico: la materia gris del cerebro. Esta era la solución obvia.

8. MATERIALISMO CIENTÍFICO

Por todo lo anterior, la ciencia no intentó un estudio formal de la mente hasta finales del siglo XIX, cuando nace la psicología como la ciencia de la mente. Los dos pioneros más destacados de esa época, Sigmund Freud en Austria y William James en Estados Unidos, se vieron influenciados por los principios subyacentes al materialismo científico: objetivismo, realismo metafísico, el principio de clausura, el universalismo y el reduccionismo físico.

Formulados de manera sucinta, el primero y el más importante de estos principios, el *objetivismo*, afirma que la única realidad importante existe *afuera*, más allá de nuestras mentes. El *realismo metafísico* es la creencia de que el universo objetivo puede ser conocido por la mente humana subjetiva. Tanto el objetivismo como el realismo metafísico fueron refinados más tarde por el *principio de clausura*, que niega la posibilidad de que cualquier cosa distinta a las influencias materiales puede afectar algún aspecto del mundo material. El *principio de universalidad* declara que estas reglas son universales, es decir que son las mismas en cualquier rincón del universo. Y, finalmente, el *reduccionismo físico* reduce toda la naturaleza a entidades e interacciones físicas. Como vimos antes, estos principios se fueron infiltrando en la ciencia subrepticiamente desde el Renacimiento.[13]

9. PIONEROS EN EL ESTUDIO DE LA MENTE

La influencia del enfoque materialista puede verse en los primeros trabajos de los dos psicólogos teóricos más destacados de esa época.

Freud era profesor de neuropatología y sus primeras investigaciones incluyeron un estudio de la medula espinal y el cerebro. No obstante, la experiencia clínica con pacientes que sufrían histeria lo hizo pensar que había un nivel mental que seguía funcionando en el inconsciente, incluso estando bajo los efectos de la hipnosis. En un principio procuró aliviar los síntomas de la histeria con hipnosis, pero pronto comprobó que las curas así logradas eran temporales. En la búsqueda de una cura permanente, se enfocó en escuchar con atención las experiencias subjetivas de sus pacientes e inventó un instrumento psicológico para la exploración de la personalidad denominado *asociación libre*, gracias al cual descubrió el reino inconsciente de la vida psíquica, así como el mecanismo para la observación de esta a través de los sueños. Esto lo inspiró para crear el psicoanálisis, que es a la vez un método terapéutico y una teoría de la personalidad.

William James, considerado el padre de la psicología en América, también empezó en las ciencias físicas. Siendo profesor de fisiología, creó en Harvard, en 1875, el primer laboratorio de psicología de los Estados Unidos. Se definía a sí mismo como empirista pragmático, y llegó a la conclusión de que la ciencia siempre debería ocuparse de la experiencia directa, incluyendo la experiencia de la mente en primera persona. También creía que la introspección, la investigación sistemática de la propia experiencia interna, podía convertirse en la herramienta más destacada para la comprensión de la mente.

---

[13] *Ibidem*, pp. 38-39.

La publicación de su obra clásica, *Principios de psicología*,[14] de 1890, incluía temas como la sensación, la percepción, las funciones del cerebro, los hábitos, el fluir de la conciencia, el sí mismo, la atención, la memoria, el pensamiento, la emoción y la voluntad.

Desde el punto de vista histórico, tanto Freud como James fueron un faro en la noche oscura del estudio científico de la mente al aceptar la importancia de las narraciones en primera persona de la experiencia subjetiva mental. Sin embargo, ya que a principios del siglo xx los teóricos de la psicología —fascinados por el éxito de la ciencia— se negaron a creer que pudieran conseguirse logros mediante el estudio de la conciencia desde dentro, pronto dirigieron su atención a algo que podían medir: la conducta.

10. EL PERRO DE PAVLOV

El conductismo dominó la investigación sobre la mente a partir de la Primera Guerra Mundial y hasta la década de 1950. Se basa en el estudio del estímulo y la respuesta. Para los conductistas, los reflejos condicionados —como el famoso modelo del perro de Pavlov, entrenado por el fisiólogo ruso Iván Pavlov para salivar al sonar una campana— eran la clave para comprender la mente. Su modelo enfatizaba los mecanismos de la conducta mediante los cuales el organismo humano respondía al entorno. La mente que pensaba, se emocionaba, sentía, creaba imágenes, etc., pasaba a ser considerada como una serie de respuestas condicionadas, mecánicas. Dado que estas podían medirse por observadores externos y objetivos, se supuso que era el camino adecuado. Según este enfoque, las terapias psicológicas serían sustituidas por terapias conductuales, que utilizan técnicas de recompensas y castigos para modificar y mejorar la conducta. No obstante, esta terapia solo funciona de manera superficial y temporal, ya que la mente es mucho más profunda y compleja, y pronto vuelve a sus viejos hábitos.[15]

---

[14] W. James, *Principles of Psychology*, Nueva York, Dover Publications, 1980.

[15] B. A. Wallace, *La ciencia de la mente...*

El psicólogo norteamericano John B. Watson, fundador del conductismo, escribió en 1924: "El conductismo afirma que *conciencia* no es un concepto definible ni utilizable, que es simplemente otro término para el *alma* de tiempos anteriores. La vieja psicología está, pues, dominada, por una sutil especie de filosofía religiosa".[16] Para Watson, *conciencia* era el término moderno para sustituir *alma*, una noción espiritual y, por tanto, inaceptable para una ciencia de la mente.

II. REVOLUCIÓN COGNITIVA

Al terminar la Segunda Guerra Mundial empezó a parecer obvio que la conducta intencional, con sus complejas elecciones y motivaciones, desempeñaba un papel demasiado importante en la vida mental humana como para ser ignorada. Esta toma de conciencia marcó el comienzo de las ciencias cognitivas, que estudian la forma en que procesamos la información, los sistemas cognitivos y la inteligencia.

La principal discrepancia de las ciencias cognitivas con el conductismo es que, para los conductistas, la mente es una especie de caja negra, es decir que no puede estudiarse debido a la imposibilidad de un acercamiento a través del método científico. La caja negra es "cualquier cosa que tenga una función compleja que puede observarse, pero cuyo funcionamiento interno es misterioso o desconocido".[17] Para la mayoría de quienes no tenemos conocimientos de telefonía o electrónica, tanto el teléfono celular como la televisión (dos objetos que se han vuelto necesarios e imprescindibles en nuestra vida moderna) son cajas negras. No entendemos cómo funcionan, simplemente sabemos que una señal proveniente de una antena o cable entra en la caja por un extremo y luego, por el otro extremo, sale información utilizable: una voz, un mensaje escrito, la imagen de una persona que puede estar a miles de kilómetros de distancia, un noti-

---

[16] J.B. Watson, *Behaviorism*, Nueva York, People's Institute Publishing Company, 1924.
[17] "Scientific method", en *Webster's Ninth New Collegiate Dictionary*, 3ª ed.

ciero o una película. Cómo sucede esto resulta un misterio. Lo mismo pasa con la mente.

La ciencia cognitiva está de acuerdo con los conductistas en su intento de validarse como ciencia; acepta el uso del método científico, pero rechaza la introspección como técnica de investigación. No obstante y a diferencia de la psicología conductista, plantea la existencia de estados mentales internos, tales como creencias, deseos y motivaciones.

La primera etapa de las ciencias cognitivas se puede ubicar en 1948, cuando un grupo de científicos procedentes de diferentes campos del saber (psicólogos, neurofisiólogos, matemáticos, ingenieros, filósofos de la mente y lingüistas) se reunieron en el Instituto de Tecnología de Pasadena California, patrocinados por la Fundación Hixson. El matemático John Von Newmann planteó la analogía entre la computadora y el cerebro, el neurofisiólogo y matemático Warren McCulloch abordó el procesamiento de información en el cerebro y el psicólogo K. Lashley cuestionó los supuestos básicos del conductismo, que era la tradición dominante en psicología, y esbozó un programa de investigación cognitivista. En el Simposio de Hixson se pueden identificar las características nucleares de lo que con el tiempo se llamó la *revolución cognitiva*: la interdisciplinaridad de las investigaciones, la analogía entre cerebro y computadora, la cognición entendida como procesamiento de información, los supuestos mentalistas para explicar la actividad humana y la crítica al conductismo.[18]

12. NEUROCIENCIA COGNITIVA

La segunda fase se ubica alrededor de la década de 1980, cuando los avances técnicos en el estudio del cerebro y el sistema nervioso resu-

---

[18] E. García García, *et al.*, *Teoría de la mente y ciencias cognitivas. Nuevas perspectivas científicas y filosóficas sobre el ser humano*, Madrid, Universidad Pontificia de Comillas, 2007. Disponible en: http://eprints.ucm.es/8607/1/ASINJA.%2520Teoria%2520ode%2520la%2520mente.pdf

citaron el camino a través de la fisiología, que los psicólogos habían abandonado a principios del siglo XX. El nuevo camino a través de la fisiología se denominó *neurociencia cognitiva*.

La neurociencia ha experimentado un enorme desarrollo en las cuatro últimas décadas y se ha convertido en una de las disciplinas de mayor relevancia en la actualidad. Desde su origen, la neurociencia se ha caracterizado por un marcado enfoque sintético e integrador de todas aquellas ciencias dedicadas al estudio del cerebro y del sistema nervioso.

Para entender un poco la maravilla de nuestro cerebro bastará con hacer una descripción básica. Si miramos dentro del cerebro humano, lo primero que se aprecia son las estructuras a gran escala: en la parte exterior del cerebro se encuentra la *corteza cerebral*, o neocortex, que incluye las áreas del lóbulo frontal, el lóbulo parietal, el lóbulo occipital y el lóbulo temporal. Estas áreas están divididas en dos hemisferios (derecho e izquierdo) por una ancha banda de fibras nerviosas conocida como *cuerpo calloso*, que conecta ambas mitades. El izquierdo controla principalmente el lenguaje y las actividades lógicas, racionales y de cálculo, mientras que el derecho controla las facultades artísticas, la imaginación y la creatividad. Si analizamos el neocortex, descubrimos el *mesocortex* y las *estructuras subcorticales del sistema límbico*, incluidos el tálamo, la amígdala, el hipocampo y el cerebelo, que están conectados al tronco cerebral y a la médula espinal. En el siguiente capítulo ahondaremos en las funciones de cada una de estas áreas y su relación con las emociones.

Cuando examinamos más profundamente el cerebro, bajo las lentes de potentes microscopios, vemos que está compuesto por muchísimas neuronas. El número de neuronas de nuestro cerebro es aproximadamente el mismo que el número de estrellas presentes en la Vía Láctea. Hay diferentes tipos de neuronas en el cerebro y por todo nuestro cuerpo, a través del sistema nervioso. De él salen muchas dendritas y axones que conectan unas neuronas con otras. Este laberinto de conexiones culmina en la *sinapsis*, que vincula cada neurona con cientos o miles de otras neuronas. Las neuronas producen cargas eléctricas en forma de iones químicos, dirigidos por diversos productos químicos neuronales producidos endógenamente por el cerebro. Estos neurotransmisores producidos y presentes en diversas áreas del cerebro son muy importantes.

El cerebro pesa 1.5 kilos, lo que representa 2% del peso del cuerpo ⚡ humano. Aun así, consume 15% de las pulsaciones cardíacas, 20% del oxígeno del organismo y alrededor de 25% de la glucosa que necesitamos.[19] Por suerte, no necesitamos ser conscientes de ninguno de estos procesos para tener cerebros perfectamente funcionales que nos permitan realizar cada día actividades mentales simples y complejas. Sin embargo, vale la pena detenerse un momento a pensar que el objeto más complicado en el universo conocido se encuentra justo aquí, entre nuestras orejas.

La neurociencia dio un impresionante avance gracias al uso de ⚡ técnicas como la tomografía con emisión de positrones (el famoso PET), la magneto encefalografía y el descubrimiento de la resonancia magnética, realizado por Paul Lauterbur, de la Universidad de Illinois, en Estados Unidos, y Peter Mansfield, de la Universidad de Nottingham, en Inglaterra, lo que les valió el Premio Nobel de Medicina en 2003. Con ellas se obtienen imágenes del cerebro y se pueden detectar los cambios en la distribución del flujo sanguíneo cuando la persona desarrolla determinadas tareas sensoriales o motoras, o en diversas tareas cognitivas, emocionales y de motivación. Esto ha permitido el estudio cerebral normal y patológico, y ha favorecido que la investigación en neuroimagen sea una de las pioneras en el estudio del cerebro y del sistema nervioso.

El descubrimiento, a mitad del siglo XX, de la psicofarmacología representa otro paso importante en el estudio del cerebro, especialmente de los trastornos mentales. Se puede decir que, junto con las poderosas técnicas de neuroimagen, es responsable en gran medida del prestigio científico y social de que goza en nuestros días la neurociencia.[20]

---

[19] A. Newberg, *Por qué creemos lo que creemos*, México, Segal, 2006.
[20] J.M. Gimenez-Amaya y J.L. Murillo, "Mente y cerebro en la neurociencia contemporánea: una aproximación a su estudio interdisciplinar", en *Scripta Theologica*, 39, 2007, pp. 607-635.

Que la neurociencia se encuentre a la vanguardia de las ciencias, y no solo de las biomédicas, no se debe únicamente a los espectaculares avances científicos, sino también a la gran cantidad de preguntas clave sobre el funcionamiento de la mente y de la conciencia que aún no se pueden contestar. Es preciso reconocer que la mente es todavía un terreno rodeado de misterio, lo cual la convierten en un campo especialmente atractivo para la investigación, más allá de lo que se puede calificar como una simple dificultad científica.

13. MENTE/CEREBRO

La ciencia del cerebro no cuenta aún con medios tecnológicos que permitan detectar la conciencia ni ningún tipo de experiencia mental subjetiva. Tampoco tiene manera de demostrar cómo es que el cerebro produce la conciencia; todo lo que los neurocientíficos saben es que algunos sucesos neuronales específicos contribuyen de alguna manera a las experiencias o representaciones subjetivas.

De entre los numerosos neurocientíficos que han estudiado la relación mente/cerebro y que específicamente han tratado de entender qué sucede con la conciencia, podemos destacar a los siguientes: Francis Crick, Christof Koch, Susan Greenfield, Antonio Damasio y Michael Gazzaniga.

Francis Crick, premio nobel de Medicina por el descubrimiento de la estructuración en doble hélice del ADN, dedicó la última etapa de su carrera científica al estudio de la conciencia en el Instituto Salk de La Jolla, en Estados Unidos, junto con su colaborador Christof Koch, actualmente investigador en el Instituto de Tecnología de California. Estos autores han buscado los correlatos neuronales mínimos necesarios para dar lugar a un aspecto específico de la conciencia.[21] Crick ha señalado que todas nuestras alegrías y sufrimientos, nuestras ambiciones y memorias, el sentido de nuestra identidad y de nuestro

---

[21] F. Crick y C. Koch, "Constraints on Cortical and Thalamic Projections: The Strong-Loops Hypothesis", en *Nature*, 391, 1998, pp. 245-250.

libre albedrío, no son más que el funcionamiento de amplias redes neuronales y de las moléculas asociadas a estas conexiones neurales,[22] e incluso ha llegado a proponer el núcleo reticular del tálamo como un centro nodal para la conciencia del individuo.[23]

Para Susan Greenfield, profesora de Farmacología en la Universidad de Oxford y directora de la Real Institución de Gran Bretaña, la conciencia es una realidad continuamente variable que existe en diversos grados y en cuya estructuración son muy importantes las redes neuronales, que se extienden sobre amplias zonas de nuestro cerebro, así como los marcadores bioquímicos, que actuarían como neuromoduladores para que estas asociaciones de células puedan actuar de forma unitaria en muy poco tiempo. Estos neuromodulares estarían en la base de nuestro estado de ánimo, sentimientos y emociones. Para esta neurocientífica, las emociones son la forma más básica de conciencia.[24]

Antonio Damasio, profesor de Neurociencia y director del Cerebro y la Creatividad de la Universidad de California del Sur, famoso por sus libros, en los que ha intentado establecer puentes entre la neurociencia y la filosofía, sostiene que la explicación de la conciencia debe buscarse en los trabajos de la biología evolutiva y de la psicología. Los mapas genéticos de nuestro sistema nervioso son la base sobre la que se crean posteriormente los mapas sensoriales y motores que favorecen de manera definitiva la interacción de los organismos con el medioambiente; este medioambiente es, a su vez, un gran refuerzo para la continua modificación y progreso de dichos mapas nerviosos. En el caso de la especie humana, hay que contar con el poderoso complemento de un lenguaje muy bien estructurado que, todo en conjunto, permite la emergencia del yo, la autoconciencia, que se hace

---

[22] F. Crick, *The Astonishing Hypothesis: The Scientific Search for the Soul*, Nueva York, Scribner, 1995.

[23] F. Crick, "Function of the Thalamic Reticular Complex: The Searchlight Hypothesis", en *Proceedings of the National Academy of Sciences USA*, 81, 1984, pp. 4586-4590.

[24] S. Greenfield, *The Private Life of the Brain: Emotions, Consciousness, and the Secret of the Self*, Nueva York, John Wiley & Sons, 2000.

consciente en nuestro ser y en el de los demás. Esta arquitectura de conocimiento que nos proporciona nuestro cerebro es la solución al llamado *problema de la conciencia*. Para Damasio nuestra existencia es en realidad una larga marcha desde los genes hacia la cultura a través de nuestro sistema nervioso, que está diseñado y preparado para ello.[25]

Para Michael Gazzaniga, profesor de Psicología en la Universidad de California en Santa Bárbara y director del Centro SAGE para el estudio de la mente, la conciencia es una propiedad emergente de nuestro sistema nervioso y no una entidad por sí misma; de alguna manera es la respuesta al concierto de muchas redes neuronales que se forman en centros corticales y subcorticales, y que hacen posible esta experiencia, la cual como viene se va al cesar la actividad neural.[26]

En síntesis, podemos concluir que tanto Freud como James reconocieron la importancia de la experiencia subjetiva para la comprensión de la mente, sin negar los datos complementarios ofrecidos por los estudios fisiológicos. No obstante, esa apertura mental fue barrida por el conductismo, y esa tendencia continua hoy en día en la neurociencia. Los neurocientíficos, en general, creen que cualquier suceso mental que se considere *real* ha de alojarse en el cerebro. Si la ciencia no logra salir de esta visión embotellada de la mente/cerebro, será incapaz de extraer conclusiones significativas sobre la importante relación entre la mente ordinaria, el ego y la naturaleza de la mente, la conciencia.

14. LA PSICOLOGÍA BUDISTA

Las tradiciones contemplativas de Oriente tienen poco que decir sobre el cerebro, pero el estudio sistemático del funcionamiento de la mente se remonta a mucho antes de la era cristiana. Durante más de

---

[25] A. Damasio. *The Feeling of What Happens: Body and Emotion in the Making of Consciousness*, Nueva York, Harcourt Brace & Company, 1998.

[26] M. Gazzaniga, R. Ivey y G.R. Magun, *Cognitive Neuroscience: The Biology of the Mind*, Nueva York, W.W. Norton, 2002.

dos milenios, muchas generaciones de pensadores en los actuales territorios de India, Sri Lanka, Indochina, Tibet, Nepal, China y Japón han debatido la relación entre la mente y la conciencia.

El budismo es una de las tradiciones milenarias que han puesto mayor énfasis en el estudio de la mente, al grado de que ha llegado a definirse no como una religión sino como una ciencia de la mente.[27] Para los budistas, el objetivo principal del estudio de la mente, así como de las técnicas para adiéstrala, es alcanzar la iluminación.

La psicología budista es la expresión del conocimiento acumulado por la práctica de la observación directa de la mente a través de las técnicas de meditación. La meditación, en la tradición budista, no es una práctica religiosa, sino más bien una forma de observar y conocer la naturaleza de la mente y la conciencia.

Sogyal Rimpoché afirma que todas las enseñanzas y prácticas del budismo se dirigen a este único punto: contemplar la naturaleza de la mente y, de este modo, liberarnos del miedo a la muerte y ayudarnos a conocer la verdad de la vida:

> [...] "Budista" en tibetano se dice *nangpa*. Esta palabra significa "persona interior", es decir una persona que no busca la verdad afuera, sino dentro de la propia mente [...] Mirar hacia dentro exigirá una gran sutileza y un gran valor; nada menos que un cambio completo en nuestra actitud ante la vida y la mente. Estamos tan habituados a mirar hacia fuera que hemos perdido casi por completo el acceso a nuestro ser interior. Nos asusta mirar hacia dentro, porque nuestra cultura no nos ha dado ninguna idea de lo que vamos a encontrar. Incluso podemos pensar que si lo hacemos nos exponemos a la locura. Esta es una de las últimas y más logradas trampas de nuestro ego para impedir que descubramos nuestra auténtica naturaleza.
>
> Así pues, hacemos nuestra vida tan agitada que eliminamos hasta el menor riesgo de mirar hacia nosotros mismos. Incluso la idea de meditar, puede asustar. Al oír las expresiones "ausencia de ego" o "vacuidad", se creen que experimentar tales estados ha de ser algo así como ser arrojado por la escotilla de una nave espacial para flotar eternamente en un

---

[27] Véase, por ejemplo, Dalai Lama, *El concepto budista de la mente. Ciencia Mente*, Barcelona, Mandala, 1998.

vacío oscuro y helado. Nada podría estar más lejos de la verdad. Pero en un mundo dedicado a la distracción, el silencio y la quietud nos aterrorizan, y nos protegemos de ellos por medio del ruido y las ocupaciones frenéticas. Contemplar la naturaleza de nuestra mente es lo último que nos atreveríamos a hacer.[28]

15. MENTE/CONCIENCIA

Como vimos, la manera en que se ha estudiado la mente en Occidente ha sido indagando el funcionamiento del cerebro, con base en el método científico, que consiste en observar el objeto de conocimiento, en este caso el cerebro, comparándolo, juzgándolo, dividiéndolo o descomponiéndolo en partes más pequeñas para su estudio. Estudiarlo así permite distinguirlo fácilmente de la conciencia.

La otra manera de abordar lo mental proviene de Oriente. En esta tradición, la mente es como una pantalla neutra que nos permite proyectar lo que percibimos y toma la forma de lo percibido para transformarse en un contenido de la mente. La conciencia tiende a la comprensión del conjunto, integra y busca superar la dualidad. Existe un conflicto evidente entre mente/cerebro y mente/conciencia, pues operan en dos sentidos contrarios. Pero aun cuando están en oposición — división vs. integración— no son contradictorios sino complementarios, y ambos son necesarios para avanzar en nuestra comprensión de nosotros y del mundo.

El siguiente fragmento extraído del libro *Transforma tu vida*, del venerable Gueshe Kelsang Gyatso, un reconocido maestro del budismo Kadampa en la actualidad, nos muestra de una manera sencilla la diferencia entre mente/cerebro y mente/conciencia:

> Buda enseñó que todo depende de la mente. Para comprender lo que esto significa hemos de conocer la naturaleza y las funciones de esta. A simple vista puede parecernos fácil, porque todos tenemos mente y podemos reconocer nuestros estados mentales: sabemos cómo nos encontramos, si

---

[28] Gueshe Kelsang Gyatso, "Qué es la mente", Tharpa, 2008.

nos sentimos felices o desdichados, si tenemos las ideas claras o estamos confundidos. No obstante, si alguien nos preguntara cómo funciona la mente y cuál es su naturaleza, lo más probable es que no supiéramos dar una respuesta apropiada, lo que indica que, en realidad, no sabemos lo que es. Hay quienes piensan que la mente es el cerebro o alguna otra parte o función del cuerpo, pero esto es incorrecto. El cerebro es un objeto físico que se puede ver, fotografiar y someter a una operación quirúrgica. En cambio, la mente no es un objeto material y no se puede ver, fotografiar ni operar. Por lo tanto, el cerebro no es la mente, sino una parte más del cuerpo. No hay nada en nuestro cuerpo que pueda identificarse con nuestra mente porque son entidades diferentes. Por ejemplo, aunque nuestro cuerpo esté quieto y tranquilo, nuestra mente puede estar ocupada con diversos pensamientos, lo que indica que nuestro cuerpo y nuestra mente no son una misma entidad. En las escrituras budistas se compara al cuerpo con un hostal y a la mente con un huésped. En el momento de la muerte, la mente abandona el cuerpo y viaja a la vida siguiente, al igual que el huésped deja el hostal y se traslada a otro lugar.

Si la mente no es el cerebro ni ninguna otra parte del cuerpo, entonces ¿qué es? Gueshe Kelsang Gyatso explica que la mente es un continuo inmaterial cuya función es percibir y comprender objetos. Debido a que la mente no es un fenómeno físico y carece de forma, los objetos materiales no pueden obstruirla. Para que nuestro cuerpo llegue a la luna tiene que viajar en una nave espacial, mientras que la mente puede desplazarse a ese lugar en un instante solo con el pensamiento. El conocimiento y la percepción de los objetos es función exclusiva de la mente. Aunque decimos "Yo sé esto o aquello", en realidad es nuestra mente la que aprehende los objetos. Conocemos los fenómenos con la mente.[29]

Conseguiremos comprenderlo cuando captemos que la primera cualidad de la mente/conciencia simplemente consiste en *conocer*, no es intrínsecamente ni buena ni mala. Si miramos más allá del caudal turbulento de pensamientos y emociones efímeras que atraviesan nuestra mente de la mañana a la noche, podremos constatar la presencia de ese aspecto fundamental de la conciencia que hace posible y sirve de base a toda percepción, sea cual sea su naturaleza.

---

[29] Sogyal Rimpoché, *El libro tibetano…*

El contenido de la mente cambia constantemente. Si nos damos cuenta de lo que observamos y si logramos darnos cuenta de lo que estamos haciendo, podremos distinguir el hecho de *darse cuenta* de los contenidos de la mente. El *darse cuenta* es un hecho de la conciencia, no es un hecho de la mente... Ser consciente es estar más allá de la mente, en un espacio sin forma. Es simplemente ser consciente.

En el budismo, este aspecto cognoscitivo recibe la denominación de *luminoso*, porque ilumina simultáneamente el mundo exterior y el mundo interior de las sensaciones, las emociones, los razonamientos, los recuerdos, las esperanzas y los temores, permitiendo que los percibamos. Aunque esta facultad de conocer sirve de base a cada acontecimiento mental, en sí misma no se halla afectada por tal acontecimiento. Un rayo de luz puede alumbrar una cara que expresa rencor u otra que sonríe, una joya o un montón de basura, pero en sí misma la luz no es ni malvada ni amable, ni limpia ni sucia. Esta constatación permite comprender que es posible transformar nuestro universo mental, así como el contenido de nuestros pensamientos y experiencias. En efecto, el fondo neutro y *luminoso* de la conciencia nos ofrece el espacio necesario para observar los acontecimientos mentales, en vez de mantenernos a su merced, para después crear las condiciones de su transformación.

La psicología occidental se ha enfocado más en estudiar la mente desde la investigación de los procesos cerebrales, mientras que la psicología oriental lo ha hecho desde la exploración de la conciencia. Ambas posturas son necesarias para tener una mayor comprensión de la mente y su funcionamiento. La psicología budista ofrece a la psicología occidental un punto de vista complementario en muchos de los temas fundamentales de la psicología moderna, tales como la naturaleza de la mente, los límites de la capacidad de desarrollo humano, las posibilidades de salud física y mental, los medios para controlar las emociones destructivas y las técnicas para lograr la paz interior.[30]

Todavía hay mucho por aprender.

---

[30] D. Goleman, *Ciencia Mente: Un diálogo...*

Las emociones: el motor de nuestra vida V

Nuestra vida emocional es mucho más rica de lo que parece a simple vista. El amplio abanico de emociones está por detrás de casi todas nuestras motivaciones. Nosotros somos las emociones y las emociones somos nosotros. Todo lo que sucede tanto en nuestro cuerpo como en el entorno está influenciado por las moléculas de la emoción. La mente se convierte en el comando de búsqueda y a donde dirijamos nuestro pensamiento le damos inmediatamente un matiz emocional. Las emociones ejercen una increíble y poderosa fuerza en el comportamiento humano. Pueden llevarnos a evitar situaciones que, por lo general, nos resultan agradables, o empujarnos a llevar a cabo acciones que normalmente no llegaríamos a realizar jamás; sin duda alguna, puedo aseverar que fueron las emociones las que me llevaron a escribir este libro. De no ser por los acontecimientos tan contrastantes que viví en el 2013, nunca me hubiera animado a hacerlo.

Tengo dos hijas. Una es bióloga, y la otra, médica. A principios de marzo la mayor contrajo matrimonio; estaba viviendo en París y vino unas semanas antes para arreglar los últimos detalles de la boda. Estar con ella, verla tan feliz y realizada, así como compartir esos momentos con mi familia y mis amigas, me hizo sentirme muy querida y satisfecha. Fueron unos días inolvidables. Dos meses después, a mediados de mayo, la menor de mis hijas fue diagnosticada con linfoma de Hodgkin. Pasé de la alegría inmensa al miedo intenso. Mi madre y mi hermano mayor tuvieron cáncer, y mi mente me mostró como primer escenario la muerte.

Al salir del hospital donde ella trabajaba y donde la atendieron, me tomó de los hombros y me dijo: "Mamá, te necesito fuerte". Pensé: "La única manera en que puedo estar fuerte es quitándome este pensamiento de la mente. Los pensamientos terroríficos y catastróficos generan más miedo y ansiedad". Así pues, me apegué lo más que pude a la realidad objetiva: "Está con los mejores especialistas de cáncer en México en el Instituto Nacional de Cancerología. La diagnosticaron muy a tiempo y este tipo de cáncer, en la etapa II en la que se encuentra, tiene 80% de posibilidades de recuperación".

Controlando mi mente; viviendo un día a la vez; apoyándome en todas las manifestaciones de atención, amor y solidaridad que recibimos de muchas personas, y sobre todo poniéndome y dejando a mi hija en manos de Dios fue como logré manejar mis emociones y mantenerme lo más serena y fuerte que me fue posible. Definitivamente, comprobé que "somos más libres cuando sabemos utilizar en forma adecuada nuestras emociones y más esclavos, cuando estas nos dominan".

La psicología cuenta con un gran número de modelos teóricos que intentan darles explicación a las emociones y, sin embargo, es un área en la que todavía no podamos presumir de un conocimiento preciso. De hecho sigue siendo vigente la siguiente frase, escrita en la década de 1960: "Casi todo el mundo piensa que sabe qué es una emoción hasta que intenta definirla. En ese momento prácticamente nadie afirma poder entenderla".[1]

Podemos decir que no hay un tema que, a pesar de su enorme influencia en nuestra vida diaria, presente un mayor número de opiniones e hipótesis científicas, no solo distintas sino las más de las veces contrarias, que el de las emociones.

Las principales teorías de la emoción pueden agruparse en tres categorías principales: fisiológicas, neurológicas y cognitivas. Las

---

[1] M.A. Wenger, F.N. Jones y M.H. Jones, *Emotional Behavior*, 1962. Citado en Mariano Chóliz, "Psicología de la emoción: el proceso emocional", 2005. Disponible en: www.uv.es/=choliz

primeras sugieren que las respuestas fisiológicas corporales son las responsables de las emociones. Por su parte, las teorías neurológicas proponen que la actividad cerebral es la que conduce las respuestas emocionales. Y, por último, las teorías cognitivas sostienen que son los pensamientos y otras actividades mentales los que desempeñan un papel esencial en la formación de las emociones.

Otra vez la ciencia divide algo que es indivisible con el objeto de estudiarlo. Lo más sensato y acertado es hacer una combinación de los diferentes modelos teóricos para entender en toda su complejidad el mundo de las emociones. Así que, más que un desarrollo histórico de las teorías de las emociones, me voy a centrar en explicar de una manera sencilla la diferencia entre emociones, sentimientos y estados de ánimo, términos que se utilizan a veces como sinónimos. Pero antes de entrar en el complejo mundo de las emociones, me parece importante que revisemos en qué parte del cerebro se gestan.

I. CEREBRO EMOCIONAL

Desde una perspectiva filogenética y evolucionista, la mente está compuesta de múltiples módulos, diseñados por la selección natural para ayudarnos a sobrevivir y a evolucionar. Cada uno de estos cerebros posee su propia inteligencia, su propia subjetividad individual, su propio sentido del tiempo y el espacio y su propia memoria, además de otras funciones. Se habla de un cerebro *triuno*,[2] que ha ido evolucionando en el siguiente orden: el cerebro reptiliano, el límbico y el neocórtex. Los tres cerebros están interconectados a nivel neuronal y bioquímico, y cada uno controla distintas funciones de nuestro cuerpo, afectando directamente a nuestra salud, bienestar y rendimiento personal en todas las áreas de nuestra vida.

El cerebro *reptiliano*, alojado en el tronco cerebral, es la parte más antigua del cerebro. Regula las funciones fisiológicas involuntarias

---

[2] P.D. MacLean, *A Triune Concept of the Brain and Behavior*, Toronto, University Press, 1974.

de nuestro cuerpo: el ritmo cardíaco, la presión sanguínea y la respiración, e incluso colabora en la continua expansión/contracción de nuestros músculos. No piensa ni siente emociones, solo actúa cuando nuestro cuerpo se lo pide, controlando hormonas, temperatura, hambre, sed y motivación reproductiva. Este primer cerebro es sobre todo el guardián de la vida. Podemos decir que es el cerebro instintivo.

El *sistema límbico* se encuentra inmediatamente debajo de la corteza cerebral y comprende centros importantes como el tálamo, el hipotálamo, el hipocampo y la amígdala cerebral. Es justo aquí donde los seres humanos procesamos la gama de emociones, y experimentamos angustias y alegrías intensas. El sistema límbico se conoce como el *cerebro emocional*.

El tercer cerebro, el *neocórtex* o cerebro racional, representa 85% del tamaño total del cerebro. Es el encargado del razonamiento humano y de la anticipación de resultados. Su función consiste en recrear estados posibles de la realidad futura para elegir la opción más adecuada sin riesgos. Dicho de otro modo, es un simulador virtual de la realidad en el que se ponen a prueba distintas opciones con el fin de predecir resultados. Este cerebro es exclusivo de los seres humanos y se encarga de todas aquellas actividades que llamamos *voluntarias*, tales como el razonamiento, el cálculo, el lenguaje, el arte, etcétera.[3] Este cerebro dota de sentido a toda actividad anteriormente irracional o emocional. Su presencia no excluye a los otros dos cerebros, que no dejan de operar en ningún momento, pero sí otorga un nuevo nivel de acción sobre ellos. La mayor parte de las actividades humanas se llevan a cabo con la coordinación de los tres cerebros.

2. NEUROCIENCIA AFECTIVA

Actualmente, la neurociencia afectiva —la ciencia cerebral que se ocupa del estudio de las emociones— nos enseña que cualquier conducta compleja (por ejemplo, la emoción) no se asienta en una sola región

---

3 D. Goleman, *Inteligencia emocional*, Barcelona, Kairós, 1996.

cerebral, sino en la conjunción de distintas regiones del cerebro. No existe, pues, ningún centro concreto que regule el funcionamiento de la emoción, como tampoco lo hay para jugar al tenis o para cualquier otra conducta compleja. Todo ello implica la interacción de diferentes regiones de la corteza cerebral.[4]

Richard Davidson, uno de los principales investigadores actuales de este nuevo campo, afirma que las emociones implican la actividad orquestada de todos los circuitos cerebrales, en especial los lóbulos frontales, que se ocupan de la planificación; la amígdala, que permanece especialmente activa durante la experiencia de emociones negativas como el miedo, y el hipocampo, que se encarga de adaptar las emociones a su contexto. Davidson es director del Laboratorio de Neurociencia Afectiva de la Universidad de Wisconsin, en Madison, un centro de investigación auténticamente pionero en el esfuerzo de convertir a la psicología en una ciencia cerebral. Las sofisticadas herramientas de investigación cerebral con que cuenta su laboratorio le han permitido demostrar de manera fehaciente la relación entre los lóbulos prefrontales y el sistema límbico, lo que ha posibilitado unificar el pensamiento, el sentimiento, la cognición y la emoción.

Comprender estas intrincadas estructuras dentro de nuestro cerebro es indispensable para entender la naturaleza compleja y a veces contradictoria del *homo sapiens sapiens*.

Evolutivamente, primero aparecieron las emociones y luego los pensamientos, es decir que fisiológicamente estamos equipados con mecanismos casi idénticos a los que tienen los animales para reaccionar ante situaciones amenazantes. No obstante, la realidad es que la mayoría de los eventos con los que lidiamos diariamente no tienen que ver con situaciones de vida o muerte, o sea que no tenemos pretexto para reaccionar de una manera refleja, sin control, ya que, a diferencia de los animales, los seres humanos tenemos 15% de instinto y 85% de intelecto superior, de acuerdo con el tamaño total del cerebro. Este es el cerebro humano, el cerebro racional, el que tiene la capacidad de

---

[4] D. Goleman, *Emociones destructivas*, Buenos Aires, Vergara, 2003.

reflexionar sobre lo que pensamos, de domesticar la mente ordinaria, de sentir los pensamientos y de pensar las emociones.

Ahora que he expuesto dónde se generan las emociones, explicaré la diferencia que existe entre emociones, sentimientos y estados de ánimo.

3. EMOCIONES Y SENTIMIENTOS

Una definición de emoción que sigue vigente hasta nuestros días es la elaborada por William James[5] a finales del siglo antepasado. Para él, la emoción es una alteración cuyo origen se halla en una situación que afecta negativa o positivamente a la persona, y que se manifiesta conductual y fisiológicamente. Fue él quien sustentó que el ser humano es un laboratorio de acción y reacción emocional y que, si bien lo que hacemos depende de nuestro estado de ánimo, este depende a su vez de las acciones que llevamos a cabo. Es decir que James apoyaba la tesis actual de que cambiando nuestra actitud podemos transformar nuestras emociones en cuestión de minutos u horas.

Al hablar de *emoción* nos referimos a aquella respuesta emocional de corta duración que tiene dos características: es reactiva y específica. *Reactiva* se refiere a que responde automáticamente a un acontecimiento inesperado, y *específica* a que es identificable y definida; por ejemplo, miedo, enojo, tristeza o alegría. Estas se gestan en el sistema límbico, el cerebro emocional.

Desde los primeros meses de vida, adquirimos estas cuatro emociones básicas. Son tan básicas que algunos animales las comparten con nosotros. Quien tenga una mascota en casa lo puede corroborar fácilmente. Por ejemplo, cuando un perrito oye algún ruido extraño (cuetes o fuegos artificiales) su reacción instintiva de miedo es ladrar, meter la cola entre sus patas y esconderse debajo de la cama; si está comiendo y alguien intenta quitarle su comida, lo más seguro es que

---

[5] W. James, *The Principles of Psychology*, Cambridge, MA, Harvard University Press, 1983.

exprese su enojo gruñendo o intentando morder; si ve que sus dueños están haciendo maletas para ir de viaje y lo van a dejar solo, denota su tristeza en la falta de apetito, sus orejas caídas y en la disminución de la actividad, a veces hasta se meten dentro de la maleta; pero ¡qué tal cuando regresamos! Nos demuestran su alegría ladrando, saltando y moviendo rápidamente su cola y la parte trasera de su cuerpo. Aunque esto es plenamente observable y aceptado, actualmente hay una controversia que gira en torno a si existen emociones básicas y si el reconocimiento de las mismas es o no universal.

Paul Ekman, un gran teórico de las emociones y catedrático de la Universidad de San Francisco, considera que son seis las emociones básicas: ira, alegría, asco, tristeza, sorpresa y miedo.[6] Robert Plutchik, otro de los autores relevantes en el estudio de la expresión emocional, afirmó que no había cuatro sino ocho emociones primarias duales: la alegría frente a la tristeza, la ira contra el miedo, el agrado frente al rechazo y la sorpresa frente a la anticipación.[7] Para ambos investigadores, las emociones no son malas o buenas, sino que todas son beneficiosas, porque nos permiten prepararnos para reaccionar ante situaciones concretas. Por lo tanto, tienen una función adaptativa.

Sin duda estas emociones primarias nos han servido para sobrevivir y adaptarnos al medio, pero los seres humanos somos un poco más complejos que los animales y además contamos con un cerebro brillante y una mente que no para de hablarnos. Es así que empezamos a hacer combinaciones entre estas emociones básicas, plagadas de juicios, suposiciones e interpretaciones, y es entonces cuando surgen los *sentimientos*, que son la expresión mental de las emociones. Estos se procesan en el neocórtex o cerebro racional; es decir, se habla de sentimientos cuando la emoción es codificada en el cerebro y la persona es capaz de identificar la emoción específica que siente, lo que incluye la idea de darse cuenta, de hacerse consciente, de las emociones que se experimentan.

---

[6] P. Ekman, "All Emotions Are Basic", en P. Ekman y R. Davidson (eds.), *The Nature of Emotion: Fundamental Questions*, Nueva York, Oxford University Press, 1994.
[7] R. Plutchik, *Las emociones*, México, Diana, 1987.

Antonio Damasio lo explica de la siguiente manera: "Emoción es lo que se siente y sentimiento es la percepción de cómo se siente el cuerpo en medio de una emoción, así como un recurso cognitivo y un despliegue de ciertos guiones mentales".[8] Es por esto que en los seres humanos las emociones y los sentimientos son casi sinónimos, porque en el momento en que ponemos en palabras lo que estamos sintiendo convertimos la emoción en sentimiento.

Podemos decir, entonces, que los animales no manifiestan sentimientos sino emociones, y que en los humanos estas emociones se van haciendo más complejas y diversas gracias al lenguaje, al uso de símbolos, signos y significados. Por ejemplo, cuando combinamos la esperanza y la alegría dan paso a un sentimiento que denominamos *optimismo*. La alegría combinada con la aceptación produce el cariño o el amor. La sorpresa mezclada con la tristeza nos lleva al desengaño o el desencanto. Los celos pueden ser una combinación de enojo, tristeza y miedo. Los sentimientos como el amor, la satisfacción, la culpabilidad, la vergüenza, el desconcierto, el orgullo, la envidia y los celos son esencialmente sociales e implican un procesamiento cortical mucho más intenso que las emociones básicas. Estos sentimientos están muy asociados con áreas del neocórtex, que es la parte del cerebro que más se ha expandido en los últimos cinco millones de años de la evolución humana.

Desde la fisiología, las emociones son producidas en el sistema límbico de manera automática o instintiva, y los sentimientos y estados de ánimo son procesados en el neocortex por la acción de la conciencia. Por eso, cuando algo nos enfurece, inmediatamente sentimos un aumento en el ritmo cardíaco que hace fluir la sangre a las manos (haciendo más fácil cerrar los puños para golpear al enemigo), apretamos la mandíbula y fruncimos el ceño; a veces incluso sentimos la descarga de adrenalina, generándonos la energía necesaria para defendernos. Pero... ¿qué pasa si esa persona que nos generó el enojo es nuestro jefe y no podemos golpearlo porque nos quedaríamos sin

---

[8] A. Damasio, *Y el cerebro creó al hombre. ¿Cómo pudo el cerebro generar emociones, sentimientos, ideas y el yo?*, Barcelona, Destino, 2010.

trabajo? Aquí es donde tiene que entrar el cerebro racional y decirnos: "Tranquilo… cuenta hasta diez… respira profundo". Es necesario darnos un tiempo para que esa ira generada en la amígdala sea regulada en el lóbulo prefrontal, transformándola en un sentimiento. De eso trata este libro: domesticar la mente no es otra cosa que tomarnos el tiempo para razonar nuestras emociones y buscar otras interpretaciones más saludables y realistas.

4. COMPONENTES DE LAS EMOCIONES Y LOS SENTIMIENTOS

Como vimos en el ejemplo anterior, cuando se genera una emoción, se activan simultáneamente muchos sistemas de nuestro cuerpo. Entonces, la emoción no es un simple evento del corazón, como algunos piensan. "Una emoción es un estado psicológico complejo que implica tres componentes distintos: una experiencia mental o subjetiva, una respuesta fisiológica/neuroquímica, y una respuesta de comportamiento o expresiva".[9] Estos tres elementos están siempre presentes en diferentes porcentajes. Así que si queremos entender nuestra emocionalidad para tener una vida más plena, es importante tomarnos el tiempo para observar cómo se manifiestan estos tres elementos en cada caso particular.

La fisiología y la neuroquímica se manifiestan en respuestas como taquicardia, respiración acelerada, sudoración, vasoconstricción, hipertensión, tono muscular, rubor, sequedad en la boca, cambios en los neurotransmisores y en las secreciones hormonales. Todas estas son respuestas automáticas y, por lo tanto, involuntarias.

El componente expresivo lo observamos en nuestro comportamiento. El lenguaje no verbal, las expresiones faciales, las posturas del cuerpo, el tono, el volumen y el ritmo de la voz nos aportan señales sobre nuestro estado emocional. Por ejemplo, las expresiones faciales

---

[9] D.H. Hockenbury y S.E. Hockenbury, *Discovering Psychology*, Nueva York, Worth Publishers, 2007.

surgen de la actividad combinada de unos 23 músculos que conectan directamente con los centros de procesamiento de las emociones, lo que hace que el control voluntario no sea fácil, aunque siempre es posible engañar a una persona poco observadora. Aprender a regular la expresión emocional se considera un indicador de madurez y equilibrio que tiene efectos positivos sobre las relaciones interpersonales.

El componente mental o subjetivo permite que califiquemos un estado emocional y le demos un nombre. El etiquetado de las emociones está limitado por el dominio del lenguaje. Dado que la introspección es el único método para llegar al conocimiento de las emociones, las limitaciones del lenguaje imponen serias restricciones a este conocimiento. Las dificultades para nombrar lo que sentimos son las que nos hacen decir muy a menudo "no sé qué me pasa". De ahí la importancia de una educación emocional encaminada, entre otros aspectos, a un mejor conocimiento de las propias emociones y del dominio del vocabulario emocional.

Ejercicio

Te recomiendo hacer este ejercicio. Cuando sientas una emoción y percibas un sentimiento, primero observa qué pensamientos te evocan, ¿son recuerdos del pasado o fantasías sobre el futuro? Eckhart Tolle dice que la depresión es un exceso de pasado y la ansiedad un exceso de futuro.[10] Segundo, pregúntate cómo se refleja eso que estás sintiendo, ¿en tu expresión facial, en los gestos y las posturas, o en el tono y el volumen de tu voz? Y, tercero, ¿qué sensaciones internas experimentas?, ¿se acelera tu pulso o tu respiración?, ¿te sudan las manos, se tensan tus músculos, sientes un nudo en el estómago?

Para aprender a observar las emociones es importante entender que "La emoción es la reacción del cuerpo a la mente".[11] La emoción surge en el punto preciso en donde mente y cuerpo se encuentran; dicho de otra manera, es el reflejo de la

---

[10] E. Tolle, *Practicando el poder del ahora*, Buenos Aires, Gaia, 2001.
[11] *Ibidem*, p.25.

mente en el cuerpo. Creo que es importante que tú mismo compruebes esto para que te sea más fácil entenderlas y las puedas domesticar. Deja un momento la lectura y piensa en alguien que te cause mucha alegría o una ternura inmensa (puede ser tu pareja si estás muy enamorado, un hijo, un bebé o incluso tu mascota). Es mejor que cierres tus ojos para que la imagen mental sea lo más vívida posible (*componente mental*); con tus ojos cerrados observa tu expresión facial y siente tu postura corporal (*componente expresivo*). Esa sensación increíble que recorre tu cuerpo y te hace sonreír no es otra cosa que una sustancia química (*componente neuroquímico*). Ahora haz el mismo ejercicio, pero trayendo a tu mente la imagen de alguien que te haya causado algún daño. Cierra tus ojos e imagínala parada frente a ti, mirándote fijamente a los ojos (*componente mental*); observa tu cara y siente la tensión en tu cuerpo (*componente expresivo*). Esa ira y ese ácido que aparece en el sistema circulatorio del estómago es otra sustancia segregada por el cerebro (*componente neuroquímico*).

La ciencia ha descubierto que cuando se tiene un pensamiento el cerebro produce sustancias que abren lo que se podría llamar *una ventana*. Cuando el pensamiento concluye, la ventana se cierra.[12]

Si te diste la oportunidad de hacer el ejercicio anterior, seguramente te pudiste percatar de tres cosas: 1) la intrínseca relación entre estos tres componentes inseparables: mental, expresivo y neuroquímico; 2) la rapidez con que cambiaron las sensaciones de tu cuerpo, de sentir el efecto agradable de una sonrisa en tu cara, pasaste al estremecimiento y tensión en tu entrecejo y posiblemente también en tus brazos, y 3) el poder tan grande que tiene tu mente, ya que tu cuerpo no discriminó entre la imaginación y lo que llamamos *realidad*, igual que sucede con el estrés. Es importante que recuerdes estos tres aspectos a la hora de trabajar en el control de tus emociones.

---

[12] C.B. Pert, *Molecules of Emotions*, Nueva York, Simon & Schuster, 1998.

5. ¿CÓMO TRABAJAR CON LOS TRES COMPONENTES DE LA EMOCIÓN?

Conocer cómo interactúan estos tres componentes en nuestras respuestas emocionales es una gran herramienta de autoconocimiento, así que me voy a centrar en explicar cómo trabajar con ellos, así como en las investigaciones que los respaldan. Empecemos con el que sustenta el tema del presente libro.

El componente mental

Domesticar la mente es, en esencia, aprender a lidiar con el *componente mental* de las emociones, que es sobre el que podemos tener mayor influencia voluntaria y consciente. Para esto, es primordial aprender a observar e identificar qué estás sintiendo, usando cuatro habilidades cognitivas. La primera consiste en reconocer e identificar los pensamientos que se cruzan por tu mente en los peores momentos. Estos pensamientos son los que imperceptiblemente afectan tu estado de ánimo y tu conducta. El segundo paso consiste en evaluar esos pensamientos, analizar qué tan objetivos y realistas son. El tercer paso consiste en generar explicaciones más realistas y alternativas y usarlas para desafiar esos pensamientos negativos automáticos. El cuarto paso se trata de quitarle lo catastrófico a la situación pensada. Por ejemplo, puedes sentirte triste o enojado. Una vez que identificaste el sentimiento, el siguiente paso es revisar los pensamientos que están alimentando esa emoción; quizá te estés diciendo a ti mismo cosas como "Estoy solo y encerrado en mi casa sin ningún plan. A nadie le importó". Después de ponerle nombre a tu emoción y darte cuenta de los pensamientos que la alimentan, compréndete a ti mismo por sentirte de esa manera. Es natural que te sientas aburrido en un sábado lluvioso o molesto por tener que trabajar cuando todos a tu alrededor están descansando. Todas las emociones son aceptables y comprensibles. Pero es importante saber que tienes el poder de sentirte bien. La vida, como las monedas, tiene dos caras. Tú puedes elegir modificar tus sentimientos tratando de ver el lado amable de la vida. Aprender a ver lo bueno de cada experiencia que vivimos requiere un entrenamiento.

Martin Seligman, pionero de la psicología positiva e investigador y director del Departamento de Psicología de la Universidad de Pensilvania, explica que frente a cualquier problema las personas reacciona-mos con optimismo o con pesimismo.[13] Las inevitables desdichas de la vida que todos padecemos tienen consecuencias devastadoras para los pesimistas, mientras que los optimistas son capaces de superarlas. Seligman encontró que pesimistas y optimistas tienen maneras dis-tintas de explicar lo bueno y lo malo que les ocurre. La explicación que damos a los contratiempos o a nuestras desgracias es un modo de pen-sar, aprendido en la infancia y en la adolescencia, y tiene que ver con tres pautas explicativas: permanencia, amplitud y personalización.

- La *permanencia* se refiere al tiempo. Los que se dan por vencidos a las primeras de cambio son personas convencidas de que los contratiempos que les ocurren son permanentes. Piensan que las cosas son así siempre y no cambiarán nunca. En cambio, los que piensan que solo son así algunas veces o últimamente, atribuyen los malos momentos a situaciones transitorias.

- La *amplitud* se refiere al alcance. Las personas que postulan ex-plicaciones universales para sus fracasos se rinden ante cualquier contratiempo ("¡Siempre me pasa lo mismo!"). Por el contrario, quienes elaboran explicaciones específicas piensan que el que les haya ido mal en algo no significa que les vaya a ir mal en todo.

- La *personalización* puede ser interna ("La culpa de lo que me ocurre la tengo yo") o externa, cuando atribuimos a los demás los contratiempos que nos suceden. Está relacionada con la autoes-tima. La persona pesimista suele asumir mucha más responsabi-lidad por los hechos negativos que por los positivos.

Cada quien percibe cosas congruentes con sus estados de ánimo. Tan-to el pesimista como el optimista se revelarán como tales al manifestar lo que han interpretado a través de la lente de su humor, es decir, de su perspectiva particular. La principal diferencia que existe entre una

---

[13] M. Seligman, *Aprenda optimismo*, Barcelona, Grijalbo, 1998.

actitud optimista y su contraparte, la pesimista, radica en el enfoque con que se aprecian las cosas: el pesimista se empeña en descubrir el prietito del arroz, en ver inconvenientes y dificultades en todas partes, lo cual le provoca apatía y desánimo. El optimista, por su parte, hace ese mismo esfuerzo pero para encontrar soluciones, ventajas y posibilidades.

La doctora Bárbara Fredrickson,[14] profesora de la Universidad de Carolina del Norte, es otra investigadora en el ámbito de la psicología positiva. Se ha especializado en el estudio de la *positividad*, que incluye las emociones positivas, el tener actitudes optimistas y el darle significados positivos a nuestras experiencias. Fredrickson ofrece sugerencias prácticas para aumentar nuestra tasa de positividad. Entre estas se encuentran abrir nuestra mente y nuestro corazón, encontrar significados positivos en nuestras vivencias, disfrutar de lo bueno, ser agradecidos, contar nuestras bendiciones, ser bondadosos con los demás, conocer lo que nos apasiona y hacerlo, soñar sobre el futuro, usar nuestras fortalezas y conectarnos con los demás y con la naturaleza. Está comprobado que el contacto con la naturaleza eleva nuestros niveles de *positividad*. Los investigadores sugieren que se debe a que su vastedad nos fascina y ocupa por completo nuestra atención, lo que contribuye a que nos sintamos más serenos.

Uno de los resultados más consistentes en la literatura científica es que aquellas personas que poseen altos niveles de optimismo y positividad tienden a salir fortalecidos de situaciones traumáticas y estresantes, y a encontrar beneficios en ellas. En general, las personas que han aprendido a domesticar su mente tienden a tener mejor humor, a ser más perseverantes y exitosas e incluso a tener mejor estado de salud física, mental, emocional y espiritual.

El componente expresivo

Para lidiar con el *componente expresivo*, ayuda actuar exteriormente en sentido inverso; es decir, si estás triste, trata de sonreír y actuar

---

[14] B.L. Fredrickson, *Vida positiva*, México, Norma, 2009.

como si estuvieras alegre; si tienes miedo, endereza tu espalda y mira hacia el frente; si estás enojado, relaja la tensión de tu mandíbula y de tus brazos y muéstrate amable y encantador. Richard Davidson y Paul Ekman descubrieron que la expresión facial deliberada produce cambios hormonales, fisiológicos y, por lo tanto, también emocionales.[15] El hecho de asumir intencionalmente la expresión facial propia de una determinada emoción suscita los mismos cambios fisiológicos que acompañan a la expresión espontánea de esa emoción. El simple hecho de fruncir el ceño pone en marcha los mecanismos asociados a la tristeza y, por el contrario, esbozar una sonrisa desencadena una serie de respuestas cerebrales que se asemejan a las propias de la felicidad. Así pues, el rostro no es únicamente una ventana para la expresión de las emociones, sino que también nos proporciona una manera de activarlas.

El componente neuroquímico

Ya vimos que tener pensamientos positivos y modificar nuestras expresiones corporales tiene un impacto directo en la química de nuestro cuerpo. Pero ¿qué pasa cuando ni el trabajo mental ni el expresivo nos ayudan a modular nuestras emociones, cuando estas nos sobrepasan e interfieren en nuestra capacidad para trabajar, estudiar, dormir, comer y disfrutar de actividades que antes eran placenteras? ¡Ojo! Hay que revisar el *componente neuroquímico*. Y eso solo lo puede hacer un médico especialista, un psiquiatra. Más adelante ahondaré en la química de las emociones, pero para que entiendas la importancia de este componente, te quiero mostrar que cuando las emociones y los sentimientos se adueñan poco a poco de la mente, acaban transformándose en estados de ánimo, y cuando estos se intensifican con emociones desagradables se convierten en trastornos de ansiedad o trastornos del estado de ánimo.

---

[15] R.J. Davidson, *et al.*, "Emotional Expression and Brain Psychology: Approach/ Withdrawal and Cerebral Asymetry", en *Journal of Personality and Social Psychology*, 58, 1990, pp. 330-341.

6. ESTADOS DE ÁNIMO

Podríamos considerar que los *estados de ánimo* no son específicos ni reactivos, es decir que no surgen por una causa definida. La mayoría de las veces, los estados de ánimo se instalan lentamente, sin darnos apenas cuenta de ello. Se caracterizan por ser de menor intensidad y la duración es indefinida (puede oscilar desde horas hasta años). El estado de ánimo depende sobre todo de las interpretaciones que hacemos de nosotros mismos y del mundo que nos rodea, y no tanto de un objeto o situación específicos. Para los estados de ánimo aplica la frase del poeta Ramón de Campoamor, escrita en un poema de 1846: "Todo es según el color del cristal con que se mira".[16]

Los estados de ánimo viven en el trasfondo desde el cual actuamos. Donde quiera que estemos e independientemente de lo que hagamos, siempre estamos en un determinado estado de ánimo que comúnmente no elegimos ni controlamos. Una vez en él, nos comportamos dentro de unos parámetros específicos. Por eso decimos que los estados de ánimo condicionan nuestro actuar: nos convertimos en nuestros estados de ánimo.[17]

Quizá conoces a alguna persona que vive en estado Zen, que pase lo que pase se mantiene inalterable y de buen humor, aunque no es lo más común. Sin embargo, seguro te vienen a la mente muchas personas que viven sistemáticamente enojadas, amargadas o con una negatividad que expresan por los poros. Son diferentes estados de ánimo. ¿En cuál te gustaría vivir a ti?

Robert Thayers propone las dimensiones de *energía* y *tensión* como componentes centrales en su explicación de los diferentes estados de ánimo.[18] Así, podemos dividir el estado de ánimo en cuatro tipos: calma-energía, calma-cansancio, tensión-energía y tensión-cansancio.

---

[16] R. Campoamor, 1946. Disponible en: http://es.wikipedia.org/wiki/Ley_Campoamor
[17] R. Echeverría, *Ontología del lenguaje*, Santiago de Chile, Dolmen Ediciones, 1994.
[18] R. Thayers, *El origen de los estados de ánimo cotidianos*, Barcelona, Paidós, 1998.

Según Thayer, las personas se sienten mejor cuando están en un estado de calma y energía, y peor cuando están en un estado de tensión y cansancio. Veamos cada uno de ellos:

- CALMA-ENERGÍA. Es el estado ideal para concentrarnos en el trabajo o el estudio puesto que se presenta con alta energía y baja tensión. Nos sentimos a gusto, en confianza, optimistas, relajados y tranquilos. Es un estado positivo y regularmente suele presentarse en las mañanas.

- CALMA-CANSANCIO. Se trata de un estado de ánimo que cursa con sensaciones de cansancio, somnolencia y adormecimiento. No hay energía ni tensión. Lo sentimos en los momentos de relajación: al ver la tele, realizar un pasatiempo fácil o antes de acostarnos. Sigue siendo un estado con sensaciones agradables, pero la falta de energía lo vuelve poco relevante.

- TENSIÓN-ENERGÍA. Es la sensación que experimentamos cuando trabajamos bajo presión para cumplir con alguna actividad como entregar un trabajo, pagar un servicio, estudiar para un examen, etcétera. La sensación de urgencia genera una frecuencia cardíaca elevada porque el cuerpo está liberando adrenalina, lo que ocasiona que se presenten altos niveles de vigor y energía, pero acompañados de tensión e inquietud. Para las personas que saben lidiar con la presión externa, dichas sensaciones no les parecen negativas, incluso pueden resultarles muy estimulantes.

- TENSIÓN-CANSANCIO. Esta cuarta combinación comprende un estado de baja energía y alta tensión. Lo sentimos cuando estamos agotados. Cuando disminuye la energía, la persona se vuelve más vulnerable a experimentar tensión, y este estado predispone a un amplio abanico de reacciones negativas. Es decir, en dicho estado, un pequeño problema que pasaría desapercibido en cualquier otra hora del día explotará y generará un gran conflicto. La fatiga se mezcla con la ansiedad y empieza a aflorar la mente ordinaria en todo su esplendor. Entonces, los pensamientos negativos se encadenan unos a otros, nuestros problemas parecen insuperables y el futuro lo vemos negro.

Ser capaz de elegir el estado de ánimo que más se adecua a una determinada situación es una de las habilidades que adquirimos al aprender a domesticar nuestra mente. ¿Cómo te sientes tú en este momento? ¿Te identificaste con alguno de ellos? ¿Pasas por todos durante un mismo día o, por el contrario, llevas ya mucho tiempo instalado en uno de ellos? Podemos considerar nuestros estados de ánimo como indicadores del estado de la mente, de nuestro diálogo interno. Son algo así como un termómetro clínico que refleja todos los acontecimientos internos y externos que nos afectan. Normalmente, apenas los percibimos, pero algunas veces —sin darnos cuenta— un estado de ánimo se va apoderando de nosotros y nos va atrapando como una telaraña, y puede llegar a ser muy intenso e insoportable, como veremos a continuación.

7. ¿QUÉ PASA CUANDO SE INTENSIFICAN LOS ESTADOS DE ÁNIMO?

Los dos primeros, los que combinan la energía y el cansancio con la calma, se consideran estados positivos o agradables, mientras que los últimos dos, los que se combinan con tensión, no solo resultan negativos o desagradables, sino que, si se intensifican y se prolongan en el tiempo, pueden derivar en algún trastorno emocional.

- CALMA-ENERGÍA: Esta relación entre calma y energía se puede equiparar al concepto *fluir* que ha sido desarrollado por el psicólogo Mihalyi Csikszentmihalyi[19] (uno de los investigadores más brillantes de la psicología positiva), quien lo ha definido como un estado en el que la persona se encuentra completamente absorta en una actividad para su propio placer y disfrute. En

---

[19] M. Csikszentmihalyi, *Fluir: Una psicología de la felicidad*, Barcelona, Kairós, 1997.

esos momentos, el tiempo vuela y las acciones, pensamientos y movimientos se suceden unos a otros sin pausa. El estado de fluidez tiende a producirse cuando las capacidades de una persona están plenamente involucradas en superar un reto que es posible afrontar, ya que si los desafíos son demasiado altos, nos quedamos frustrados, después preocupados y, por último, ansiosos. Y si los desafíos son demasiado bajos con relación a nuestras capacidades, nos sentimos relajados, después aburridos y, por último, apáticos. Una persona que fluye está completamente centrada, no queda espacio en su conciencia para pensamientos que la distraigan ni para sentimientos irrelevantes. Debido a esa armonía entre la energía física y psíquica, y a la calma que se experimenta en el aquí y el ahora, este estado de ánimo se torna muy placentero.

- CALMA-CANSANCIO: El objetivo de algunas técnicas de relajación (como el entrenamiento autógeno o la relajación progresiva, que vimos en el capítulo 3) es combinar estas dos variables, es decir, lograr sentir una profunda sensación de calma junto con una sensación de pesadez en los músculos del cuerpo. Sin embargo, al salir de la relajación se espera que el cuerpo recupere e intensifique la energía para continuar en un mejor estado de ánimo. Cuando nos percatamos de que llevamos tiempo inmersos en esta sensación de cansancio y nos falta la energía que normalmente nos caracteriza, hay que revisar tanto nuestro diálogo interno como la alimentación, los hábitos de sueño y ejercicio, y si continúa el cansancio, tenemos que acudir al médico para descartar algún trastorno físico, hormonal o neuroquímico.

- TENSIÓN-ENERGÍA: Cuando este estado se intensifica y se prolonga y cuando no logramos domesticar la mente, puede ser la antesala de los trastornos de ansiedad. ¿Quién no ha experimentado un momento de mucha tensión en su vida (una cita importante, una decisión crucial, una entrevista de trabajo, un accidente inminente)? Por momentos, experimentamos un miedo irracional, sensación de ahogo, taquicardia y la desagradable sensación de perder el control de la situación. Este tipo de respuestas ante una amenaza es esperada y hasta funcional, es un factor que determina nuestra supervivencia, es la reacción de alarma del síndrome general de adaptación o estrés, que vimos en el primer capítulo. Pero cuando ese motivo al que nos referimos no existe más que en nuestra mente y en lugar de supervivencia se torna en sobrevivencia sostenida, ¿cómo se justifica tal respuesta? Solo como una enfermedad: los trastornos de ansiedad. Se entiende por *ansiedad* aquel sentimiento desagradable de temor que se percibe como una señal de alerta que advierte de un peligro inminente; frecuentemente, la amenaza es desconocida, lo que la distingue del miedo, donde la amenaza es concreta y definida. Actualmente, *ansiedad* y *angustia* se usan como sinónimos para los manejos clínicos. Cabe aclarar que la ansiedad por sí misma no se considera una enfermedad. Lo que la convierte en un trastorno es el aumento en frecuencia, intensidad y duración que lleva a la inevitable pérdida de control; esto es, cuando se vive en este estado de ánimo la mayor parte del tiempo.

A continuación se presenta una síntesis de los trastornos de ansiedad más frecuentes, incluyendo los signos y síntomas que los identifican:

1. *Crisis de angustia o ataque de pánico.* Se trata de un episodio repentino de miedo muy intenso, acompañado generalmente de taquicardia, palpitaciones, escalofríos, sensación de ahogo, mareo, temblores, y de pensamientos negativos sobre estos síntomas (por ejemplo, miedo a sufrir un infarto, a perder el control, a desmayarse, a volverse loco, o miedo a morir). Estos síntomas pasan rápido, llegan a su máxima intensidad en unos minutos y duran generalmente menos de una hora.

2. *Trastorno de ansiedad generalizada.* Consiste en un estado de ansiedad y preocupación constante y persistente que no está relacionado con ningún evento ni situación en particular. La persona se siente tensa, asustada, se sobresalta por cualquier cosa, se siente inestable, débil y confundida, y con una incapacidad para controlar su pensamiento y recordar cosas

importantes. Por ejemplo, una persona que tiene el trastorno de ansiedad generalizada puede preocuparse constantemente por un hijo que está perfectamente sano.

3. *Fobias.* Se caracterizan por un miedo intenso, persistente y anticipado, a objetos o situaciones específicos, como volar en avión, ver sangre, hablar en público, estar en lugares abiertos o algunos animales (arañas, ratones, gatos, cucarachas, etcétera).

4. *Trastorno obsesivo compulsivo (TOC).* Las personas con TOC tienen pensamientos repetidos y angustiantes denominados *obsesiones*. Con el fin de intentar controlar estas obsesiones, quienes lo padecen sienten una necesidad imperiosa de realizar rituales o comportamientos, llamados *compulsiones*. Estos comportamientos pueden llegar a limitar en gran medida la actividad diaria de la persona que los sufre. Por ejemplo, pueden estar obsesionados con el miedo a los gérmenes y lavarse las manos repetidamente, o tener miedo de un ladrón y comprobar una y otra vez que la puerta de casa esté cerrada. Otros rituales comunes son la necesidad de revisar cosas constantemente, tocar objetos o contarlos. Las personas con TOC también pueden preocuparse por el orden y la simetría, o tener dificultades para deshacerse de cosas u objetos —la mayoría de ellos innecesarios—, volviéndose acumuladores compulsivos.

5. *Trastorno por estrés postraumático.* Este trastorno de ansiedad puede aparecer después de un acontecimiento que se vivió con un miedo muy intenso, frecuentemente ligado con sufrir daños físicos graves, o con la amenaza a la vida propia o de otros. Por ejemplo, es común después de un accidente, un robo o un secuestro. Estas personas se pueden asustar con facilidad, paralizarse en el ámbito afectivo, perder interés para disfrutar, sentirse más irritables o agresivas y evitar situaciones que les recuerden la experiencia original. Además, es habitual que revivan el suceso traumático en su pensamiento durante el día y que tengan pesadillas al dormir.

- • TENSIÓN-CANSANCIO: Esta es la combinación más desagradable de las cuatro; si se mantiene por mucho tiempo, puede ser el inicio de lo que se conoce como *trastornos del estado de ánimo* o, lo que es lo mismo, algún tipo de depresión. Es importante señalar que a pesar de que hay una relación entre la tristeza humana y la depresión, no todas las personas que están tristes padecen un trastorno depresivo. La tristeza es una emoción normal, sana y adaptativa, pero la depresión es una enfermedad.

- Imagínate por un momento que estás dentro de una habitación sentado en uno de los extremos. Desde ese ángulo tienes una visión de las cosas determinada por el lugar en que te encuentras. Ves cada objeto de la habitación desde una única perspectiva, y no importa cuántas veces te pidan que describas esos objetos, desde ese lugar vas a verlos siempre de la misma manera. Si pudieras caminar dentro de la habitación y cambiarte de lugar, tendrías una visión diferente, podrías observar nuevas cosas y alcanzar nuevos ángulos y perspectivas. Si pudieras caminar…. pero no puedes. La depresión es uno de los extremos de la habitación. Un extremo que inmoviliza, atrapa e impide caminar con libertad a quien llega ahí. Hay un sinfín de circunstancias y acontecimientos de la vida que pueden llevar a una persona al extremo de la habitación. Quizás la persona vivió su infancia sintiendo que no era lo suficientemente querida, o sintiéndose menos que los demás, o sufrió pérdidas de las que no se recuperó. O tal vez vivió una infancia y adolescencia feliz, sin mayores sobresaltos, pero un día —sin motivos aparentes— se encontró en el extremo de la habitación. La depresión es como un personaje que no quisiéramos recibir en nuestra casa porque, sin darnos cuenta, se va adueñando de todos los espacios, y cuando nos percatamos ya es demasiado tarde.

Es uno de los más comunes y más serios problemas de salud mental que enfrenta la gente hoy en día. Millones de personas en el mundo sobreviven en medio de la depresión: ricos, pobres, citadinos, campesinos, hombres y mujeres, habitantes de países desarrollados o en vías de desarrollo. La Organización Mundial de la Salud (OMS) indicó que, en el 2020, la depresión se convertirá en la segunda causa de incapacidad en el mundo —detrás de las enfermedades cardiovasculares (infartos, insuficiencia coronaria, accidente cerebral vascular)—, mientras que en el 2000 ocupaba el cuarto lugar.[20]

La depresión es una enfermedad tratable, al igual que la diabetes o la hipertensión. Muchos creen erróneamente que es normal en personas mayores, adolescentes, mujeres menopáusicas, madres primerizas o en aquellos que padecen enfermedades crónicas. Pero esta es una creencia equivocada: no importa la edad, el sexo o la situación de la vida, la depresión nunca es algo normal. Cualquier persona que experimente síntomas depresivos debe ser diagnosticada y tratada para revertir su condición. Esta enfermedad tiene buen pronóstico si se trata a tiempo y de manera apropiada. Hay depresiones ligeras, moderadas y severas, dependiendo de la cantidad y gravedad de los síntomas. Su causa es el resultado de interacciones complejas entre factores hereditarios, psicológicos y sociales. No toda depresión va a necesitar tratamiento farmacológico; los casos ligeros, y aun algunos moderados, pueden solucionarse básicamente con apoyo social, familiar y con algún tipo de psicoterapia.

Los tres tipos de depresión más comunes son: el trastorno depresivo mayor, el trastorno distímico y el trastorno bipolar.[21]

1. *Trastorno depresivo mayor.* Se trata de un sentimiento persistente de inutilidad, pesimismo, culpa, irritabilidad, pérdida de interés por el mundo y falta de esperanza en el futuro, acompañados de pensamientos de muerte e ideación suicida. Modifica negativamente la funcionalidad del sujeto, pues la combinación de estos

---

[20] C.J.L. Murray y A.D. López, *The Global Burden of Disease. A Comprehensive Assessment of Mortality and Disability from Disease, Injuries, and Risk Factors in 1990 and Projected to 2020*, Cambridge, Harvard University Press/World Health Organization/The World Bank, 1996.

[21] *Manual diagnóstico y estadístico de los trastornos mentales. DSM-V*, Editorial Médica Panamericana, 2014.

síntomas interfiere con la capacidad para trabajar, estudiar, dormir, comer y disfrutar de actividades que antes eran placenteras.

✤ 2. *Trastorno distímico.* Es un tipo de depresión menos grave, incluye síntomas crónicos a largo plazo que no incapacitan tanto, pero que sí interfieren con el funcionamiento y el bienestar de la persona. La característica principal de este trastorno es un estado de ánimo crónicamente depresivo que está presente la mayor parte del día, casi todos los días durante al menos dos años. Otras características importantes de este trastorno son sentimientos de incompetencia, pérdida generalizada de interés o placer, aislamiento social, sentimientos de culpa o tristeza referentes al pasado y sentimientos subjetivos de irritabilidad.

✤ 3. *El trastorno bipolar.* Se caracteriza por cambios cíclicos en el estado de ánimo: fases de ánimo elevado o eufórico (manía) y fases de ánimo bajo (depresión). Los cambios de estado de ánimo pueden ser dramáticos y rápidos, pero más a menudo son graduales. Cuando una persona está en la fase depresiva del ciclo, puede padecer uno, varios o todos los síntomas del trastorno depresivo mayor. Cuando está en la fase maníaca, la persona puede estar hiperactiva, hablar excesivamente y tener una gran cantidad de energía. La manía a menudo afecta la manera de pensar, el juicio y la forma de comportarse con los otros y puede meter a la persona en graves problemas y en situaciones embarazosas. Por ejemplo, en la fase maníaca el afectado puede sentirse feliz o eufórico, tener proyectos grandiosos, tomar decisiones de negocios descabelladas e involucrarse en aventuras o fantasías románticas.

En un estudio realizado en México en el 2007, se encontró que la depresión junto con la ansiedad generalizada, los ataques de pánico y los trastornos de estrés postraumático generan una mayor proporción de días laborales perdidos que las enfermedades crónicas,[22] lo

---

[22] C. Lara-Muñoz, "Social Cost of Mental Disorders: Disability and Work Days Lost. Results from the Mexican Survey of Psychiatry Epidemiology", en *Salud Mental*, 30(5), 2007, pp. 4-11.

cual tiene un costo personal, familiar, laboral y social muy alto. La incidencia de ansiedad y depresión está aumentando aceleradamente no solo en México sino en todos los países occidentales, y a pesar de que posee suficiente importancia como para requerir tratamiento, todavía se estigmatiza a quienes acuden con un psicólogo y, más aún, con un psiquiatra. Muchas personas piensan que mágicamente sus problemas van a desaparecer. No obstante, la mejoría espontánea de estos trastornos (es decir, sin ayuda psicológica ni tratamiento farmacológico) es improbable; los síntomas tienden a mantenerse, e incluso a agravarse y generalizarse. Tratar de sobreponerse solo con fuerza de voluntad —como piensan algunas personas— tampoco es efectivo. Como con cualquier enfermedad, hay que buscar un especialista y seguir el tratamiento adecuado. La mayoría de los casos tratados con psicoterapia y fármacos antidepresivos tienen un pronóstico muy favorable.[23]

Quisiera compartirte un caso que me impactó mucho. Hace como ocho años me consultó una persona por problemas de estrés. Era un abogado exitoso con una relación de pareja inmejorable y una hermosa familia. Quería que le enseñara técnicas de relajación porque estaba muy tenso a causa de una serie de problemas que había en su despacho. Convinimos en que acudiría a 12 sesiones para enfocarnos en el aprendizaje de algunas técnicas de relajación y respiración con la ayuda del *biofeedback*. Durante esos tres meses que lo vi, una vez por semana, me di cuenta de que aparte de su tensión, estaba deprimido. Se trataba de una distimia que no le impedía realizar sus actividades cotidianas, pero que tampoco le permitía gozar de las cosas que antes le producían placer: jugar tenis, ir al cine, ver a los amigos. Le recomendé que visitara a un psiquiatra y no lo hizo. Seis años después me enteré de que se había suicidado. Me embargó una profunda tristeza y una gran impotencia. Con un tratamiento adecuado, esta tragedia, así como muchas otras, se pudo haber evitado.

---

[23] M.E. Thase, *et al.*, "Treatment of Major Depression with Psychotherapy or Psychotherapy-Pharmacotherapy Combinations", en *Arch Gen Psychiatry*, 54, pp. 1009-1015.

La tasa de suicidios en México se ha duplicado en los últimos 15 años y ha aumentado en los adolescentes de entre 15 y 19 años de edad.[24] La depresión y la ansiedad no son un juego, pueden cobrar la vida de la persona que la padece y afectar de diferentes maneras a un gran número de familiares y amigos. Los psicólogos tenemos la obligación de informar y remitir a los pacientes que necesitan tratamiento farmacológico. La Encuesta Nacional de Epidemiología Psiquiátrica[25] mostró que en México menos de 20% de quienes presentan un trastorno afectivo buscan algún tipo de ayuda, y se estima que quienes lo hacen tardan hasta 14 años en llegar a un tratamiento especializado; la mayoría acude al médico general o busca soluciones alternativas o mágicas con guías espirituales, yerberos o espiritistas. Lamentablemente, existe una gran ignorancia y desinformación con respecto al componente neuroquímico de nuestras emociones, y muchas personas la pasan muy mal por miedo a tomar un medicamento que literalmente puede cambiarles la vida y mejorar su calidad, al disminuir su angustia, depresión, miedos e insomnio.

8. NEUROQUÍMICA DE LAS EMOCIONES

Para que el cerebro funcione normalmente debe disponer de todos los mensajeros químicos en las proporciones adecuadas. Los neurotransmisores, los neuropéptidos y las hormonas son los componentes químicos que transmiten la información a todo nuestro organismo. Se encargan no solo de hacer funcionar todos los órganos del cuerpo sin nuestro control consciente, sino también de modular las emociones, los sentimientos y los estados de ánimo. El desequilibrio de estos mensajeros químicos puede causar daños emocionales y alterar el correcto funcionamiento del cuerpo. Los avances más importantes

---

[24] Instituto Nacional de Estadística y Geografía (INEGI), "Estadísticas a propósito del día mundial para la prevención del suicidio", www.inegi.org.mx, 2013.

[25] M.E. Medina Mora, et al., "Prevalencia de trastornos mentales y uso de servicios: Resultados de la Encuesta Nacional de Epidemiología Psiquiátrica en México", en *Salud Mental*, 26(4), 2003, pp. 1-16.

de la neurociencia se han dado, sin lugar a duda, en el campo de la neuroquímica, principalmente en lo que se refiere a los sistemas de neurotransmisión cerebral; es decir, el proceso por el cual una neurona libera un neurotransmisor al espacio sináptico y este se une a una proteína de la membrana postsináptica induciendo o generando una serie de cambios tanto eléctricos como bioquímicos. La neurotransmisión es el fenómeno esencial de comunicación entre neuronas y en él se basan todas las funciones cerebrales. La mayoría de los psicofármacos actúan de esta manera.[26]

Dentro de los neurotransmisores más importantes relacionados con las emociones, se encuentran:

- ⊙ EL ÁCIDO GAMMA AMINOBUTÍRICO (GABA): Es el neurotransmisor presente en mayor cantidad en el cerebro; es moderador, lo cual significa que tiene al sistema en calma, bajo control, y que aumenta la relajación, el sueño y la memoria. Su falta produce depresión, ansiedad, desasosiego e inquietud.

- LA DOPAMINA: En un nivel adecuado propicia un estado de buen humor, iniciativa, motivación y deseo sexual. Un nivel bajo provoca hiperactividad, depresión, indecisión, disminución de la libido.

- LA ADRENALINA: Como vimos en el capítulo 1, la adrenalina nos prepara para la respuesta de lucha/huida y nos mantiene en estado de alerta. Por lo tanto, cuando se elevan los niveles de adrenalina en sangre, se produce fatiga, falta de atención, insomnio y ansiedad. Un nivel bajo causa decaimiento y depresión.

- LA NORADRENALINA: También está relacionada con el estrés; se encarga de crear un terreno favorable para la atención, el aprendizaje, la sociabilidad, la sensibilidad frente a las señales emocionales y el deseo sexual. Al contrario, cuando la síntesis o la liberación de noradrenalina se ve perturbada, aparece la des-

---

[26] O. Ortiz, *El libro de la vida. Vivamos AMPM: Manual de funciones cerebrales.* Bogotá, Artes Gráficas A y G Ltda, 2007.

motivación, la depresión, la pérdida de libido y la reclusión en uno mismo.

- LA SEROTONINA: Es la sustancia que más importancia ha tenido para la neuropsiquiatría. En un nivel adecuado produce un estado de calma, paciencia, autocontrol, sociabilidad, adaptabilidad y humor estable. La falta de serotonina conduce a la depresión, problemas con el control de la ira, desorden obsesivo-compulsivo, trastornos del sueño y de la conducta sexual y al suicidio. También causa un incremento del apetito por los carbohidratos y complicaciones gastrointestinales y cardiovasculares asociadas con la depresión, la ansiedad y otros problemas emocionales.

Otros mensajeros químicos relacionados directamente con las emociones son los neuropéptidos, llamados *moléculas de la emoción* por la neurobióloga Candace Pert.[27] Estos presentan algunas características que los diferencian de los neurotransmisores clásicos; entre estas diferencias destaca que se encuentran en una concentración mucho más pequeña, aunque tienen acciones más potentes. Los neuropéptidos constituyen una familia de 60 a 70 macromoléculas, que tradicionalmente recibían distintos nombres: neurotransmisores, hormonas, endorfinas, factores de crecimiento, etcétera. Actualmente, se considera que en realidad forman una sola familia de mensajeros moleculares. Estos mensajeros son cadenas cortas de aminoácidos que se fijan a receptores específicos situados abundantemente en las superficies de todas las células del cuerpo; en las células del sistema inmune (que se desplazan por todo el organismo), en las células adiposas, a lo largo de la médula espinal, en las válvulas del corazón, los esfínteres del aparato digestivo y en la propia digestión. Todo está regido por las moléculas de la emoción.[28]

---

[27] C.B. Pert, *Molecules of Emotions*.
[28] B. Pulido de la Cruz, "Fisiología de la emoción", 2014. Disponible en: http://es.scribd.com/doc/220466999/Fisiologia-de-La-Emocion

La doctora Pert explica cómo los neuropéptidos actúan en dos planos: fisiológico y energético. En el plano fisiológico, se desplazan por el cuerpo y encajan en los receptores de las células, tal y como una llave encajaría en su cerradura. Cuando esto ocurre, producen un cambio en la célula. Lo magnífico y sorprendente es que estas moléculas de la emoción no solo se encuentran en las partes del cerebro relacionadas con las emociones, sino en todas las células del cuerpo. Así pues, existe una especie de sistema de comunicación a través del cual todo el cuerpo responde a una emoción concreta. En el plano energético, funcionan como el sonido, cuando hablamos emitimos un tipo de vibración a través del aire, que percibimos como palabras. Nuestros pensamientos y emociones también mandan vibraciones que afectan la forma en que se comportan e interactúan las células, e influyen en las funciones que estas realizan. Tenemos receptores en cada célula del cuerpo. Cuando el receptor es activado por una molécula de emoción, pasa una carga a la célula, cambiando su frecuencia eléctrica y química. Así como nuestras células individuales llevan una carga eléctrica, también nuestro cuerpo entero, como organismo, genera electromagnetismo. Estamos conectados con todos los demás. Las emociones no son solo unas moléculas físicas del organismo, sino una vibración, una energía que influye sobre el mundo. De hecho, las emociones no solo son un puente entre la mente y el cuerpo, sino también entre el mundo físico y el espiritual.[29]

9. ADICCIÓN A LAS EMOCIONES

¿Te has preguntado por qué siempre buscas el mismo tipo de relaciones?, ¿por qué atraes al mismo tipo de personas?, ¿por qué te suceden las mismas experiencias, o por qué reaccionas con la misma emoción ante diferentes eventos?

Nuestros pensamientos provocan reacciones químicas que nos llevan a ser adictos a comportamientos y sensaciones. Cada vez que

---

[29] C. Pert, "Las moléculas de la emoción", 2011. Disponible en: http://naturalezayespiritualidad.blogspot.mx/2011/10/las-moleculas-de-la-emocion.html

activamos un pensamiento con juicios o interpretaciones, inmediatamente el hipotálamo libera el péptido correspondiente en la corriente sanguínea. Si tenemos presente que cada una de las células del cuerpo tiene miles de receptores tapizando su superficie, abiertas a la recepción de tales neuropéptidos, advertiremos que todo el organismo es afectado por el estado emocional. Hay sustancias químicas para el enojo y para la tristeza, para la victimización y el resentimiento, y así para cada estado emocional. Cada pensamiento genera un tipo de emoción, y cada emoción que experimentamos produce una química que circula por todo el cuerpo por medio de neuropéptidos. Cada célula se comunica con las demás y todo el cuerpo sabe lo que está pasando. Cuando los receptores de las células sufren un bombardeo constante de péptidos, pierden sensibilidad y necesitan más para estimularse; esto nos torna adictos a los estados emocionales. Es por esa inconsciente adicción a los distintos sentimientos que la persona se ve condenada a repetir comportamientos: se vuelve adicta a la combinación de sustancias químicas propias de cada sentimiento que inunda el cerebro con cierta frecuencia. Esto explica por qué nos cuesta tanto trabajo cambiar y crear diferentes respuestas emocionales.

Estamos neuroquímicamente condicionados por nuestras experiencias previas para ver el mundo y para relacionarnos con los demás; de ahí la necesidad de una mayor autoconciencia, de observar nuestros pensamientos y domesticar nuestra mente. Cuando tomemos conciencia de cómo hemos creado esos malos hábitos, no solo podremos romperlos, sino que también seremos capaces de reprogramar y desarrollar nuestra manera de pensar, creando así comportamientos nuevos, más saludables y enriquecedores.

Todas las partes del cuerpo y de la mente *saben* lo que está pasando en las demás partes del cuerpo y de la mente. La buena noticia es que podemos revertir este sistema de información integrado. El primer paso, como en todo, es hacerlo *consciente*, darnos cuenta de que ese sentimiento o estado de ánimo destructivo está relacionado con la manera en que hemos aprendido a interpretar lo que nos sucede. Normalmente, no queremos darnos cuenta y tratamos de evitar, evadir, proyectar o negar las emociones que nos hacen sentir mal o incómodos con nosotros mismos. No obstante, si las entendemos y logramos sostener la sensación desagradable que nos evocan hasta darnos cuenta del daño que nos hacen, pueden ser nuestras grandes maestras. Esto es lo que comúnmente llamamos *tocar fondo*. La saturación de emociones desagradables nos hace cambiar y nos da la comprensión acerca de los resultados y las consecuencias de nuestros actos. Con esta comprensión podemos decidir si queremos repetir o no una experiencia. La responsabilidad nace de la conciencia. Si seguimos pensando, sintiendo y haciendo lo mismo de siempre, vamos a seguir obteniendo lo mismo, ¡siempre! Cuando somos niños tendemos a culpar a otras personas o situaciones de nuestras respuestas, pero es importante tomar en cuenta que el crecimiento comienza donde la inculpación termina. De modo que la responsabilidad total es responsabilidad adulta. La pena por negarse a asumirla es permanecer prisioneros en una niñez perpetua.

Muchas veces se piensa que el equilibrio emocional es cuestión de temperamento y no de esfuerzo personal; el trabajo sobre nosotros mismos es mucho más arduo que el que realizamos externamente para ganarnos la vida. Este esfuerzo consiste en ser conscientes y estar alertas psíquicamente; de lo contrario, la incapacidad de reconocer las emociones nos deja a merced de ellas. Este ejercicio de autoobservación, se hace difícil al comienzo, pero su práctica constante da como resultado un equilibrio emocional envidiable, con un muy alto rendimiento en beneficio nuestro y de quienes nos rodean.

10. EMOCIONES: SALUD Y ENFERMEDAD

La conducta humana —así como la salud y la enfermedad— está multideterminada por la conjunción de una serie de factores, como predisposición genética, creencias personales, estilos de vida, situaciones ambientales, etcétera, y desde hace siglos se ha querido relacionar la influencia de los procesos mentales y emocionales con la aparición y curación de las enfermedades.

Uno de los primeros acercamientos científicos para entender esta relación se dio en 1926, cuando Walter B. Cannon formuló el concepto de *homeostasis*, un sistema interno de control y balance que proporciona un estado relativo de equilibrio en el cuerpo. Probablemente, es la primera visión que se tiene del organismo como un círculo de información que fluye. No obstante, fue hasta finales del siglo xx cuando los investigadores empezaron a encontrar herramientas poderosas para demostrar esta interrelación de los sistemas de nuestro cuerpo. Descubrieron que el cerebro está totalmente conectado con el resto del cuerpo a nivel molecular a través de una red que comunica el sistema neuronal, hormonal, gastrointestinal e inmune, vía péptidos o receptores específicos de los péptidos. Cada segundo ocurre un masivo intercambio de información en el cuerpo, y los neuropéptidos son los mensajeros que llevan esta información para ligar estos sistemas mayores en una unidad cuerpo-mente-espíritu. *Salud* es lo que sentimos cuando nuestros bioquímicos de la emoción, los neuropéptidos y sus receptores están abiertos y fluyendo libremente a través de la red psicosomática, coordinando sistemas, órganos y células e integrando pensamientos y emociones en un movimiento suave y rítmico.

Pero ¿qué pasa cuando no podemos dejar de pensar en nuestros problemas y preocupaciones? Sin duda el cuerpo es el campo de batalla de los juegos de guerra de la mente. Los pensamientos distorsionados y las emociones reprimidas o mal manejadas obstruyen el libre fluir de la energía en nuestro cuerpo unificado, provocando una alteración —ya sea celular, mental, emocional o energética—, que llamamos *enfermedad*.

Desde el antiguo modelo reduccionista, muchos médicos piensan que las enfermedades se deben solamente a factores fisiológicos, químicos o genéticos. Igualmente, muchos psicólogos creen que todas las enfermedades se generan por algún problema emocional. Cualquier generalización superficial que intente encasillar y reducir algún fenómeno humano es, como dice Viktor Frankl,[30] totalmente inhumano.

---

[30] V. Frankl, *Psicoterapia y humanismo. ¿Tiene un sentido la vida?*, México, Fondo de Cultura Económica, 2003.

Ahora se sabe que un individuo se puede infectar pero no necesariamente enfermar; la enfermedad dependerá de la conjunción de una serie de factores como vimos anteriormente. Estudiar los procesos de salud y enfermedad de una manera integral constituye una verdadera revolución médica y psicológica. Sin embargo, afirmar que quienes no desarrollan ninguna enfermedad grave como el cáncer o algún trastorno inmunológico o cardiovascular son felices y no experimentan emociones negativas, o que, por el contrario, quienes contraen la enfermedad y sucumben ante ella no han sabido ser felices, es un reduccionismo cruel. En mi opinión, se ha abusado al atribuirles al estrés y a las emociones negativas la responsabilidad de generar desde un resfriado hasta un cáncer, así como también al afirmar que con el solo hecho de modificar la forma en que pensamos, creemos y actuamos se puede curar cualquier enfermedad, inclusive el cáncer. ¡Cuidado! De seguir por esta línea corremos el peligro de deshumanizarnos cada vez más. Tanto en medios escritos como electrónicos, abundan artículos que apoyan estas creencias. Caer en fanatismos, reducir todo, dar explicaciones simplonas y generalizadas, creernos poseedores de la verdad absoluta o asignar a la mente un poder divino y considerar al cuerpo un pobre reducto de la voluntad cerebral es volver a los tiempos en que mente y cuerpo eran entidades distintas y separadas, perdiendo de vista que somos seres integrales insertos en un mundo dual, donde la enfermedad, la vejez y la muerte son parte inevitable de la naturaleza humana.[31]

La ciencia sí ha mostrado que las emociones negativas hacen más vulnerable a la persona para contraer enfermedades (lo que no significa que las causen) y que las emociones positivas ayudan a sobrellevar la enfermedad y favorecen el proceso de recuperación. La nueva imagen integrada del ser humano, cuerpo-mente-espíritu, es un sistema dinámico con un potencial para el cambio. Cada uno de nosotros tenemos la capacidad de intervenir conscientemente en el sistema y tomar un rol activo en nuestra propia curación. Para muchos de nosotros, un estilo de vida sano significa alimentos bajos en grasas,

---

[31] G. Tarditi, *Las emociones y el cáncer. Mitos y realidades,* México, Océano, 2013.

ejercicio diario, disminución de alcohol y eliminación de tabaco y otras drogas. Si bien estas son estrategias que aumentan la salud, es necesario no perder de vista el cuidado diario de nuestros pensamientos, emociones y de nuestro ser interior.

Se ha comprobado, por ejemplo, que a través de la respiración consciente, o diafragmática, se produce un cambio en la cantidad y tipo de péptidos liberados desde el cerebro; dado que muchos de estos péptidos son endorfinas —es decir, opiáceos naturales del cuerpo—, se produce una disminución del dolor. También se ha demostrado que los ejercicios de visualización creativa ayudan en el tratamiento de pacientes con cáncer, que las técnicas de autocontrol emocional reducen los problemas cardíacos y gastrointestinales y que la meditación tiene un fuerte impacto sobre el estrés y la inmunidad.

En el siguiente capítulo veremos algunas técnicas que ayudan a dirigir la mente con el fin de generar emociones positivas y saludables.

Técnicas de autocontrol emocional VI

En 1906, Santiago Ramón y Cajal, premio nobel de Medicina, dijo una frase que en su momento se pensó era una metáfora, hoy sabemos que es literal: "Todo ser humano, si se lo propone, puede ser escultor de su propio cerebro".[1] Las técnicas de autocontrol emocional nos ayudan a esculpir nuestro cuerpo psíquico, al enseñarnos a sentir nuestros pensamientos y a pensar nuestras emociones, es decir, a tener una mayor inteligencia emocional.

Para lograr esto, es de vital importancia darnos cuenta de que en casi todos los momentos de nuestra vida que pasamos despiertos estamos en conversación con nosotros mismos; nuestro diálogo interno organiza frases con las que describimos e interpretamos el mundo. Si este diálogo con nosotros mismos es preciso y se ajusta a la realidad, no es fuente de problemas; pero si es absurdo e inexacto respecto a lo real, puede producir estrés y trastornos físicos y emocionales, con todas las consecuencias que hemos revisado en los capítulos anteriores. Paradójicamente, el mayor obstáculo para observar nuestra mente es la misma mente que queremos observar. Estamos tan identificados con ella que creemos que somos la mente. Ese es el engaño y el enganche. La identificación con la mente ordinaria hace que el pensamiento se vuelva compulsivo, produciendo una

---

[1] Véase la entrevista a Mario Alonso Puig. Disponible en: http://www.ongada.org/wp-content/uploads/2011/03/Serie-ENTREVISTAS.-21-R.pdf

pantalla opaca de conceptos, etiquetas, imágenes, palabras, juicios y definiciones. Esa pantalla es una barrera que impide que logremos conocernos a nosotros mismos en profundidad y se interpone en las relaciones que entablamos con nuestro prójimo, con la naturaleza y con Dios.[2]

Para aprender a controlar nuestra mente y nuestras emociones, que como vimos conforman un binomio inseparable, es preciso empezar por escuchar la voz que habla dentro de nuestra cabeza, y hacerlo tan frecuentemente como nos sea posible. Debemos prestar especial atención a cualquier patrón de pensamiento repetitivo, pensamientos que pueden haber estado dando vueltas en nuestra cabeza por días, meses o quizás años.

Para iniciar la práctica de las técnicas de autocontrol emocional, además de observar el diálogo interno, se requieren los mismos componentes que para las técnicas de relajación: es necesario tener clara la *motivación* para hacerlo, *disciplina* para mantener una práctica constante y coherente y, lo más importante, *conciencia* para ir integrando estas técnicas en nuestras actividades cotidianas.

Voy a explicar de la manera más sencilla posible cinco técnicas que nos ayudan a domesticar la mente. Las tres primeras provienen de las terapias cognitivas; la asertividad tiene que ver más con la comunicación interpersonal, una de las principales fuentes del desasosiego mental, y la última es una técnica que ha ayudado a mis pacientes desde hace algunos años a serenar su mente ordinaria.

I. DETENCIÓN DEL PENSAMIENTO

Se ha comprobado que los pensamientos negativos o desagradables preceden invariablemente a emociones del mismo tipo; por lo tanto, si logramos detectar y controlar los pensamientos negativos, los niveles de ansiedad pueden reducirse de forma significativa.

---

[2]   E. Tolle, *Practicando el poder...*

La *detención del pensamiento* —inventada por Bain en la década de 1920 y adaptada por Wolpe[3] a finales de la década de 1950— es una técnica de autocontrol efectiva para evitar los pensamientos rumiativos o circulares; esto es, aquellos pensamientos no deseados que se repiten continuamente en el diálogo interno, que llevan a sensaciones desagradables y que afectan a nuestro estado de ánimo.

Este tipo de pensamientos tiene dos características importantes: son improductivos (no conducen a acciones que permitan resolver lo que nos preocupa) y no se adaptan a la realidad. La mayoría de las personas tenemos pensamientos de este tipo en ciertos momentos de la vida; dichos pensamientos se manifiestan en forma de obsesiones o miedos. Los más comunes en personas que no padecen un trastorno psicológico identificado se refieren a dudas sobre la autoestima ("No soy capaz de hacer las cosas bien", "me falta inteligencia", "siempre me equivoco"), o bien a las relaciones ("Nadie me quiere", "mi pareja me engaña", "mi familia o amigos abusan de mí", etcétera).

Cuando empieces a sentirte incómodo, nervioso o alterado, préstale atención al tipo de pensamientos que estás teniendo e identifica aquellos con connotaciones negativas, centrados en el fracaso, el odio hacia otras personas, el resentimiento, la culpa, el miedo, etcétera.

La técnica consiste en focalizar la atención en esos pensamientos no deseados, soportar la tensión que generan durante un breve período de tiempo y luego detenerlos mediante alguna orden como "¡ALTO!" o "¡CANCELADO!", y jalar de una liga elástica colocada en la muñeca del brazo opuesto a donde usas el reloj. La orden de detención sirve de castigo y, según los principios básicos del condicionamiento, la conducta que es castigada sistemáticamente tiende a desaparecer. También sirve de distractor, de forma que resulta incompatible la orden con el mantenimiento de los pensamientos inadecuados.

---

[3] J. Wolpe, *The Practice of Behavior Therapy*, Oxford, Pergamon Press, 1969.

Ejercicio

Esta técnica se desarrolla en cinco pasos:

1. *Determina cuáles son tus pensamientos rumiativos o circulares.*
   En primer lugar, debemos detectar cuáles son los pensamientos que repetimos más comúnmente y que nos proporcionan mayor malestar.

2. *Focaliza la atención en el pensamiento perturbador.*
   Relájate e imagina una situación en la que suela aparecer el pensamiento perturbador; imagínalo con tantos detalles como puedas y luego pasa a pensamientos normales. Ve alternando entre pensamientos perturbadores y pensamientos agradables.

3. *Interrumpe el pensamiento con ayuda.*
   Para practicar, ayúdate de la alarma de tu celular o algo similar. Prográmala para que suene en dos minutos. Ponte cómodo y cierra tus ojos. Trae a tu mente el pensamiento perturbador. Cuando oigas la alarma, di en voz alta "¡ALTO!" o "¡CANCELADO!", y jala de la liga. Después concéntrate únicamente en el pensamiento agradable. Si el pensamiento perturbador vuelve a aparecer, di de nuevo "¡ALTO!" o "¡CANCELADO!". Si no logras detener el pensamiento perturbador, elige uno menos angustiante y practica con él antes de pasar a pensamientos que te generen mayor ansiedad.

4. *Interrumpe el pensamiento sin ayuda.*
   Este paso consiste en controlar el pensamiento sin la liga y sin dar la orden en voz alta. Para lograrlo, ve bajando el tono poco a poco hasta que no sea necesario pronunciarlo, sino que baste con pensarlo.

5. *Sustituye el pensamiento.*
   En la última fase, es necesario buscar varias alternativas

saludables a un pensamiento perturbador. Por ejemplo, si el pensamiento tiene que ver con tu valía como persona, puedes utilizar frases o afirmaciones de autoaceptación como "Soy la persona más importante, interesante y estimulante en mi vida", "Nadie en todo el mundo es más ni menos valioso que yo" o "Yo soy el único responsable de mi bienestar y felicidad". Si está relacionado con miedo o preocupación, puedes repetir "Todo se acomoda y es perfecto" o "Todo va a salir muy bien". Es necesario que te sientas cómodo con las frases que elijas, que sean propiamente tuyas, que las sientas. Elije una frase positiva para sustituir cada pensamiento perturbador.[4]

Detener el pensamiento lleva tiempo, no es fácil. Necesitarás fallar varias veces para controlarlo de manera más segura. Incluso habrá ocasiones en las que los pensamientos sean tan negativos que creerás que no lo lograrás nunca. Pero no te preocupes, tú sigue adelante. Es demasiado complicado detener un pensamiento y que este no vuelva a aparecer nunca más. Volverán a aparecer, no lo dudes, pero con menor intensidad, o quizás tengan la misma fuerza, pero tú estarás más fuerte y entrenado y los controlarás. La mente es un gran misterio, está llena de posibilidades; la capacidad de fuerza positiva que posee jamás la llegaremos a comprender en su totalidad. Recuerda: la mente puede ser nuestra mejor aliada o nuestra peor enemiga, de nosotros depende.

2. EL ABC EMOCIONAL

Los pioneros de las terapias cognitivas fueron los psiquiatras estadounidenses Albert Ellis y Aaron Beck. Apartándose del paradigma del momento, el psicoanálisis, se lanzaron en las décadas de 1950 y 1960 a un audaz enfoque cognitivo del psiquismo humano que ha influenciado

---

[4] M. Davis, M. McKay y E.R. Eshelman, *Técnicas de autocontrol emocional*, Barcelona, Editorial Martínez Roca, 1985.

muchas de las técnicas de autocontrol emocional que se han empleado con gran éxito hasta la actualidad. En 1955, Albert Ellis desarrolló un sistema para atacar las ideas o creencias absurdas o irracionales y para sustituirlas por afirmaciones que estén de acuerdo con la realidad. Llamó a su sistema Terapia Racional Emotiva (TRE), y desde 1994 se conoce como Terapia Racional Emotiva y Conductual (TREC).

Ellis afirmó que somos seres racionales e irracionales al mismo tiempo, y descubrió una serie de pensamientos o creencias irracionales que se encuentran en la base de la mayoría de nuestros problemas. Consideraba que cambiando estos pensamientos por otros más adecuados y racionales, las dificultades podían superarse. El núcleo de la teoría de Ellis está representado por una frase atribuida al filósofo estoico griego Epicteto: "El hombre no se ve distorsionado por los acontecimientos, sino por la visión que tiene de ellos". Este postulado explica que la interpretación que hagamos de la realidad determinará cómo nos vamos a sentir y cómo nos vamos a comportar. Así que ni el estrés ni la baja autoestima ni los trastornos emocionales se originan por los hechos *per se*, sino por la interpretación que nosotros mismos damos a esos hechos.

Ellis denominó a su método *Teoría del ABC Emocional* (del inglés (*Activating event, Belief system, Consequences*). Parte de la hipótesis de que *no* son los acontecimientos (A) los que nos generan los estados emocionales (C), sino la manera de interpretarlos (B). Entonces, si somos capaces de cambiar nuestros esquemas mentales, podremos generar nuevos estados emocionales menos dolorosos, más acordes con la realidad y, por tanto, más racionales y realistas. Es importante señalar que la calificación de *racional* o *irracional* en el lenguaje de Ellis depende de las consecuencias, que pueden ser acordes o contrarias a los objetivos de las personas; así pues, constituye un desacierto calificarlo de *racionalista*, como algunos lo han hecho. Por tanto, en la teoría de la TREC lo racional es "lo que ayuda a la gente a alcanzar sus metas y propósitos básicos, en tanto que 'irracional' es lo que se los impide".[5]

---

[5] A. Ellis y W. Dryden, *The Practice of Rational-Emotive Therapy*, Nueva York, Springer, 1987.

Las 11 creencias irracionales básicas de Albert Ellis son:

1. La persona adulta necesita ser amada y aprobada por todas las personas con las que interactúa.

2. Solo se es valioso cuando se es muy competente, autosuficiente y capaz de conseguir cualquier cosa.

3. Cada persona tiene lo que se merece.

4. Si las cosas no van por el camino que deseamos, debemos sentirnos tristes y apenados.

5. La desgracia humana viene del exterior y las personas tienen poca o ninguna capacidad para controlarla o superarla.

6. Si algo terrible va a suceder o puede ocurrir, debemos inquietarnos y no dejar de pensar en ello.

7. Es más fácil evitar ciertas dificultades y responsabilidades de la vida que hacerles frente.

8. Tenemos que depender de los demás, concretamente de alguien más fuerte.

9. Es inevitable que lo que nos ocurrió en el pasado siga afectándonos en el presente.

10. Uno debe preocuparse por los problemas y perturbaciones de los demás.

Existe una solución perfecta para cada uno de los problemas humanos.

Más adelante, estas 11 ideas irracionales fueron sintetizadas en cuatro temas: exigencias o demandas, catastrofismo, no poder aguantarlo y autoevaluación. Ellis observa que todas las exigencias o demandas absolutistas pueden agruparse en tres clases: Demandas sobre uno mismo ("yo debo..." o "yo necesito..."), demandas sobre los otros ("él debe..." o "tú debes...") y demandas sobre el mundo ("el mundo debe..." o "la vida debe...").[6]

---

[6] A. Ellis y R. Grieger, *Manual de Terapia Racional Emotiva*, vol. 2, Bilbao, Desclée de Brouwer, 1990.

A continuación expongo una guía que nos ayuda a la detección de pensamientos distorsionados y disfuncionales. Primero que nada, observa si en tu diálogo interno o en tus conversaciones con los demás detectas alguna de estas expresiones:

- *Pensamientos extremistas*: "todo o nada", "siempre y nunca".
- *Inferencias, suposiciones o atribuciones*: "supongo que…", "lo más seguro es que…".
- *Demandas*: "él debe…", "yo debo…", "el mundo debe…".
- *Condenas globales:* a los otros ("todos los… son…"), a mí mismo ("todo lo hago mal") o al mundo ("la vida es un desastre").
- *Catastrofismo*: "es terrible", "catastrófico", "me voy a morir".
- *Baja tolerancia a la frustración*: "necesito sí o sí…", "es insoportable…", "no puedo con…".

Las creencias *irracionales* se diferencian de las racionales en dos puntos:

1. Están plagadas de expresiones extremistas, demandantes, condenatorias, catastróficas e intolerantes; son absolutas o dogmáticas por naturaleza y se expresan en términos de "tengo que…", "debo…", "debería…", "estoy obligado a…", etcétera. Estas demandas pueden estar dirigidas hacia uno mismo, "yo debo ser exitoso"; hacia los otros, "tú debes escucharme", o hacia el mundo en general, "la vida debe ser fácil".

2. Provocan emociones negativas (miedo, culpa, ansiedad, depresión) que interfieren en la persecución y obtención de metas. Dichas creencias irracionales son el resultado de los mitos y creencias de nuestra historia familiar o de hábitos influenciados ya sea por la educación, factores sociales o predisposiciones genéticas.

En oposición, las creencias *racionales*:

1. Son relativas y se expresan en la forma de "me gustaría…", "quisiera…", "no me gustaría…", "preferiría…", "desearía…".

2. No impiden el logro de objetivos y propósitos básicos. La alternativa planteada por Ellis consiste en reemplazar la *filosofía demandante* por una *filosofía preferencial* de metas y deseos motivadores.

Ejercicio

Para trabajar con las ideas absurdas o irracionales, te sugiero seguir los seis pasos que enlisto a continuación. Es mejor que al principio lo hagas por escrito, con la práctica lo podrás hacer mentalmente.

A

Acontecimiento desencadenante: ¿qué pasó?
Describe el evento como tú lo viviste.

Ejemplo: *Una amiga me llamó para cancelar su cita conmigo.*

B

Bagaje de pensamientos

Anota todos tus pensamientos, tus juicios, suposiciones, creencias, preocupaciones y predicciones. Después revisa si tus afirmaciones coinciden con las características de las ideas irracionales que revisamos anteriormente.

Ejemplo: *Me sentiré terriblemente solo esta noche... Siempre me hace lo mismo... Realmente no le intereso... Creo que no soy agradable para ella ni para nadie...*

C

Consecuencias emocionales y conductuales

Describe las emociones y las conductas que viviste cuando sucedió A.

Ejemplo: *Emociones: frustración, enojo, tristeza, ansiedad, etcétera.*

Conductas: di un golpe en la mesa, encendí inmediatamente un cigarro, me serví una copa de vino...

DA

Análisis del acontecimiento activador

Replantea la realidad descrita en A como si la hubieras video-grabado. Describe el evento, los hechos, de una manera objetiva, sin incluir suposiciones, conjeturas ni juicios de valor.

Ejemplo: *Me llamó mi amiga y me dijo que le daba mucha pena cancelarme pero que, como yo ya sabía, tenía mucho trabajo y no había terminado la presentación para el curso que impartía mañana y que pensaba desvelarse hasta terminarlo.*

EB

Debate de pensamientos

Replantea tus pensamientos irracionales de una forma racional, de manera que cumplan por lo menos con tres de estas cinco características:

1. Que sea objetivo.
2. Que te proteja.
3. Que facilite tus metas.
4. Que te evite conflictos innecesarios.
5. Que te evite emociones irracionales.

- Elije la idea que quieres trabajar

  Ejemplo: *Me sentiré terriblemente solo esta noche... Creo que no soy agradable para nadie...*

- Ahora pregúntate lo siguiente: ¿existe algún soporte racional para esta idea?

  ¿Qué evidencias existen de la falsedad de la idea?

  Ejemplo: *He pasado muchas noches solo y no me pasa nada... Generalmente disfruto estar solo y es lo que voy a hacer en cuanto acepte la desilusión que he sufrido.*

- ¿Existe alguna evidencia de la certeza de la idea?

  Ejemplo: *No, lo único evidente es que mi diálogo interno está bajo los efectos de la frustración el enojo y la tristeza.*

- ¿Qué es lo peor que me puede ocurrir?

  Ejemplo: *Podría sentirme decepcionado durante toda la noche y no encontrar nada agradable para hacer.*

- ¿Qué cosas buenas podrían ocurrirme?

  Ejemplo: *Podría darme cuenta de que dispongo de muchos recursos internos y sentiría más seguridad en mí mismo... Podría aprender a tolerar mejor la frustración.*

- Pensamientos alternativos racionales:

  Ejemplo: *No pasa nada... Estaré bien solo... Voy a ver una película y me premiaré con una cena rica... Aceptar la realidad me da más paz que pelearme con ella.*

FC

Expectativas emotivas y conductuales

Describe las emociones y las conductas que te gustaría tener en un evento similar.

Ejemplo: *Emociones: comprensión, aceptación...*

Conductas: buscar alternativas como tener un plan B, ver una película, preparar algo diferente para cenar, etcétera.

Aunque nuestra vida no va a cambiar solo con conocer estos pensamientos irracionales, la observación diaria del diálogo interno nos puede ayudar a descubrir lo que hay debajo de nuestros comportamientos y estados de ánimo, y a empezar a ver de otra manera nuestra ...straciones, los problemas y las preocupaciones.[7]

IDEAS ABSURDAS

...ces son nuestros pensamientos y no la realidad ...s sintamos mal, pero no nos damos cuenta, pues

E.R. Eshelman, *Técnicas de autocontrol...*

EL CUERPO PSÍQUICO

al fin y al cabo nuestros pensamientos son para nosotros la realidad. Hay que tener en cuenta que la mente es experta en exagerar los eventos y distorsionarlos dándoles más importancia de la que en realidad tienen; esto provoca que, en ocasiones, nos sintamos muy mal con nosotros mismos y con los demás. Las distorsiones cognitivas, como su nombre lo indica, distorsionan la realidad, nuestra realidad, lo que pensamos acerca de nosotros, de nuestro futuro y de todos y todo lo que nos rodea. Son engaños que nos creemos y de los que estamos completamente convencidos de su validez. Por ello, desempeñan un papel predominante en la psicopatología al producir la perturbación emocional. ¿Qué podemos hacer al respecto?

Lo primero, como siempre, es aprender a reconocerlos, y para ello voy a resumir las distorsiones cognitivas más frecuentes, adaptadas del trabajo del doctor David Burns.[8] El segundo paso consiste en detectar, identificar y cambiar esos pensamientos automáticos distorsionados. El tercero se trata de aplicarlo con eficacia en nuestra vida diaria.

Empecemos por revisar las distorsiones cognitivas más comunes:

- PENSAMIENTO POLARIZADO: Es la tendencia a ver todo en categorías opuestas: las cosas nos parecen blancas o negras, buenas o malas. Evaluamos las cualidades personales recurriendo a categorías extremas. Por ejemplo, ante un fracaso solemos decirnos cosas como "no sirvo para nada" o "soy un desastre". El error cognitivo es evidente: por fracasar en una cosa no somos malos en todo lo demás.

- LOS *DEBERÍAS*: Hay una exigencia excesiva. Tenemos una lista de normas rígidas sobre cómo deberíamos actuar nosotros y los demás: "Debo de...", "tengo que...". Imponemos normas y percibimos ciertas cuestiones como deberes u obligaciones en lugar de apetencias o deseos. No es lo mismo enviarnos el mensaje "Necesito comprarme un coche nuevo" que "Me gustaría comprarme un coche nuevo". El exceso de responsabilidad y exigencias aumenta la ansiedad y deteriora el desempeño. Cuando no lo hacemos bien,

---

[8] D.D. Burns, *Sentirse bien*, Barcelona, Altaya, 1980.

sentimos culpa y frustración, pero cuando logramos cumplir las expectativas, usualmente tampoco lo disfrutamos, porque sentimos que lo hicimos presionados, por obligación y no por ganas.

- PERFECCIONISMO: Si no está perfecto, no sirve. Se relaciona con el pensamiento polarizado y con la autoexigencia: "Si el trabajo que estoy haciendo no me sale perfecto, no lo presento".

- SOBREGENERALIZACIÓN: Es otro caso de pensamiento de todo o nada, siempre o nunca. Extraemos una conclusión general de un simple incidente o de parte de la evidencia. Algo que ha ocurrido una sola vez se convierte en la regla que regirá el futuro. Por ejemplo, si hemos hecho el ridículo en una reunión social, tendemos a pensar que en toda reunión volverá a pasar lo mismo y nos decimos: "Siempre hago el ridículo". Observa qué tanto usas expresiones precedidas de *siempre* o *nunca*.

- FILTRO MENTAL: Se caracteriza por una especie de visión de túnel o embudo. Es la tendencia a fijar la atención en un detalle, a centrarse en lo negativo. Yo lo llamo *el prietito del arroz*: nos fijamos en un detalle negativo de una situación y olvidamos todos los detalles positivos. Por ejemplo, haces una presentación en el trabajo y recibes elogios de tus compañeros, salvo de uno de ellos que te hace una crítica. Durante los días siguientes te obsesionas con esa crítica, olvidando todo lo positivo que te han dicho los demás.

- VISIÓN CATASTRÓFICA: Ante cualquier situación real o imaginaria esperamos el desastre. El pensamiento se centra en lo peor que puede pasar. Es fácil identificar esta distorsión porque solemos iniciar las frases con un "y si...". Por ejemplo, ante un dolor agudo: "¿Y si es cáncer...?". Antes de salir de viaje: "¿Y si tenemos un accidente?". Cuando tenemos esta tendencia, un pequeño evento se convierte en una tragedia enorme.

- PERSONALIZACIÓN: Pensar que todo lo que la gente hace o dice tiene que ver de alguna manera, para bien o para mal, con nosotros. El error básico de la personalización es tomar todo como algo personal. Esto es irracional, pues no somos responsable por lo que hacen o piensan los demás. Por ejemplo, si vemos a un amigo con una expresión de enojo en la cara, pensamos que está enfadado por algo que le hicimos. O si una madre se entera de que su hijo reprobó un examen, piensa que algún error habrá cometido en su educación. O bien, empleamos frases como "*Me hizo enojar* mi hijo, *me reprobó* un examen"; si el otro bosteza, "mi plática lo aburre".

- ATENCIÓN CENTRADA EN SATISFACER AL OTRO: Se refiere a buscar la aceptación de los demás y querer satisfacer las necesidades y exigencias de los otros, incluso pasando encima de nuestros propios deseos, intereses y necesidades: "Debo satisfacer las necesidades de los demás para ser querido y aceptado".

- LECTURA DEL PENSAMIENTO: Sin haber mediado palabra, creemos saber lo que piensan o sienten los demás y la razón de que se comporten como lo hacen: "Ella está contigo por tu dinero", "Seguro piensa que soy un inmaduro", "Lo que quiere es ponerme nervioso", "Me imagino que está riéndose de mí", "Cree que soy un estúpido".

- RAZONAMIENTO EMOCIONAL: Asumir que los sentimientos negativos nos indican que lo que sentimos es verdadero, que la interpretación emocional es la realidad de las cosas. Por ejemplo, una persona que teme viajar en avión, al hacerlo sentirá emociones desagradables como ansiedad, miedo, entre otras, y estas le harán analizar el hecho de que viajar en avión es algo excesivamente peligroso, cuando no es así en realidad.

- ETIQUETAS GLOBALES: Tomar una conducta específica o rasgo de carácter y atribuírselo a toda la personalidad en forma permanente. La etiqueta ignora toda evidencia contraria y convierte la visión del mundo en estereotipada y unidimensional. Las etiquetas las aplicamos a nosotros mismos, a los demás, a situaciones sociales de raza, sexo, credo, etcétera. Por ejemplo, "Todos los protestantes son…", o cuando le decimos a nuestro hijo que es torpe porque se le cayó el vaso en la mesa. El error radica en calificar o etiquetar a la persona, en lugar de describir comportamientos concretos.

- ANTICIPACIÓN NEGATIVA: Anticipar que algo va a salir mal y no dudar de esa predicción: "Sé que me voy a aburrir en la fiesta", "Me va a ir mal en el examen".

- MAGNIFICACIÓN O MINIMIZACIÓN: Magnificar los propios errores y los éxitos de los demás, o bien minimizar los éxitos personales y los errores de los otros.

- AUTOEVALUACIÓN NEGATIVA: Vernos como víctimas, fracasados, sin suerte, criticados e ignorados. Estos pensamientos paralizan nuestra acción y nos impiden crecer y afrontar los problemas de la vida. Lo peor es que si no trabajamos en ello, se vuelven profecías autocumplidas. "No sirvo para nada", "Soy un mediocre".

En condiciones normales podemos tener algún pensamiento de este tipo durante el día. Estamos tan acostumbrados a ellos que no los reconocemos y mucho menos los cuestionamos. Pero cuando atravesamos un período de depresión, ansiedad u otro malestar emocional, podemos tener cientos o miles. Recuerda que tenemos alrededor de 60 000 pensamientos diarios. No es de extrañar que la mente, asediada por tanta presión negativa, se desequilibre y enferme.

Así que si quieres trabajar en conocer tu mente, vuelve a leer cuidadosamente cada una de estas distorsiones cognitivas e identifica cuál o cuáles acostumbras a usar. Quizás podamos añadir a esta lista nuestras propias ideas irracionales. La mejor manera de descubrirlas es pensando en las situaciones que nos generan ansiedad, depresión, malhumor, furia o baja autoestima; detrás de cada uno de estos sentimientos —especialmente si los experimentamos de forma crónica— hay una conversación irracional con nosotros mismos.

Esta técnica tiene como propósito refutar los pensamientos absurdos o irracionales que surgen automáticamente cuando ocurre un evento desagradable y reemplazarlos con pensamientos más racionales. Cuando hayamos identificado las distorsiones cognitivas que usamos con más frecuencia, pasemos al segundo paso, que consta de tres etapas:

1. *Detecta tus pensamientos automáticos.* Para ello es conveniente que anotes en una libreta todos los acontecimientos que te hacen experimentar malestar; pueden ser externos —como conflictos con tu pareja, tu jefe, o circunstancias que se presenten en el trabajo, los estudios, la familia o con los amigos—, o también eventos internos (recuerdos negativos del pasado o imágenes preocupantes del futuro). Anota a continuación el tipo de pensamientos que ese acontecimiento te ha suscitado; no te preocupes de ser exacto, es suficiente con que describan más o menos la tendencia de tus pensamientos. Anota a su lado la credibilidad que te merecen esos pensamientos, desde cero (nada) hasta cien (mucho). Finalmente, escribe la emoción que experimentas. Puede ser ansiedad, miedo, estrés, angustia, tristeza, rabia, etc., y apunta la intensidad de esa emoción dándole un valor de cero (nada) a cien (la emoción más intensa de tu vida).

Este registro de pensamientos automáticos es deseable que lo practiques durante varios días hasta que puedas tomar conciencia de cómo la interpretación que haces de los acontecimientos te genera diferentes estados emocionales. Es fundamental que seas honesto y claro contigo mismo, que no te autoengañes, y aunque te provoque cierto malestar centrarte en los acontecimientos negativos de tu vida, no te olvides de que para cambiar algo antes hay que conocerlo, y eso es lo que estás empezando a hacer. Una vez que hayas tomado conciencia de la relación entre el grado de credibilidad de los pensamientos negativos y la intensidad de emociones negativas, pasa a la siguiente fase. Observa un ejemplo del registro de observación de pensamientos automáticos:

TÉCNICAS DE AUTOCONTROL EMOCIONAL

DÍA/HORA	ACONTECIMIENTO	PENSAMIENTO (0-100)	EMOCIÓN (0-100)
07 de mayo a las 21 hrs	Mi novia se despide de mí antes de lo habitual	Ya no me quiere (90)	Tristeza (80) Miedo (30)

2. *Identifica la distorsión cognitiva.* Recuerda que son pensamientos que no se atienen a la lógica, al sentido común ni a la auténtica realidad de las cosas, sino que son exageraciones, dramatizaciones y fantasías muy perjudiciales. Identifica cuáles te son más habituales y agrega en tu libreta otra columna donde puedas anotar el tipo de distorsión cometida. Observa el siguiente ejemplo de registro de pensamientos automáticos con una columna dedicada a establecer el tipo de distorsión cometida:

DÍA/HORA	ACONTECIMIENTO	PENSAMIENTO (0-100)	TIPO DE DISTORSIÓN	EMOCIÓN (0-10)
07 de mayo a las 21 hrs	Mi novio se despide de mí antes de lo habitual	Ya no me quiere (90)	Lectura del pensamiento	Tristeza (80) Miedo (30)

Dedica varios días a realizar este tipo de registros para que comprendas bien tu manera de pensar y cómo esta afecta a tus emociones. Los objetivos previstos que debes alcanzar son:

• Ser consciente de tus pensamientos automáticos.

• Comprender que son estos, y no los hechos, los que te afectan.

• Darte cuenta de que a mayor credibilidad en los pensamientos negativos, mayor intensidad en las emociones suscitadas.

Cuando logres identificar el tipo de distorsión que cometes, estarás preparado para pasar a la siguiente fase.

3. *Cambia tus pensamientos distorsionados.* Has llegado a la fase más importante para el cambio de pensamientos. Una vez que ya conoces mejor a tu enemigo, que lo puedes identificar, que no caes en la trampa de echar la culpa de tus males a los demás sino que reconoces en ti, en tus pensamientos distorsionados, la clave de tus males emocionales, estás en condiciones de sustituirlos por pensamientos más racionales, realistas, objetivos y lógicos. Para ello vas a utilizar un nuevo esquema:

PRIMER PASO: DESCRIBE EL ACONTECIMIENTO QUE TE PREOCUPA.
Cuando llegué a la reunión del grupo, la gente no me hizo caso y me sentí tan mal que me tuve que ir.

SEGUNDO PASO: ANOTA TUS EMOCIONES NEGATIVAS (RABIA, PENA, ANSIEDAD, DESÁNIMO, ETC.) Y PUNTÚA CADA UNO DE ELLOS DE 0 (NADA) A 100 (MÁXIMO).
Ansiedad 80 *Pena 90*

TERCER PASO: TÉCNICA DE LAS TRES COLUMNAS.

PENSAMIENTOS AUTOMÁTICOS	DISTORSIONES	RESPUESTAS RACIONALES
Anota tus pensamientos negativos y calcula el crédito que te merece cada uno (0-100).	Identifica las distorsiones de cada pensamiento automático.	Sustitúyelos por pensamientos más realistas y calcula el crédito que te merece cada uno (0-100).
Si no me hacen caso, es porque me consideran tonto o aburrido (90 20).	*Personalización. Etiquetas globales. Lectura del pensamiento.*	*No tengo motivos reales para pensar que tengan algo contra mí (80). No siempre me muestro aburrido, ni mucho menos me considero tonto por ello (70).*
Seguro que ya nunca me sentiré bien con ellos (70 30).	*Sobregeneralización Anticipación negativa*	*Habrá veces que me sienta mejor y otras peor con la gente, es lo normal (100).*

PENSAMIENTOS AUTOMÁTICOS	DISTORSIONES	RESPUESTAS RACIONALES
Debería cambiar y ser más simpático (90).	Deberías	Preferiría mostrarme más simpático, pero no siempre es posible (90).
Soy un desastre (60).	Etiquetas globales	¿Quién no tiene algo que no le gusta de sí mismo? (100).
Siempre me ocurre lo mismo con la gente (90).	Sobregeneralización	Aproximadamente, en 60 o 70% de las veces me encuentro bien con la gente, y en 30 o 40%, inseguro (100).

CUARTO PASO: RESULTADOS. EVALÚA NUEVAMENTE EL CRÉDITO QUE TE MERECE CADA PENSAMIENTO AUTOMÁTICO DE 0 A 100, Y SEÑALA LA CASILLA QUE DESCRIBE CÓMO TE SIENTES EN ESTE MOMENTO.

Para buscar alternativas racionales a los pensamientos negativos (por ejemplo, del tipo "seguro que no le gustas"), tendrás que debatir contigo mismo las razones que tienes para pensar así, deberás buscar pruebas sólidas que confirmen el pensamiento negativo; si no las consigues, el grado de credibilidad se hará menor. Lo que buscamos es restarle credibilidad a esos pensamientos automáticos y distorsionados. Una vez que hayas sopesado el grado de credibilidad que te merece, repasa de nuevo la columna de los "Pensamientos distorsionados", al leerlos de nuevo es muy probable que el grado de credibilidad que antes te merecían haya descendido. Tacha el grado de credibilidad antiguo y anota a continuación el grado de credibilidad nuevo.

Con ello hemos llegado a los resultados (paso 4) donde, además de rectificar el grado de credibilidad de tus pensamientos negativos, anotarás cómo te sientes después de haber realizado todo el ejercicio.

	Nada mejor
	Algo mejor
	Mejor
X	Bastante mejor
	Mucho mejor

Ya estamos en condiciones de aplicarlo en nuestra vida de manera cotidiana hasta que el cambio de actitud mental se haga un hábito, para los cual te recomiendo seguir estas indicaciones, que se refieren a dividir el ejercicio en tres fases:

1. Escribe en tu libreta una o dos veces al día, de preferencia al final de la mañana y del día, para que con mayor tranquilidad puedas reflexionar y analizar tus comportamientos, pensamientos y sentimientos, y consigas generar alternativas racionales válidas.

2. Cuando tengas más práctica en este ejercicio, puedes llevar una pequeña libreta de bolsillo para que con la mayor proximidad posible a las situaciones emocionales puedas escribir tus alternativas racionales.

3. Aplica mentalmente en cada situación de alteración emocional las herramientas que ya conoces. Este será el modo definitivo para cambiar tu actitud mental sin tener ya necesidad de escribir.

La clave del éxito es tu perseverancia. Ten presente que atravesarás diferentes momentos donde creerás que avanzas rápidamente, que te estancas o incluso que estás retrocediendo. Todo eso es lo normal en un proceso de cambio; llegado el momento, sin lugar a dudas te darás cuenta de que tu actitud ha cambiado de manera evidente y que lo que antes te afectaba de forma intensa ahora ya no te afecta. Valora los avances por pequeños que sean y no te critiques cuando no lo logres. Refuerza cualquier pequeño avance permitiéndote hacer cosas que te generen bienestar, aunque sea algo muy simple. Lo normal es empezar a notar cambios a partir de la tercera o cuarta semana, aunque siempre hay quien desde el primer día empieza a mejorar, y estos avances se convierten en un claro cambio de actitud mental hacia el segundo o tercer mes de práctica continuada.[9]

4. ENTRENAMIENTO ASERTIVO

La asertividad, además de ser una extraordinaria habilidad social, es una técnica de autocontrol emocional, ya que se sitúa en un punto intermedio entre dos conductas polares: la agresividad y la pasividad. Los tres estilos básicos de conducta que presentamos en las relaciones con los demás son agresividad, pasividad o asertividad.

Como vimos en el capítulo sobre el estrés, siempre que surge un conflicto entre dos individuos de la misma especie suele aparecer la reacción de lucha/huida. También los seres humanos luchamos o nos damos a la fuga, pues nuestros antepasados prehumanos emplearon con éxito estas reacciones innatas de defensa.

Cuando sistemáticamente reaccionamos para atacar, se tiene un *estilo agresivo*. Son ejemplos típicos de este tipo de conducta la pelea, la acusación, la amenaza y en general todas aquellas actitudes que signifiquen agredir a los demás sin tener en cuenta sus sentimientos. La ventaja de esta clase de conducta es que la gente no pisa a la persona agresiva; la desventaja es que viven en la desconfianza y las personas les sacan la vuelta, no quieren tenerlos cerca.

El polo opuesto es el *estilo pasivo*, cuando tenemos miedo al conflicto y preferimos callarnos o evadirnos. Se dice que una persona tiene una conducta pasiva cuando permite que los demás la pisen,

---

[9] *Método para cambiar los pensamientos negativos*. Disponible en: http://www.superarladepresion.com/superarladepre/3depre_pensapositivos.php

cuando no defiende sus intereses y cuando hace todo lo que le dicen sin importar lo que piense o sienta al respecto. La ventaja de ser una persona pasiva es que raramente se recibe un rechazo directo por parte de los demás; la desventaja es que los demás se aprovechan de ella y se acaba por acumular una pesada carga de irritación y resentimientos.

Reaccionar de cualquiera de estas dos maneras nos hace sentir muy mal con nosotros mismos porque nos sentimos culpables por la forma agresiva en que reaccionamos, o frustrados por habernos quedado callados. Además, no solo no conseguimos nuestro objetivo, sino que complicamos más las cosas. Sin embargo, los seres humanos, además de estas dos respuestas innatas, contamos con un cerebro capaz de resolver problemas que nos permite comunicarnos verbalmente unos con otros y manejar nuestros conflictos de manera asertiva, en lugar de luchar o huir.

Una persona tiene un *estilo* o *conducta asertiva* cuando defiende sus propios intereses, expresa sus opiniones libremente y no permite que los demás se aprovechen de ella. Sabe cuándo es preferible ignorar las provocaciones o injusticias por propia seguridad, y elige las batallas que quiere enfrentar. Al mismo tiempo es una persona considerada con la forma de pensar y de sentir de los demás. La ventaja de ser asertivo es que puede obtenerse lo que se desea sin ocasionar trastornos a los otros, se puede actuar a favor de los propios intereses sin sentirse culpable o equivocado por ello.

En 1949, Andrew Salter describió por primera vez la asertividad y afirmó que era un rasgo de personalidad.[10] Se pensó que algunas personas lo poseían y otras no, como ocurre con otros rasgos. Sin embargo, más tarde fue definida por Wolpe[11] y por Lazarus[12] como "la expresión de los derechos y sentimientos personales" y hallaron que casi todas las personas podían ser asertivas en algunas situaciones, y

---

[10] A. Salter, *Conditioned Reflex Therapy*, Nueva York, Capricorn, 1949.

[11] J. Wolpe, *Psychotherapy by Reciprocal Inhibition*, California, Stanford University Press, 1958.

[12] A. Lazarus, "On Assertive Behavior: A Bief Note", en *Behavior Therapy*, 4, 1973, pp. 697-699.

totalmente ineficaces en otras. Quizás la definición más citada es la que postulan Jakubowski y Lange, para quienes *actuar asertivamente* significa hacer valer los derechos, expresando lo que uno cree, siente y quiere en forma directa, honesta y de manera apropiada, respetando los derechos de la otra persona.[13] La asertividad involucra la declaración de los derechos personales (publicados por Manuel Smith en 1977),[14] expresando pensamientos, sentimientos y creencias que no violan los derechos de otras personas.

El mensaje básico de la asertividad es "esto es lo que pienso, esto es lo que yo siento, esta es la forma en la que yo veo la situación, así me gustaría que fuera la próxima vez". Podemos decir que se tiene una conducta asertiva cuando se defienden los derechos propios sin violentar los ajenos, cuando se es capaz de expresar los gustos e intereses de forma espontánea, hablar de uno mismo sin sentirse incómodo, discrepar de la gente abiertamente, pedir aclaraciones de las cosas y cuando podemos decir *no*. En definitiva, una persona asertiva es relajada, auténtica y espontánea en las relaciones interpersonales.

Pasos para lograr ser asertivo

El primer paso es identificar con cuál de los tres estilos básicos en toda conducta interpersonal —agresivo, pasivo o asertivo— es con el que te identificas más. Ejemplo: Vas a cenar fuera, pides la comida y cuando te la traen está fría. ¿Cómo reaccionas? *Pasiva*: no dices nada y la comes aunque internamente te quejas; o bien, se lo dices a la persona con quien estás cenando, y cuando te dice que se lo digas al camarero, te sientes fatal y optas por callar. *Agresiva*: llamas al camarero en voz alta y le dices que, aparte de esperar media hora, la comida llega fría, que tienen un servicio pésimo y que no volverás nunca a comer allí. *Asertiva*: llamas al camarero y le pides que por favor la caliente, mirándolo a los ojos y con una sonrisa amable.

---

[13] P. Jakubowski y S. Lange, *The Assertive Option: Your Rights and Responsabilities*, Champaign, IL, Research Press Company, 1978.
[14] M.J. Smith, *Cuando digo No, me siento culpable*, Barcelona, Grijalbo, 1977.

El segundo paso es identificar aquellas situaciones en las que deseas aumentar tu asertividad. Estas preguntas te pueden ayudar: ¿Cuándo no me comporto en forma asertiva? ¿Quiénes son las personas con las que no me comporto de forma asertiva? ¿En qué cosas que he deseado conseguir he fracasado por no tener conductas asertivas?

El tercer paso es hacer una descripción escrita de la escena (momento y lugar): ¿Qué es lo que te preocupa de la situación? ¿Qué temes que ocurra en caso de mostrar una conducta asertiva? ¿Qué quieres lograr? Procura ser objetivo al escribir estas escenas-problema e intenta revivir cada uno de los pensamientos y sentimientos que experimentas. El siguiente ejemplo te ayudará a elaborar este paso:

Rosy, mi amiga (*quién*), cuando nos vemos para tomar un café (*cuándo*), generalmente no para de hablar de sus problemas con su marido (*qué*). Todo lo que hago es estar sentada a su lado e intentar interesarme con el tema (*cómo*). Si la interrumpo, temo que piense que no me preocupo por ella (*temor*). Me gustaría poder cambiar el tema de la conversación y hablar también de mis asuntos (*objetivo*).

El cuarto paso en el entrenamiento asertivo es escribir un guion a seguir para conseguir el cambio de conducta, el cual debe incluir seis elementos, cuyas iniciales forman la palabra ESCALA:

- EXPRESAR cuidadosamente qué es lo que deseas o necesitas y cuáles son tus sentimientos respecto a la situación. Definir tu objetivo y tenerlo presente cuando estés tratando el cambio.

- SEÑALAR un momento y un lugar para discutir el problema. Esto no se aplica en situaciones espontáneas, tales como que alguien intente quitarte tu lugar en la fila.

- CARACTERIZAR la situación problema de la forma más detallada posible. Hablar sin reproches, sin palabras hirientes y sin autocompasión.

- ADAPTAR la definición de tus sentimientos a mensajes en primera persona. No es lo mismo decir "eres un desconsiderado" a decir "me dolió cuando te fuiste de viaje y no me llamaste ni una sola vez".

- LIMITAR mediante una o dos frases claras cuál es tu objetivo. ¡Sé concreto y firme!

- ACENTUAR la posibilidad de obtener lo que deseas si cuentas con la cooperación de la otra persona, y si es necesario, expresa las consecuencias negativas que traerá su falta de cooperación. Ejemplo:

Sara está molesta y tiene miedo de preguntarle a su marido por qué la está limitando con el gasto...

EXPRESAR: "El resentimiento no arreglará esta situación. Tengo derecho a recibir una explicación razonable de mi marido".

SEÑALAR: "Hoy, después de cenar, voy a hablar con él".

CARACTERIZAR: "Me has dicho que en estos últimos años el despacho ha tenido ganancias y que el dinero que tú generas es de los dos... ¿por qué últimamente me limitas y te molestas cuando te pido el gasto?".

ADAPTAR: "Me siento muy incómoda cada que te tengo que pedir, molesta por el doble mensaje que me das y enojada cuando no tengo dinero para comprarme algo".

LIMITAR: "Me gustaría que me explicaras si es que hay algún problema que yo no sepa y que analicemos qué podemos hacer juntos".

ACENTUAR: "Creo que tu explicación me ayudará a que no te sientas presionado por mí".

El quinto paso es el desarrollo de un lenguaje corporal adecuado. De nada sirve aprender las palabras y las técnicas correctas si luego transmitimos un mensaje contradictorio a través de nuestra postura o nuestros gestos.

El sexto y último paso para llegar a ser una persona asertiva es aprender ciertas técnicas para evitar la manipulación.[15]

Técnicas asertivas

Las técnicas que se describen a continuación son fórmulas que han demostrado ser efectivas en diversas situaciones.[16]

> DISCO RAYADO: Se trata de repetir tranquilamente el mismo argumento una y otra vez de forma paciente, siendo educado y amable con la persona con la cual te comunicas y sin entrar en discusiones. Por ejemplo utilizando frases como "Sí, muchas gracias, pero no me interesa...", "Sí, lo sé, pero mi punto de vista es..." o "Estoy de acuerdo, pero...".

> EFECTOS: Nos permite sentirnos en control a pesar de los intentos verbales manipulativos o la lógica irrelevante.

> INTERROGACIÓN NEGATIVA: Nos enseña a suscitar las críticas sinceras por parte de los demás. Consiste en plantear una pregunta de manera negativa, incitando a la persona con la cual te comunicas a hacerte una crítica abierta y honesta. Tú debes estar preparado para escuchar su respuesta y saber distinguir si es honesta o es manipuladora. Por ejemplo: "Entiendo que te hayas sentido molesto por lo que dije el otro día, pero ¿qué es lo que realmente te enojó? ¿Qué otras cosas te molestan?".

> EFECTOS: Nos permite provocar con serenidad las críticas contra nosotros mismos, principalmente en las relaciones más íntimas, ayudando al mismo tiempo a la otra persona a expresar honestamente sus sentimientos negativos, lo que mejorará la comunicación.

> BANCO DE NIEBLA: Técnica que nos enseña a aceptar las críticas manipulativas, reconociendo serenamente ante nuestros crí-

---

[15] M. Davis, M. McKay y E.R. Eshelman, *Técnicas de autocontrol...*
[16] *Entrenamiento Asertivo*, Disponible en: http://ecaths1.s3.amazonaws.com/psicologiadeltrabajo/1418200671.Entrenamiento%20de%20la%20Asertividad.pdf

ticos la posibilidad de que haya parte de verdad en lo que dicen, sin que por ello abdiquemos de nuestro derecho a ser nuestros únicos jueces. Permite enfrentar las críticas sin negarlas y sin contraatacar con otras críticas. Ejemplo: "Es verdad lo que dices, pero aun así deseo...", "puede que tengas razón, pero..." o "es posible que..., pero...".

EFECTOS: Nos permite recibir las críticas sin sentirnos violentos ni adoptar actitudes ansiosas o defensivas y sin ceder ante las manipulaciones.

ASERCIÓN NEGATIVA: Técnica que nos enseña a aceptar nuestros errores y faltas sin tener que disculparnos por ellos. Esto se consigue mediante el reconocimiento y comprensión de las críticas, hostiles o constructivas, que se formulan a propósito de nuestras cualidades negativas. Se lleva a cabo diciendo alguna afirmación negativa sobre nosotros mismos, abriéndonos así a las críticas de nuestro interlocutor. Ejemplo: "Sí, estuve muy serio. Por lo general suelo ser más amable...", "Es cierto, llegué tarde..." o "Ya me he dado cuenta, tengo una manera de hablar muy particular...".

EFECTOS: Nos permite sentirnos seguros aun reconociendo los aspectos negativos de nuestro comportamiento o de nuestra personalidad, sin tener que adoptar actitudes defensivas o ansiosas ni vernos obligados a negar un error real.

APLAZAMIENTO ASERTIVO: Se pospone la discusión para otro momento donde se controle más la situación. Ejemplo: "No quiero continuar con esta conversación porque me voy a enojar, si quieres mañana retomamos el tema".

RELATIVIZAR LA IMPORTANCIA DE LO QUE SE DISCUTE: Se trata de hacer ver que a veces es más importante no entrar en discusión y comprender que esta no lleva a ningún lado. Por ejemplo: Interrumpir una discusión con algún comentario como "Quizás esta discusión no tiene tanta importancia como le estamos dando".

COMPROMISO VIABLE: Se trata de negociar. Siempre cabe llegar a un acuerdo cuando el compromiso no afecta nuestros sentimientos personales. Sin embargo, es importante comprender que cuando empleamos técnicas asertivas verbales, no está en juego el respeto que nos debemos a nosotros mismos; si el objetivo final entraña algo que afecta nuestra dignidad, no cabe compromiso de ninguna clase.

5. LAS DOS BOTELLAS DE COCACOLA

Desde hace muchos años tengo en mi consultorio dos botellas de Coca-Cola, una normal y la otra llena de agua. Las uso para explicar con una metáfora el espacio de la mente. El envase sería la mente y el líquido los pensamientos. Cuando pensamos en algo, literalmente nos enfrascamos en ese pensamiento llenando el espacio de la mente y dejando fuera —aunque sea por segundos— los demás pensamientos. El problema es que cuando nuestra mente se entretiene con un pensamiento desagradable, la tendencia es intensificar la negatividad de los pensamientos subsecuentes, y es como si nuestra mente se obscureciera como el color de la Coca-Cola. Si vemos el mundo a través de nuestros pensamientos obscurecidos, el panorama se torna negro, difícil, cuesta arriba. Lo que yo les propongo es cambiar el contenido de la mente, cambiar la Coca-Cola (siguiendo la metáfora) por agua transparente y cristalina. Pero como no podemos vaciar la mente tan fácil como sería verter la Coca y llenar después el envase de agua, les propongo que se imaginen que ponen la botella/mente en una llave de agua corriente y que con un poco de paciencia imaginen cómo se va mezclando el agua con la Coca y cómo el líquido se va volviéndose cada vez más claro hasta quedar completamente transparente.

El agua puede simbolizar muchas cosas. Las que yo propongo son:

- El agradecimiento
- Los mantras
- Las afirmaciones
- La oración

- **AGRADECIMIENTO**: Cuando nos sentimos abrumados o sobrecargados con nuestros pensamientos, ayuda tomarnos unos minutos para reflexionar profundamente sobre todo aquello que tenemos y sobre lo que nos reconecta con nuestra felicidad interna, y agradecer por los pequeños y grandes detalles de nuestra vida: que estamos vivos, que tenemos salud, familia, amigos, techo, comida o trabajo. Agradecer de corazón las cosas —por pequeñas que estas sean— aumenta la paz interior y nos hace sentir dicha y serenidad. El agradecimiento es un bálsamo que alivia nuestra mente agitada.

- **MANTRAS**: Se llama mantra a una oración corta, un estribillo que se repite muchas veces. La palabra proviene del sánscrito *man*, que significa 'mente', y *tra*, que tiene el sentido de protección y también de instrumento. Los mantras son palabras y sonidos dotados de poder que los budistas y los hindúes utilizan para la sanación y el desarrollo espiritual. Además de ese uso, los mantras son recursos para proteger nuestra mente contra la avalancha de pensamientos improductivos y desgastantes. Aparte de su benéfico aspecto energético, sirven para enfocar y sosegar a la mente. Al concentrarse en la repetición de una frase o de un sonido, todos los demás pensamientos se desvanecen poco a poco hasta que la mente queda clara y tranquila. Cada religión tiene sus mantras, para los católicos serían las famosas jaculatorias, que nuestras abuelas repetían y que ya casi no se escuchan. A mí me gusta repetir: "El Señor es mi Pastor nada me falta"[17] o "Si Dios está conmigo, ¿quién está contra mí?".[18] Sin embargo, no te sientas obligado a elegir un mantra de tipo religioso. Un mantra puede estar lleno de sentido para ti y carecer por completo de una connotación religiosa. Por ejemplo, puedes repetir: "Inhalo paz, exhalo tensión". Cualquiera que sea el mantra que elijas, úsalo siempre que notes que estás comenzando a enojarte o a sentirte herido. En vez de reaccionar con ira ante una determinada si-

---

[17] Salmo 23.
[18] Romanos 8:13.

tuación, repite el mantra en silencio, como agua que limpia tu mente, hasta que te tranquilices.

• **AFIRMACIONES:** Son todo pensamiento positivo que elijes conscientemente y siembras en tu mente y en tu corazón. Las palabras habladas son sonidos producidos por las vibraciones de los pensamientos. Los pensamientos que nos causan emociones desagradables son vibraciones emitidas por el ego, y los que nos conducen a la serenidad y a la paz interior son vibraciones emitidas por el alma. Palabras positivas colmadas de sinceridad, certeza e intuición actúan como bombas vibratorias altamente explosivas, cuyo estallido desintegra cualquier negatividad, operando la transformación deseada. La actitud mental debe adaptarse al tipo de afirmación que se desea trabajar: las afirmaciones relacionadas con la voluntad deben acompañarse de una enérgica determinación; las relacionadas con los sentimientos se acompañarán de compasión, y las que tienen que ver con la razón, de un claro entendimiento. Cuando se trata de superar emociones desagradables producidas por nuestros pensamientos distorsionados —tales como el temor, la ira, el resentimiento, etcétera—, la concentración debe fijarse en la cualidad opuesta a la que se desea vencer. Así, por ejemplo, para superar el temor, hay que cultivar la conciencia del valor ("Soy una persona valiente y decidida"); para superar la ira, la conciencia de la paz ("Soy paz, solo paz"); para superar la ansiedad del futuro, la conciencia de la confianza ("Todo se acomoda y es perfecto"), y para superar la enfermedad, la conciencia de la salud ("Todos los aparatos y sistemas de mi cuerpo están sanos y fuertes").

En la práctica de toda afirmación son fundamentales la intensidad, la atención, la continuidad y la repetición. No permitas que tu atención se distraiga. Es necesario entrenar la atención cual si se tratase de un niño travieso: cada vez que se desvía de su objetivo, se la debe traer de regreso y enseñarle, una y otra vez, en forma repetida y paciente, a concentrarse en la tarea que se le ha asignado. Repite atenta y reiteradamente tus afirmaciones, saturándolas de devoción, voluntad y fe… y no te preocupes por los resultados, llegarán en su momento como fruto de tu esfuerzo. Si deseas que tus afirmaciones se materialicen, deben estar libres de toda duda e incertidumbre. Las afirmaciones practicadas para sanar nuestro cuerpo físico, psíquico y espiritual deben repetirse con frecuencia, profundidad y continuidad, hasta que lleguen a formar parte integrante de nuestras más hondas convicciones intuitivas.

- **ORACIÓN**: Tanto rezar (repetir una oración conocida) como orar (platicar con Dios) tienen el efecto de tranquilizar nuestra mente. En palabras de Santa Teresa de Ávila, "No es otra cosa oración mental, a mi parecer, sino tratar de amistad, estando muchas veces tratando a solas con quien sabemos nos ama".[19] El acto de orar implica reconocer que el poder al que oramos es superior a nosotros mismos. Por lo tanto, al orar nos rendimos ante un Ser Superior con el que deseamos entablar una comunicación amorosa y personal, confiados en que su espíritu calmará nuestra ansiedad y nos llenará de la paz que necesita nuestra mente y nuestro corazón. El último paso de la oración es abandonarnos en Él, no querer dirigirlo, pedir que se haga su voluntad y no la nuestra, eso es dejar obrar a Dios en nuestra vida. La oración frecuente y sincera pidiendo crecimiento espiritual nos ayuda a disolver nuestra mente ordinaria, la mente no observada, nuestro ego.

Así como los nutriólogos dicen que somos lo que comemos, yo también creo que *somos lo que pensamos*. Así que no importa qué técnica utilices para domesticar tu mente, lo importante es que te des tiempo de pensar antes de expresar tus emociones de una manera inadecuada. Nuestra tendencia innata a reaccionar sin pensar cuando surgen las dificultades y los conflictos puede perjudicarnos, alejándonos de la consecución de nuestros propios objetivos, contribuyendo a que dichas situaciones de conflicto se compliquen aún más e incluso deteriorando la relación con las personas implicadas en el conflicto. Recuerda que el autocontrol no es una cualidad innata ni instintiva, sino una cualidad razonada que debe ser aprendida.

---

[19] "Oración carmelita". Disponible en: http://www.santateresadejesus.com/oracion-carmelitana/oracion-carmelitana/

EL CUERPO ESPIRITUAL

Parte III

El cuerpo espiritual es mucho más difícil de explicar porque no es tangible como el cuerpo físico, ni sensible como el cuerpo psíquico. Digamos que los seres humanos tenemos tres estados, igual que el agua: sólido, líquido y gaseoso. El estado sólido es el cuerpo físico, el estado líquido es el cuerpo psíquico, que es como un catalizador del estado gaseoso, el cuerpo espiritual. Es un cuerpo etéreo que no se puede ver; sin embargo, se evidencia en la opacidad o luminosidad de nuestra vida. Es decir que los seres humanos no poseemos solamente exterioridad —nuestro cuerpo físico—, ni pura interioridad —nuestro universo psíquico interior—, sino que estamos dotados también de profundidad, nuestra dimensión espiritual.

En cada ser humano palpita una energía divina. Esta energía tiene dos aspectos: el externo, que hace que el corazón lata, los pulmones se llenen de aire, los sentidos funcionen y que, en esencia, mantiene vivos nuestros cuerpos, y la energía interior, que hace que todo el júbilo que se experimenta en el mundo de los sentidos parezca carente de significado. Cuando se experimenta esa luz interna, añade a la vida una brillantez que no se parece a nada que se pueda describir con palabras. El adjetivo para describir esta fuerza interna es *espiritual*. Esta energía es la que nos permite sentirnos parte de este universo abundante, ordenado y perfecto, la que nos capacita para amar la vida, abrirnos a los demás, establecer lazos de fraternidad y solidaridad, sentir compasión e indignación ante las injusticias de este mundo.

El cuerpo espiritual es aquella dimensión nuestra que responde a las preguntas últimas que acompañan siempre a nuestras búsquedas: ¿Quién soy?, ¿a dónde voy?, ¿qué sentido tiene la vida?, ¿cuál es mi misión?, ¿cuál es el sentido del universo?, ¿qué hay después de esta vida? En la inteligencia de Dios somos seres sagrados y tenemos un propósito para estar aquí. Este propósito no lo encontraremos en el mundo físico de la dualidad, necesitamos mirar esa parte de nosotros que es invisible. Conocer nuestro yo espiritual es el reto de nuestra vida.

Toma conciencia del ser espiritual que eres VII

Hablar del ser humano sin considerar el cuerpo espiritual, es como hablar de un ser fragmentado, es recortar precisamente la dimensión que más nos caracteriza y nos sitúa por encima de los demás mamíferos y seres vivos.

Hay muchos prejuicios con respecto a la vida y vivencias de la dimensión espiritual. Muchas personas la confunden con moral, piedad, religiosidad o, peor aún, con prácticas obscuras o esotéricas. No saben que gracias al desarrollo de esta dimensión, los seres humanos somos capaces de encontrar el sentido de nuestra vida, captar la belleza, adentrarnos vivencial y gozosamente en el misterio de la vida, de trascender la mirada autocentrada y alcanzar el amor auténtico, integral y solidario por todos los seres humanos.

Pierre Teilhard de Chardin, sacerdote jesuita, considerado uno de los místicos más importantes del siglo XX, tras muchos años de estudio llegó a una conclusión trascendente que se resume en su famosa frase: "No somos seres humanos viviendo una experiencia espiritual, somos seres espirituales viviendo una experiencia humana".[1] Pero ¿qué es el espíritu y qué significa la espiritualidad?

Imaginemos que nuestra vida es un paréntesis en la eternidad. Este paréntesis se abre en el momento de nuestra concepción y se

---

[1] P. Teilhard de Chardin, *El fenómeno humano*, Madrid, Taurus, 1971.

cierra en el instante de nuestra muerte. El espacio dentro de este paréntesis es la vida, rodeada de algo que llamamos *eternidad*. Esta eternidad no se experimenta físicamente y, sin embargo, existe de manera misteriosa en lo profundo de nuestro Ser. Hay algo que forma parte integral de nosotros y que es invisible. Llamémoslo *conciencia, alma, yo profundo, Guía Sabio, observador silencioso, estado de gracia, self...* No importa el nombre que le demos, es la parte capaz de contemplar la eternidad. Es la energía del universo que nos infunde vida en el vientre de nuestra madre y continúa su viaje a otra dimensión en el instante mismo de nuestro último aliento, dejando nuestro cuerpo físico inerte como un estuche sin instrumento.

I. ¿QUÉ ENTENDEMOS POR ESPÍRITU?

Me gusta la manera en que Leonardo Boff, un teólogo brasileño, describe al espíritu: "Un hilo de energía, de vida y de sentido que pasa por todos los seres volviéndonos un cosmos en vez de un caos, sinfonía en vez de cacofonía".[2] A este *hilo conductor* los seres humanos le hemos dado mil nombres: Tao, Shiva, Alá, Yahvé y muchos más. Todos se resumen en la palabra *Dios*. Cuando pronunciamos con reverencia este nombre, algo se mueve dentro de nuestro cerebro y nuestro corazón.[3]

Para entender lo que es *espíritu* debemos superar la comprensión clásica y la moderna y valorizar la perspectiva contemporánea. De acuerdo con la comprensión clásica, el espíritu es un principio sustancial, al lado de otro principio, el material, el cuerpo. *Espíritu* sería la parte inmortal, inteligente, con capacidad de trascendencia. Convive un determinado tiempo con la otra parte, mortal, opaca y pesada. La muerte separa una parte de la otra, y ambos tienen destinos diferentes: el más allá, la eternidad, para el espíritu, y el más acá, el polvo cósmico, para el cuerpo. Esta visión es dualista y no explica

---

[2] Leonardo Boff, "La dimensión de lo profundo: el espíritu y la espiritualidad", 2012. Disponible en: http://www.servicioskoinonia.org/boff/articulo.php?num=503
[3] Leonardo Boff, "La espiritualidad en la construcción de la paz", 2010. Disponible en: http://www.servicioskoinonia.org/boff/articulo.php?num=384

la experiencia de unidad que vivimos. Somos un todo complejo y no la suma de partes.

La concepción *moderna* dice que el espíritu no es una sustancia sino el modo de ser propio del ser humano, cuya esencia es la libertad. Seguramente, somos seres de libertad porque plasmamos la vida y el mundo, pero el espíritu no es exclusivo del ser humano ni puede ser desconectado del proceso evolutivo. Pertenece al cuadro cosmológico y es la expresión más alta de la vida, sustentada a su vez por el resto del universo.

La concepción *contemporánea*, fruto de la nueva cosmología, afirma que el espíritu posee la misma antigüedad que el universo. Antes de estar en nosotros está en el cosmos. *Espíritu* es la capacidad de interrelación que todas las cosas guardan entre sí. Forma urdimbres relacionales cada vez más complejas, generando unidades siempre más altas. Cuando los dos primeros *topquarks* (partículas elementales con las que se construye la materia, descubiertas apenas en 1995)[4] comenzaron a relacionarse y a formar un campo relacional, allí estaba naciendo el espíritu. El universo está lleno de espíritu porque es reactivo, panrelacional y autorganizativo. En cierto grado, todos los seres participamos del espíritu.[5]

El universo está lleno de espíritu porque es interactivo. Desde esta perspectiva no hay entes inertes, no hay materia muerta que se contraponga a los seres vivos. La diferencia entre el espíritu de la montaña y el ser humano no es de principio sino de grado. La diferencia es que en nosotros el espíritu se manifiesta en forma autoconsciente y en una gran complejidad de conexiones. El espíritu no es solo una parte etérea arriba de nuestra cabeza, abarca la totalidad de nuestros cuerpos, nos hace conscientes de ser una porción integrante de un todo mayor. Esta comprensión despierta en nosotros un sentimiento de pertenencia a este todo, de parentesco con los demás seres de la creación, de aprecio por su valor intrínseco, por el simple hecho de existir y de

---

[4] HyperPhysics. "Quarks". Disponible en http://hyperphysics.phy-astr.gsu.edu/hbasees/particles/quark.html

[5] Leonardo Boff, "¿Qué es el espíritu?", 2003. Disponible en: http://www.servicioskoinonia.org/boff/articulo.php?num=039

revelar algo del misterio del universo. El espíritu nos permite vivir la experiencia de no dualidad y comenzar el viaje hacia la libertad, en donde no hay diferencia entre bueno y malo, correcto e incorrecto, luz y oscuridad. Desde ese lugar abrazamos los valores opuestos de la vida, Una y perfecta, y sabemos que ambos son igualmente valiosos y significativos para nuestra evolución personal y para la evolución de la humanidad y de nuestro planeta.

2. ESPIRITUALIDAD

La palabra *espiritualidad* proviene de *spiritus* en latín y *pneuma* en griego, que significa 'aire', que es lo que necesitamos para vivir a cada instante. La espiritualidad, por tanto, no es algo etéreo aislado de nuestro diario vivir. Es más bien un camino para mirar la vida de una manera nueva, agradecida, con ojos compasivos y comprometidos, con dosis de humor, de sentido común, de vinculación y apoyo en los demás, de una lectura sabia de nuestro pasado para no tomarnos trágicamente el presente y mirar con esperanza y confianza nuestro futuro. La espiritualidad tiene que ver con la vida y con nuestra forma de vivirla. Está relacionada con el ánimo con el que nos levantamos todos los días para ir a trabajar, con la manera de afrontar nuestros problemas y los problemas de los hijos o con nuestras relaciones personales diarias. Tiene que ver con nuestra reacción cuando, delante del espejo, las arrugas nos indican que vamos envejeciendo; con el uso que damos a nuestro tiempo libre, o con el espíritu con el que sobrellevamos nuestra enfermedad o la de un ser querido. Es vivir reconciliados con nosotros mismos, con los demás y con la creación entera. Y está relacionada, por supuesto, con lo que las personas creyentes llamamos *Dios*. El efecto que produce la espiritualidad es una profunda y suave paz que viene de lo profundo. Quienes poseen vida interior irradian una atmósfera benéfica y transmiten paz y serenidad a quienes los rodean.

⚫ El jesuita Javier Melloni —teólogo y antropólogo español, gran conocedor de las tradiciones religiosas de Oriente y especialista en diálogo interreligioso— explica la *espiritualidad* como la experiencia que tenemos de algo que, siendo invisible, nos está vivificando a cada instante. Por eso el ser humano no es reductible —independientemente de si practica o no alguna religión— ni a la biología ni a la psicología; lo que hay más allá de ambas es la espiritualidad. Melloni explica que en estos momentos de globalización, la espiritualidad contemporánea está presente en todas las tradiciones religiosas, y los desafíos que plantea esta globalización a la conciencia del ser humano nos llevan a cuidar de tres aspectos esenciales: interioridad, trabajo por la justicia y el uso sostenible y solidario del planeta. Para este teólogo, esos son los tres pilares que constituyen la espiritualidad integral que nos capacita a los seres humanos a vivir con sabiduría y veneración sobre la tierra.

Para explicar la espiritualidad de una manera más amplia, me voy a permitir hilvanar algunos conceptos expuestos por Leonardo Boff en varios de sus escritos publicados en la columna semanal que inició en el 2002.[6] Espiritualidad es esa fuente secreta que alimenta a la humanidad en todas sus formas. Irrumpe desde dentro, irradia en todas las direcciones y eleva la calidad de las relaciones porque nos permite sentir respeto, tolerancia, comprensión y compasión por las limitaciones propias y de los otros. La espiritualidad fomenta el amor, el cuidado, la voluntad de acoger y de ser acogido, de comprender y de ser comprendido, de perdonar y de ser perdonado.

La espiritualidad no es cuestión de dogmas o de reglas. Es una actitud hacia lo trascendente, un viaje interior de transformación. Es luz, júbilo y conciencia en la experiencia del amor. No es, por lo tanto, monopolio de las religiones. Estas vienen después. La espiritualidad es una dimensión de lo humano; por eso es universal: está presente en todos los tiempos y en todas las culturas. Las religiones cumplen su misión cuando motivan y alimentan la vida interior de sus seguidores, cuando los ayudan a hacer el viaje a su interior, rumbo al corazón, donde habita el Misterio. Esta experiencia —precisamente por ser

---

[6] L. Boff, "Columna semanal". Disponible en: http://www.servicioskoinonia.org/boff/

experiencia y no doctrina— irradia serenidad y profunda paz, acompañada de ausencia de miedo. Pertenece también al mundo espiritual la esperanza inquebrantable de que la vida no termina con la muerte. Así, la muerte no nos da miedo, la asumimos como la *graduación de la vida* y como el gran momento alquímico de transformación que nos permite estar verdaderamente en el Todo. Necesitamos pasar por la muerte, dejar atrás el mundo de la dualidad y abrir nuestro espíritu a otra dimensión más perfecta y completa. En pocas palabras, espiritualidad es "sentir lo trascendente y no pensarlo". De esta forma explicó la espiritualidad Blas Pascal, científico, filósofo y escritor francés, contemporáneo de Descartes, quien afirmó que "El corazón es el que siente a Dios, no la razón".[7]

3. LA MENTE EN LA ESPIRITUALIDAD

Ahora sabemos que la comprensión clásica que se basa en la división cartesiana de alma y cuerpo, razón y corazón, pensamiento y emoción, es errada. Somos un todo unificado en constante cambio y movimiento. No obstante, no lo hemos comprendido y seguimos sin entender que lo que pensamos tiene un efecto directo en lo que sentimos; continuamos separando nuestra vida cotidiana de la vida espiritual y seguimos enredados en una parte de la mente, en el yo superficial, en la mente discursiva plagada de ideas, juicios, comparaciones, que es lo mismo que vivir dormidos. Pero esta inconciencia es muy peligrosa, ya que nos aleja de todo y de todos, nos hace sentirnos separados, diferentes y solos, y encarcelados en un mundo distorsionado por nuestro ego, que solo nos crea confusión, frustración y soledad. Debería establecerse un equilibrio entre el concepto medieval de la dependencia total del hombre con respecto a Dios y el hábito moderno de depender totalmente del ego.

---

[7] B. Pascal, *Pensées, frag. 278*, Disponible en: http://www.biblioteca.org.ar/libros/89354.pdf

Vivimos confinados en nuestra mente. Pero... ¿cómo despertar de esta inconciencia? En una cárcel real es el guardián el que tiene la llave, pero en la cárcel de la mente en la que estamos metidos, somos los prisioneros los únicos que tenemos la llave; el problema es que no nos damos cuenta. Estamos tratando de escapar de algo que está dentro de nosotros, de nuestro inconsciente, en donde están grabadas todas nuestra heridas de infancia, nuestras experiencias no tan gratas que hemos luchado por negar, reprimir y olvidar. La posibilidad de abrir esa caja de pandora nos aterra, no sabemos con qué nos podamos encontrar. Entonces, preferimos seguir viviendo en la inconciencia, aturdidos por los ruidos de la vida, enredados en nuestros propios engaños, dormidos ante la grandeza que hay dentro de cada uno de nosotros. Nos hace falta despertar. Solo podremos superar el miedo buscando su origen. Lo único que nos puede liberar es buscar la verdad, y para eso hay que trabajar cada día en ampliar nuestro nivel de conciencia, aceptando las cosas que no podemos cambiar y esforzándonos por modificar las que sí podemos. No por estar despiertos y buscar la verdad dentro de nosotros mismos sin autoengañarnos desaparecerá nuestra programación. No, seguirá estando ahí, pero nos daremos cuenta de las premisas falsas en las que nos hemos apoyado, veremos con claridad nuestras distorsiones, llamaremos a las cosas por su nombre, la verdad nos hará libres[8] y encontraremos la paz en nuestro interior, y si todos trabajamos en autoconocernos, lograremos la paz que durante siglos no hemos podido conquistar. Parece un sueño, ¿verdad?

Pero esa es nuestra misión personal. Cada uno de nosotros venimos a conocernos, a ver cómo reaccionamos y encaramos la dualidad. Si no nos conocemos a nosotros mismos, no podremos conocer a nadie. Los griegos nos dejaron esta consigna inscrita en el templo de Delfos, durante el 200 a. C.: "Conócete a ti mismo". Sócrates lo dijo con otras palabras: "una vida sin conciencia no merece la pena ser vivida". Y Pablo de Tarso, en la Carta a los Romanos, nos alienta a transformarnos modificando nuestra manera de pensar y nos da una cátedra sobre la espiritualidad cristiana: "No os amoldéis a las normas

---

[8] Juan 8: 32.

del mundo presente, sino procurad transformaros por la renovación de la mente, a fin de que logréis discernir cuál es la voluntad de Dios: lo que es bueno, lo que le agrada, lo que es perfecto".[9]

Y sí, la única manera que tenemos de conocernos a nosotros mismos es a través de la introspección, o sea, el conocimiento de nuestras propias experiencias mentales. Así como vimos en el capítulo 4 que la mente, al ser la base universal de la experiencia, es la que nos hace humanos, es esta misma mente la que a través de la introspección y el discernimiento nos revela la singularidad del espíritu humano. Este hilo de energía, de sentido y de vida que pasa por todos y por todo, solo lo podemos percibir cuando logramos entrar en lo profundo y silenciamos nuestro interior, cuando conseguimos callar a la "loca de la casa" —como le decía Teresa de Ávila a la mente ordinaria—, cuando dejamos de escuchar a nuestra mente/razón y logramos contactar con nuestra mente/corazón. Pienso que debería ser un requisito indispensable para todas las personas trabajar con la salud física, mental, emocional o espiritual y explorar profundamente la naturaleza de nuestra propia subjetividad antes de intentar entrar en el complejo mundo interior de otro ser humano.

El desarrollo espiritual forzosamente requiere un trabajo sobre nuestra mente para que esta aprenda a relativizar, a encarar y a ver las cosas como son; a remover obstáculos y no añadir complicaciones a las complicaciones; a ocuparse en lugar de preocuparse; a estar en el aquí y el ahora, más libre de memorias y expectativas; a valorar lo que se tiene; a no afligirse en exceso ni reaccionar neuróticamente, sabiendo tomar y soltar; a liberarse de los grilletes del apego, la aversión, el egocentrismo desmesurado, la duda sistemática, la pereza, la impaciencia y las emociones dañinas; a desarrollar calma y claridad; a priorizar correctamente, con base en las cuatro cosas más importantes de la vida: paz interior, equilibrio mental y emocional, salud física y buenas relaciones con los demás.[10] Para ello es necesario cambiar

---

[9] Romanos 12: 2.
[10] R. Calle, *La ciencia de la felicidad. Cómo ser feliz a pesar de todo(s)*, Madrid, Kailas, 2008.

nuestras actitudes, domesticar nuestra mente y desarrollar nuestros potenciales mentales de energía, atención, ecuanimidad, alegría, lucidez, compasión, paciencia y desapego. Una de tantas maneras de ayudarnos a lograr este cambio es practicar las técnicas de relajación física, de autocontrol emocional y de meditación que propongo en este libro.

4. LAS PREGUNTAS EXISTENCIALES

Creo que en algún momento de nuestra vida todos nos hemos hecho las siguientes preguntas: ¿quién soy?, ¿qué somos?, ¿por qué hay tanta injusticia y tanta desigualdad? En la medida en que vamos profundizando en las respuestas a estas preguntas, se produce en nuestro interior una transformación. Esta transformación es impulsada por un misterio al cual intentamos acercarnos, y en nuestra aproximación nos encontramos con el misterio de la conciencia, con el misterio de la vida. ¿Por qué soy consciente, por qué tengo conciencia de mi experiencia? ¿Es la conciencia el resultado de la actividad cerebral y, por lo tanto, no soy más que mis neuronas y mi cuerpo, o mi conciencia va más allá de mi cerebro?... Y si es así, ¿qué es la vida entonces? Porque si mi conciencia no es el resultado de la actividad neuronal de mi cerebro, cuando muere mi cerebro, ¿qué le ocurre a mi conciencia? Entonces, ¿qué es la muerte, qué es la vida?

Las preguntas sobre la injusticia y las desigualdades afloraron por primera vez en mi adolescencia, cuando tuve el privilegio de ir tres años consecutivos a misiones y convivir con familias indígenas en los linderos del estado de Tabasco y Chiapas. Los cuestionamientos sobre la vida y la muerte no tardaron mucho en aparecer. Cuando tenía 18 años falleció mi mamá de una manera repentina e inesperada, y cinco años más tarde un trágico accidente aéreo cobró la vida de mi segundo hermano y de mi cuñada, la esposa del mayor de mis hermanos. En esa época estudiaba psicología y me empecé a interesar mucho en los libros que hablaban sobre experiencias después de la muerte; me topé con los escritos que la doctora Elisabeth Kübler-Ross había redactado durante los años que trabajó con pacientes terminales y con personas que habían tenido experiencias cercanas a la muerte. Todas las personas entrevistadas tenían un denominador común: en el momento de la muerte clínica, abandonaron su cuerpo físico con plena conciencia, es decir que continuaban experimentando, viendo, oyendo, comprendiendo, riendo y, por lo tanto, tenían la posibilidad de continuar creciendo y aprendiendo. La muerte no existe en realidad; la doctora Kübler-Ross asevera: "la muerte no es más que el abandono del cuerpo físico, de la misma manera que la mariposa deja su capullo de seda".[11] Estas experiencias me llevaron a hacerme preguntas sobre la conciencia y a interesarme en el universo de lo transpersonal.

No sé cuáles han sido las experiencias que a ti te han llevado a cuestionarte sobre los misterios de tu vida interior, pero lo que sí sé es que este viaje interior hacia el conocimiento de uno mismo es un viaje largo, lleno de encrucijadas, de pruebas, de retos. Un viaje que tiene como destino último superar la dualidad, la separación y llegar a una compresión profunda de lo que somos y de quiénes somos. Un camino siempre en círculos concéntricos en espiral que conduce a una realidad más profunda de nuestra naturaleza y, por lo tanto, de la naturaleza de la realidad en la que vivimos. El camino espiritual es un camino de transformación y, por consiguiente, un camino de cambio continúo. Solo recorriendo este camino personal podemos llegar a una verdadera espiritualidad que consiste en ampliar nuestro nivel de conciencia para poder entendernos y entender a los demás. Si nuestra búsqueda personal no redunda en beneficio de otros seres humanos, no podemos llamarla espiritual, sino una búsqueda de mí mismo para engrandecer al ego.

El egocentrismo es justo el extremo opuesto de la espiritualidad. No se trata de acumular experiencias espirituales y de presumirlas como medallas en una vitrina, sino de vivirla en nuestra vida cotidiana de tal manera que, una vez enriquecidos por el autoconocimiento, podamos compartir esa riqueza interior poniéndola al servicio de los demás.

---

[11] E. Kübler-Ross, *La muerte: Un amanecer*, Barcelona, Luciérnaga, 1989.

Puedo afirmar, sin temor a equivocarme, que nos falta mucho por transitar en el camino hacia la auténtica espiritualidad. Basta con ver las noticias de todos los días en la televisión para darnos cuenta de que no hemos entendido nada. Somos los seres más desarrollados del planeta, a nosotros se nos ha confiado el cuidado de los recursos naturales y humanos y ¿qué hemos hecho? No solo acabar con ellos, sino acabarnos incluso entre nosotros. El miedo, la codicia y el deseo de poder son las fuerzas psicológicas que mueven al mundo y que inducen a la violencia, a la injusticia y a la desigualdad tan marcada que vivimos en la actualidad. Y aunque existe el deseo genuino en la mayoría de los seres humanos de vivir en paz, no lo conseguiremos a menos que cambiemos nuestra manera egoísta de pensar y elevemos nuestro nivel de conciencia. En otras palabras no pretendamos que cambie la realidad externa si no trabajamos arduamente por cambiar nuestra realidad interior.

5. PSICOLOGÍA TRANSPERSONAL

Por supuesto que la psicología también se ha interesado en la dimensión espiritual del ser humano. El objetivo primordial de las diferentes escuelas psicológicas en Occidente ha sido trabajar para ayudar a las personas a hacer consciente lo inconsciente, a conocerse más a fondo, a lograr una adaptación satisfactoria a la realidad, dándoles herramientas suficientes para fortalecer al yo, para aprender a expresar de una manera asertiva sus necesidades y deseos y mejorar así sus relaciones en todas las áreas de su vida. Y aunque cada escuela utiliza métodos distintos, sus objetivos apuntan siempre a la superación de aquello que impide a la persona mantener una relación *sana* con su entorno, y que le genera insatisfacción y dolorosas consecuencias en su autoestima, en su estabilidad emocional y, por consiguiente, también en su integración familiar, profesional y social. Cuando tras un proceso psicoterapéutico, la persona logra superar los síntomas específicos que la llevaron a la terapia y su vida puede considerarse estable, con frecuencia se acepta que la terapia ha cumplido su función.

La psicología transpersonal busca ir más allá de este proceso, su objetivo excede la salud del yo, y proporciona herramientas para trabajar en la trascendencia del ego, que al inicio de nuestra vida es imprescindible para permitirnos construir una identidad adulta y adaptarnos a la realidad, pero que, posteriormente, se convierte en un obstáculo para nuestra evolución. La psicología transpersonal trabaja en el campo de las posibilidades que solamente se abren cuando se trascienden los estrechos límites de la identificación obsesiva con nuestro drama personal, para abrirnos a la Conciencia Universal. En otras palabras, para dejar de *ser lo que creo que soy* y convertirme en *lo que realmente soy*.

A pesar de que la psicología transpersonal se ha desarrollado dentro del dominio de la psicología científica, se ha reconocido el valor de las aportaciones de otras disciplinas en la comprensión de lo transpersonal. De esta manera, es vista como parte de un movimiento interdisciplinar que incorpora aportaciones de diversos saberes; por ejemplo, de la antropología, sociología, ecología, teología, filosofía, tanatología, educación, medicina, psiquiatría, farmacología, neurociencias, política y los negocios. Esta corriente transpersonal más amplia es generalmente entendida como un movimiento que no solo representa una aproximación al conocimiento, sino también un compromiso con una transformación espiritual del individuo, la sociedad, la cultura y las esferas políticas y económicas. Como verás, la psicología transpersonal, además de estar interesada en los fenómenos religiosos o espirituales, se ocupa de cualquier experiencia que tenga la capacidad de promover una transformación psicológica y espiritual en la persona y, por ende, en la sociedad.

6. BREVE HISTORIA DE LA PSICOLOGÍA TRANSPERSONAL

Se considera a William James como el primer psicólogo transpersonal, ya que fue el pionero en la investigación de fenómenos psíquicos y el primero en utilizar, en 1905, el término *transpersonal*, que significa 'más allá' o 'a través de lo personal'. Refiere a las experiencias en las que se expande nuestro limitado sentido de la identidad, así como al sentimiento de conexión con una realidad más grande y significativa. James defendió que nuestro estado ordinario de conciencia es un estado específico y limitado, y que un fino velo separa este estado ordinario de conciencia de un gran espectro de diferentes tipos de posibilidades de experiencias místicas y extraordinarias.

En 1901 se publicó *Conciencia cósmica* del psiquiatra canadiense Richard M. Bucke. Se trata de un libro que aborda la experiencia de que el Universo entero es un Ser vivo y ordenado. En el estudio de la historia humana, este psiquiatra halló y describió a más de una docena de personas que experimentaron lo que llamó *conciencia cósmica*, una facultad que los seres humanos habrían adquirido mediante la evolución. Entre ellos cita a Buda, Krishna, Jesús, san Pablo, Plotino, Mahoma, Dante y san Juan de la Cruz.[12]

Otro importante ímpetu en el desarrollo de la psicología transpersonal vino del movimiento psicoanalítico. Igual que William James, el psicólogo suizo Carl Gustav Jung estaba muy interesado en lo paranormal y las experiencias religiosas. Aunque fue el discípulo predilecto de Sigmund Freud, Jung se volvió altamente crítico con el rechazo continuo de Freud a lo *oculto*, así como a su creencia de que la religión era una forma de neurosis. En vez del estado inmaduro e insano de proyecciones psicológicas que veía Freud en el impulso religioso, para Jung se trataba de una manifestación y proyección de los arquetipos universales de experiencia humana que existen en nuestra dimensión *transpersonal*, llamada por él *inconsciente colectivo*. Jung vio que el objetivo de la vida humana era la *individuación*: es decir, la llamada espiritual para una completa integración humana y psicológica, la unión de los opuestos, la trascendencia del ego (que él llamó *self*). Jung creía que la individuación podía ser facilitada a través de un trabajo creativo e imaginativo con las imágenes de los sueños, los símbolos y los mitos que representan el proceso de transformación espiritual.[13]

---

[12] R. Bucke, "Cosmic Consciousness: A study in the Evolution of Human Mind", Mineola, Nueva York, Dover Publications, 2009.

[13] M. Daniels, "Introducción y contexto del nacimiento de la Psicología Transpersonal". Disponible en: http://www.trans-personal.com/historia.htm

En Italia se produjo otro acercamiento significativo llamado *psi-cosíntesis*, un sistema teórico y práctico de terapia y de tratamien-to psicológico desarrollado por el psiquiatra Roberto Assagioli, que compartía con Jung la creencia en la importancia del nivel espiritual de la existencia humana. No obstante, opinaba que el concepto jun-giano del *inconsciente colectivo* no distinguía adecuadamente entre los tres tipos de inconsciente, el *alto*, *medio* y *bajo*. Para Assagioli, el desarrollo psicológico implica la exploración y síntesis de las tres dimensiones inconscientes. Su teoría postula que explorando y tra-bajando con el *alto* inconsciente podemos entrar en contacto con el Yo Superior o *self*, y pasar de la psicosíntesis personal hacia una psi-cosíntesis espiritual o transpersonal.[14]

Los cambios sociales producidos en la década de 1960 y el crecien-te interés en Occidente por las filosofías orientales —especialmente el hinduismo y el budismo— también contribuyeron al desarrollo de la psicología transpersonal. En este contexto y rescatando los aportes pioneros, Abraham Maslow y Anthony Sutich fundaron en 1969 la psicología transpersonal, que para Maslow sería la *cuarta fuerza*.

La primera es el *psicoanálisis*, donde la figura de Sigmund Freud, sin duda alguna, se erige como cimiento de esta escuela. La psicotera-pia, tal como hoy la concebimos, sería inimaginable sin su aporte pio-nero. Dentro de este movimiento se destaca, obviamente, la escuela psicoanalítica con sus variantes freudiana, kleiniana y lacaniana, por nombrar solo las más tradicionales.

La segunda fuerza es el *conductismo*; entre las escuelas que con-formaron este movimiento se destacan la reflexología de Pavlov, en Rusia; el conductismo de Watson y el neoconductismo de Skiner, en Estados Unidos. La tercera fuerza es la *psicología humanista*, que emergió como rechazo de las dos psicologías dominantes, conductis-mo y psicoanálisis, ya que, desde su perspectiva, estas ofrecían una visión del ser humano deshumanizada, reduccionista y determinista.

---

[14] R. Assagioli, *Psicosíntesis ser transpersonal: El nacimiento de nuestro ser real*, Ma-drid, Gaia, 2010.

Este tipo de psicología presenta una gran variedad, por lo que es más apropiado hablar de un movimiento que de una escuela. Dentro de este abundante movimiento se destacan diversas escuelas y autores, tales como la propiamente dicha psicología humanista de Maslow; el existencialismo de Ronald Laing, David Cooper y Rollo May; la terapia gestalt de Perls; el enfoque personalista de Rogers; algunos autores sistémicos como Gregory Bateson y Paul Watzlawick; el análisis transaccional de Eric Berne, y las terapias corporales como la bioenergética de Lowen y sus derivadas, por nombrar solo unos cuantos.

La cuarta fuerza, la *psicología transpersonal*, que comienza con los cuestionamientos de un grupo de psicólogos y profesionales de diversos campos que reconocen que, a lo largo de toda la historia moderna, la psicología había dirigido su mirada a las áreas del hacer, del poder o del tener, soslayando el tema del Ser, el significado y la trascendencia. Desde la fundación académica de la psicología transpersonal, en 1969, se han llevado a cabo un número importante de investigaciones. Científicos de las más diversas disciplinas comenzaron a considerar a la conciencia como el factor esencial de nuestra evolución, destacando que sus potencialidades de expansión constituyen el eje del futuro de la humanidad.

La psicología transpersonal ha asumido este desafío desarrollando una visión integral de la evolución de la conciencia humana, que contempla los aportes de todas las grandes escuelas de psicología contemporánea y los últimos avances en el resto de la ciencia, junto con la sabiduría ancestral de la humanidad. A lo largo de los años se han ido sumando a este nuevo movimiento autores de la altura de Viktor Frankl, con la logoterapia; Daniel Goleman y sus aportes a la inteligencia emocional; Martín Seligman, con la psicología positiva; Mihaly Csikszentimihalyi, con la teoría sobre fluir (*flow*); Richard J. Davidson, con la neurociencia afectiva; Howard Gardner, con la teoría de las inteligencias múltiples, y muchos otros que han hecho grandes aportaciones a la psicología de hoy en día.

Pero sin duda la figura más destacada y polémica dentro de esta rama de la psicología transpersonal es la de Ken Wilber, considerado como uno de los grandes investigadores y escritores espirituales de nuestro tiempo. Él ha sido el primero en desarrollar una teoría de campo unificado de la conciencia. Su obra supone una síntesis espléndida de las grandes tradiciones psicológicas, filosóficas y espirituales que constituyen la *sabiduría perenne*. Con una sorprendente capacidad para integrarlos, Ken Wilber teje todos los fragmentos dispersos de la psicología, la antropología, la espiritualidad, los estudios culturales, la teoría literaria, la ecología y la transformación planetaria en una sólida visión del mundo moderno y posmoderno.

El espectro de la conciencia desarrollado por Wilber y enriquecido por muchos otros autores ha servido para demostrar que todas las escuelas de psicología están en lo cierto en determinados planos del gran fenómeno de la conciencia humana. Así pues, la discusión no debería centrarse en cuál escuela tiene razón y cuál no, sino en reconocer qué estadio de la evolución de la conciencia —con sus correspondientes manifestaciones saludables y patológicas— es el que cada escuela ha estudiado y comprendido con mayor claridad.[15]

La psicología transpersonal se ha convertido en una auténtica psicología evolutiva al integrar los aportes de todas las escuelas y los modelos de la conciencia de las antiguas tradiciones de sabiduría de la humanidad. Siguiendo este modelo integrador, la psicología transpersonal procura brindar respuesta a este llamado a la *completitud* que late en nuestros corazones, y brinda modelos de psicoterapia y crecimiento personal que incluyen y respetan todas las manifestaciones y potencialidades humanas.

---

[15] M. Daniels, "Introducción y contexto...".

¿Por qué no he alcanzado la iluminación? VIII

Gracias a nuestra dimensión espiritual, todos los seres humanos estamos en el mismo viaje de descubrimiento, yendo en busca de ese lugar especial conocido como *estado de gracia* o *iluminación*, • donde el juicio no tiene valor o significado, donde somos libres del miedo y del deseo, un estado unificado donde los opuestos se encuentran y combinan sus diferencias, un lugar tranquilo que no pueden perturbar ni la turbulencia del pensamiento ordinario ni la actividad incesante de la vida cotidiana, un lugar donde existen todas las posibilidades, donde no sentimos que el pasado tire de nosotros ni que el futuro nos condicione. Para los budistas este lugar ideal es la iluminación: la liberación espiritual de las posesiones del ego, la familia, las comodidades. Llegar a ese estado implica alcanzar la *ascesis* espiritual, • es decir, purificar el espíritu por medio de la negación de los placeres materiales, liberarnos de las pasiones y sus ataduras y reconocer y aceptar la inevitabilidad del sufrimiento. Los apegos impiden a las personas disfrutar y vivir plenamente el momento presente. Muchos de nosotros, occidentales, deseamos encontrar ese lugar ideal y quizás nos preguntemos por qué es tan difícil encontrarlo.

Mientras buscaba material para esta última parte, me topé en internet con la sinopsis de un libro titulado igual que este capítulo. En él se habla del deseo y de la dificultad que tenemos para lograr ese estado de gracia tan anhelado por muchos. A continuación transcribo parte de la sinopsis, como preámbulo para la explicación de por qué nos cuesta tanto trabajo integrar nuestro ser espiritual en nuestra vida ordinaria:

> La proliferación de las enseñanzas espirituales y de todo tipo de disciplinas, literatura y demás parafernalia que abunda hoy en día, hace que sea muy fácil que las personas crean que se encuentran en el "camino a la iluminación". El abuso de la terminología propia de lo "espiritual", ha llevado a Eliezer Soebel a escribir un libro brutalmente honesto *Why I Am Not Enlightened*, en el que examina, desde su propia experiencia de 30 años buscando "la iluminación", los requerimientos de una práctica espiritual sincera. La conclusión a la que llega es desgarradora: en realidad no quería iluminarme. No lo quería yo ni la mayoría de todas las personas que sueñan o ansían este mítico despertar. Iluminarse requiere de un compromiso y una decisión total, sin medias tintas, que simplemente muy pocas personas tienen. Soebel relata una parábola que ilustra poderosamente por qué nos cuesta tanto trabajo alcanzar la iluminación.
>
> *Un hombre se acerca a un maestro zen y le pide que le muestre el sendero a la iluminación. El maestro responde, "Bien, sígueme", se levanta y lleva al hombre a un río cercano y dentro del agua. Sin previo aviso, el maestro lo somete con la cabeza debajo del agua y la sostiene ahí mientras el hombre lucha violentamente por su vida, hasta que está a punto de morir. Finalmente el maestro saca la cabeza del hombre, buscando desesperadamente el aliento, y le dice, "Cuando quieras iluminarte tanto como querías respirar justo ahora, entonces regresa a verme".*
>
> El mensaje es muy claro. La iluminación no es algo casual que puede ocurrirle a cualquier turista espiritual, solo porque toma sustancias psicodélicas, hace yoga, canta mantras o tiene pensamientos positivos. Es algo que quizás podría ocurrir, pero solo para aquellos que están dispuestos a sacrificarlo todo, incluyendo la vida misma. Si bien esto explica por qué no nos hemos iluminado, también abre la posibilidad de relajarnos y disfrutar la vida, el aire, la familia, los amigos. Sin esa falsa presión de pretender ser o querer ser un iluminado.[1]

Los grandes maestros de todas las tradiciones están de acuerdo en que lo esencial para lograr la iluminación es dominar un camino,

---

[1] Ramon Mortera, "¿Por qué no alcanzarás la iluminación?", 15 de diciembre de 2015. Disponible en: http://mmortera.blogspot.mx/

una senda hacia la verdad, siguiendo una tradición o religión con toda la mente y todo el corazón hasta el final del viaje espiritual, y al mismo tiempo mostrándonos abiertos y respetuosos con todas las demás religiones y tradiciones. Para Sogyal Rimpoché, lo importante es no dejarse atrapar por lo que en Occidente está por todas partes: la "mentalidad de ir de compras". Es decir, ir de compras de maestro en maestro, de enseñanza en enseñanza, sin la menor continuidad y sin una auténtica dedicación sostenida en ninguna disciplina. Lo que está de moda es mantener todas las opciones abiertas y no comprometernos con ninguna en concreto. Esto es uno de los mayores y más peligrosos engaños de nuestra cultura, y una de las maneras más eficaces en que el ego sabotea nuestra búsqueda espiritual.[2]

Yo creo que nosotros —simples mortales apegados a nuestros afectos de pareja, hijos, familia, amigos, trabajo y comodidades— podemos empezar por aprender a domesticar nuestra mente, a silenciar a la loca de la casa, para lograr suficientes dosis de satisfacción, autoaceptación, paz interior, comunión con nuestros semejantes y conciencia de ser parte de este universo abundante, ordenado y perfecto. Como decía mi muy querido amigo y director espiritual, que en paz descanse, Guillermo Silva Corcuera S.J., "suficiente es plenitud". Te estaré agradecida por siempre, Guillermo, por tus sencillas y profundas enseñanzas.

I. OBSTÁCULOS PARA SER DUEÑO DE TU MENTE

Entonces, ya no pensemos en alcanzar la iluminación, simplemente en comprender por qué nos cuesta tanto trabajo lograr y mantener un estado de paz mental. Hay tres aspectos que me parecen centrales para entender las dificultades con las que nos tropezamos reiteradamente cuando intentamos domesticar nuestra mente: la dificultad de mantener la mente en presente, la identificación con el ego y la conciencia de separación o dualidad.

---

[2] Sogyal Rimpoché, *El libro tibetano de la vida y de la muerte*, Barcelona, Urano, 1994.

La dificultad de mantener la mente en presente

Cierra un momento el libro y por diez segundos trata de concentrarte en sentir alguna parte de tu cuerpo. No le preguntes a tu mente porque te responderá diciendo "no siento absolutamente nada" o "¡qué aburrido! Necesito cosas interesantes en las cuales pensar". Únicamente trata de sentir la energía que corre por tus brazos, manos o piernas. Te vas a dar cuenta de que ni siquiera por algunos segundos podemos mantener la atención de la mente en presente. Te acuerdas de aquella famosa frase de John Lennon que dice "la vida es aquello que te está sucediendo, mientras estás ocupado en otros planes".[3] Pues así es como vivimos la mayoría de las personas: recordando o anticipando, pero casi nunca nos mantenemos en el momento presente.

Investigaciones recientes han concluido que las personas pasamos más de la mitad del tiempo pensando en algo distinto a lo que estamos haciendo, y que somos más infelices cuando nuestros pensamientos están fuera de la realidad presente. Como vimos en el capítulo 4, la mente humana es una mente que deambula, y una mente que deambula es una mente infeliz. A estas conclusiones llegó un estudio encabezado por los investigadores Matthew Killingsworth y Daniel Gilbert,[4] de la Universidad de Harvard, que fue publicado en la revista *Science*. Es decir que divagar, ir constantemente de un pensamiento a otro, de pasado a futuro, y viceversa, es el mejor indicador de que en ese momento no nos sentimos bien, que somos infelices.

El origen del sufrimiento humano se basa en la actividad incesante de la mente. Atrapados en este mundo de ideas, somos incapaces de disfrutar el aquí y el ahora. La mente no para de producir pensamientos, siempre está en movimiento. Viaja al pasado para recorrer una y otra vez aquellos eventos traumáticos donde nos quedamos atorados, recordando el dolor y repasando diálogos interminables de

---

[3] En la canción "The Beautiful Boy (Darling Boy)" del disco *Double Fantasy*: "Life is what happens to you while you're busy making other plans". http://quoteinvestigator.com/2012/05/06/other-plans/

[4] M.A. Killingsworth y D.T. Gilbert, "Awandering Mind is an Unhappy Mind", en *Science*, 330, p. 932.

lo que podríamos haber hecho y lo que deberíamos haber dicho. Si no estamos rebuscando en los archivos del pasado, estamos planeando el futuro dentro de los parámetros de lo que ya hemos vivido. La mente no tiene la posibilidad de aceptar algo diferente a lo que ya conoce, ni tampoco consigue manipular lo que vendrá para complacer nuestros deseos.[5] Por lo tanto, nuestros sentimientos están condicionados por los pensamientos de pasado y futuro.

Todas las manifestaciones de falta de perdón en nosotros —como el odio, el resentimiento, la queja, los juicios, la crítica negativa o el remordimiento— están conectadas con experiencias del pasado. Todo disfraz del miedo —como estar ansiosos, estresados, preocupados o incómodos— está atado a una firme mirada hacia el futuro; es decir, estamos alejados del presente, del aquí y el ahora.[6] En este proceso de ir y venir del pasado al futuro, perdemos la salud y la alegría, y el mundo se vuelve una pantalla gris y desabrida.

Eckhart Tolle llama a esta identificación con el pasado y a la continua proyección compulsiva hacia el futuro, el *tiempo psicológico*. Vivimos de forma compulsiva y casi exclusivamente mediante el recuerdo y la anticipación. Esta compulsión surge porque el pasado nos da identidad y el futuro contiene una promesa de salvación, de algún tipo de realización. Ambas son ilusiones. Cuanto más nos enfocamos en el tiempo —pasado y futuro—, más perdemos el ahora, lo más precioso que hay. ¿Por qué es lo más precioso? En primer lugar porque es lo único que hay. El eterno presente es el espacio en donde se despliega la vida, es el único factor que permanece constante. La vida es ahora. Nada ocurrió nunca en el pasado; ocurrió en el ahora. Nada ocurrirá nunca en el futuro; ocurrirá en el ahora. El ahora es la llave de entrada a la dimensión espiritual.[7] Para entender por qué nos cuesta tanto trabajo vivir el presente, es necesario comprender la naturaleza del ego.

---

[5] E. Tolle, *El poder del ahora*, México, Norma, 2000.
[6] *Ibidem*, p. 55.
[7] E. Tolle, *Practicando el poder del ahora*, Buenos Aires, Gaia, 2001.

La identificación con el ego

La segunda dificultad para domesticar la mente es la identificación con la misma mente que produce un falso ser, el ego. Jung utiliza este término para referirse a la organización de la mente ordinaria. El ego se compone de percepciones, recuerdos, pensamientos y sentimientos conscientes. Si bien el ego constituye apenas una porción del psiquismo total, cumple la función de filtrar la entrada a la conciencia. Cada día vivimos una gran cantidad de experiencias, la mayoría de las cuales no se tornan conscientes porque el ego las filtra.[8] Descartes, desde el siglo XVII, sin duda se dio cuenta de que las personas pensamos constantemente; de manera que concluyó su tan famosa frase "Pienso, luego existo", como si el pensamiento fuera sinónimo del Ser. En lugar de descubrir el hilo negro, encontró la raíz del ego, aunque él nunca lo supo.[9]

La mente en sí no es disfuncional. Sería una herramienta maravillosa si la usáramos como tal, como una herramienta; la disfunción se establece cuando nos identificamos con ella y la confundimos con nuestro verdadero ser, sintiéndonos separados del Todo. El ego es la mente no observada. Hablando en términos espirituales, es el estado de inconciencia. Es ese torrente incesante de pensamientos involuntarios y compulsivos, esa voz de la mente con la que la mayoría de las personas nos identificamos, así como las intensas emociones que la acompañan. El contenido del ego varía de una persona a otra, pero en todas opera la misma estructura. En el fondo todos los egos son iguales. ¿En qué sentido son iguales? En que viven de la identificación y la separación.

La palabra *identificación* viene del latín *idem* que significa 'igual', y de *facere*, que significa 'hacer'. Así, cuando nos identificamos con algo, lo convertimos en parte de nuestra identidad. El juguete "mío" de la infancia se convierte en la ropa, el automóvil, la casa, la apariencia

---

[8] C.S. Hall, *Conceptos fundamentales de la psicología de Jung*, Vernon J. Nordby, 1977.

[9] E. Tolle, *Una nueva tierra. Un despertar al propósito de la vida*, Bogotá, Norma, 2005.

física, la belleza, el vigor, etcétera. La identificación del ego con esta clase de cosas, da lugar al apego y a la obsesión. El deseo incontrolado de tener más o de poseer un cuerpo perfecto es una disfunción y una enfermedad. Cuando perdemos la capacidad de sentir esa energía de vida que fluye en todos y en todo, lo más seguro es que tratemos de llenar nuestra existencia con cosas. Para el ego, *tener* es lo mismo que *ser*: tengo, luego existo, y mientras más tengo más soy. El ego vive a través de la comparación, la forma en que los otros nos ven se convierte en el espejo que nos dice cómo y quiénes somos. Una de las maneras en que podemos autodiagnosticar cómo se encuentra nuestra vida espiritual es revisando honestamente si nuestro sentido de valía está ligado a las posesiones, a nuestra apariencia física o a los conocimientos que poseemos. Pensar que tenemos la razón mientras que los demás están equivocados también es una de las principales manifestaciones de inconciencia del ego.

La otra característica fundamental del ego es la separación, que se manifiesta a través de la queja, el resentimiento y el creer tener la razón. El hábito compulsivo de encontrar fallas en los demás, de ponerles rótulos negativos y de renegar de ellos es una de las estrategias predilectas del ego para fortalecerse. Algunas veces, una pequeña falla la exageramos hasta el punto de excluir todo lo positivo, y en ocasiones la "falla" que percibimos en la otra persona ni siquiera existe. Es una interpretación equivocada o una proyección de nuestra mente condicionada para ver defectos en los demás y elevarnos por encima de ellos. Cuando somos presa de esta clase de ego, constantemente nos lamentamos por lo que hacen o dicen los demás. Al ego le encanta quejarse y resentirse, no solamente con respecto a otras personas sino también a las situaciones. Así como podemos hacerlo con las personas, también somos capaces de convertir en enemiga a una situación. La implicación siempre es "Esto no debería estar sucediendo. No quiero estar aquí. Es una injusticia conmigo". Por supuesto, el peor enemigo del ego es el momento presente, es decir, la vida misma. Por el contrario, no hay nada que fortalezca más al ego que tener la razón. Tener la razón es identificarse con una posición mental, un punto de vista, una opinión, un juicio o una historia. Claro está que para tener la razón es necesario que alguien más esté en el error. En otras palabras, necesitamos que otros estén equivocados a fin de sentir fortalecido nuestro ser. Cuando tenemos la razón nos ubicamos en una posición imaginada de superioridad moral con respecto a la persona o a la situación que juzgamos, y esta sensación de superioridad es la que el ego ansía y la que le sirve para engrandecerse.[10]

● Como el ego está orientado hacia afuera, busca la felicidad en valores externos como riqueza, poder y el disfrute de los sentidos. En su implacable búsqueda de la felicidad, el ego ama cosas materiales, así como personas que le puedan ofrecer placer, y si no lo consigue, en su lugar desarrolla una aversión. El amor del ego no es un amor verdadero, es solo apego. Si la persona adulta funciona exclusivamente a través de su ego, estará profundamente insatisfecha, con apegos vacíos a cosas externas.

Pero no veamos al ego solo como un enemigo de nuestra dimensión espiritual, el ego no es malo, sencillamente es inconsciente.[11] Sin él hubiera sido imposible sobrevivir y adaptarnos al mundo. Más bien hay que entender cómo se formó y para qué nos ha servido. Al momento de nacer empezamos a funcionar entre un eje de opuestos; al principio solo respondíamos a un continuo entre agradable/desagradable, dependiendo de nuestra condición física. *Agradable* cuando mamá satisfacía las necesidades de alimento, contacto, arrullo y limpieza, y *desagradable* cuando no había una respuesta pronta a nuestro llanto o no sentíamos satisfechas nuestras necesidades básicas. Las primeras manifestaciones de que el ego se empezaba a estructurar se presentaron alrededor de los tres meses, cuando emergieron las primeras sonrisas sociales al escuchar la voz de mamá, papá o algún conocido; otra manifestación se dio alrededor de los nueve meses, cuando apareció la angustia de separación si mamá no estaba o al estar frente a un desconocido. Y fue hasta los 18 meses o los 2 años cuando nuestra identidad yoica, o conciencia del yo, se terminó de formar, justo en la etapa del *no* y del control de esfínteres. Para que el proceso

---

[10] *Ibidem*, pp. 38-60.
[11] *Ibidem*.

de individualización pudiera avanzar, fue necesario lograr que el ego nos permitiera tener una mayor cantidad y variedad de experiencias cada vez más conscientes.[12]

Desde nuestra primera infancia, aunque no la recodemos, aprendimos a percibir la aprobación cálida y amorosa de nuestros padres cuando les agradaba nuestro comportamiento; o su decepción, incluso rechazo, cuando nuestra conducta no era de su agrado. Aunque no éramos conscientes de las sutiles diferencias en sus reacciones, registramos que una era preferible a otra.

Pero para entender mejor el papel que desempeña el ego en nuestra vida, tenemos que relacionar estas etapas de formación con las funciones de separar, *dualizar*, excluir, controlar y fijar, que lo caracterizan. Vamos a ver cómo se da cada una.

Como se mencionó unos párrafos atrás, desde el momento de nuestro nacimiento comenzamos a detectar los estados agradables y desagradables de acuerdo con la satisfacción o insatisfacción de nuestras necesidades. Es aquí donde empieza a tomar fuerza la primera función del ego. *Separamos* entre mamá buena, la que atiende solícitamente nuestras necesidades, y mamá mala, la que se demora o no cumple cabalmente con nuestras demandas. Esta separación produce soledad que se traduce en tristeza.

Una vez que separamos, el siguiente paso es poner a una frente a la otra; esta *dualidad* produce ambivalencia que se traduce en vacío. Ya que establecimos esta dualidad, obviamente queremos *excluir,* alejar de nuestra vida, lo que no nos gusta. Es aquí donde se origina el conflicto entre apego y aversión; lo que me gusta, me sirve, me satisface, de un lado, y lo que no, del lado opuesto. Aquí nace también nuestra sensación de estar incompletos y, cuando no trabajamos en ello, se traduce en angustia.

Cuando logramos excluir de nuestra vida lo que consideramos desagradable, queremos *controlar* la parte agradable, que sentimos propia; es entonces cuando aparece el sentido de propiedad, lo "mío", la identificación con cosas, características o personas que sentimos

---

[12] C.S. Hall, *Conceptos fundamentales…*

nuestras, y cuando la realidad nos enfrenta con la imposibilidad de controlarlas, sentimos una gran impotencia que se trastoca en miedo. La mayoría de nuestros temores respecto al futuro tienen su origen en esta incapacidad de controlar a las personas o los acontecimientos que pensamos necesarios o indispensables para nuestra vida. Por último, una vez que hemos sentido la falacia del control, no queremos que las cosas cambien, así que la última función del ego es *fijar*: que se queden las cosas como están, que no cambien nunca. El "se casaron y fueron muy felices" es una de tantas frases que expresan este deseo infantil de control, y que han causado una gran frustración, ya que no podemos fijar nada: lo único que tenemos seguro en esta vida es el cambio. Esta frustración por no poder mantener las cosas o a las personas como queremos nos produce un gran enojo. Todos los seres humanos pasamos por estas etapas y experimentamos estas funciones:

FUNCIONES	LO QUE PRODUCE	EN LO QUE SE TRADUCE
Separar	Soledad	Tristeza
Dualizar	Ambivalencia	Vacío
Excluir	Incompletitud	Angustia
Controlar	Impotencia	Miedo
Fijar	Frustración	Enojo

Pero ¿cuál es el sentido del ego? Sin el ego no seríamos capaces de experimentar la dualidad, y sin la experiencia de la dualidad jamás hubiéramos buscado saber quiénes somos. El ego, entonces, es necesario para nuestro crecimiento espiritual, para ampliar nuestro nivel de conciencia, y a pesar de que es la raíz de todo el sufrimiento que alguna vez ha ocurrido en el mundo, esta ilusión de la dualidad nos permite crear y explorar nuestro propio libre albedrío. Sin la experiencia de la dualidad, no tendríamos la necesidad de buscar la unión o el *self*, que es nuestra verdadera esencia, la misión última de nuestra vida. Así que el ego, si lo entendemos y lo domesticamos, puede ser un maestro al que hay que superar y trascender.

La conciencia de separación o dualidad

Vivimos inmersos en un mundo dual: bueno/malo, día/noche, calor/frío, luz/obscuridad, sol/luna, hombre/mujer, blanco/negro, correcto/incorrecto. Los polos de un imán, como los polos del campo magnético de la tierra, tienen características opuestas, uno es negativo y otro es positivo; sin embargo, se necesitan uno al otro para existir. La tierra no tendría la forma que conocemos si el Polo Sur o el Polo Norte se desvanecieran. Estos puntos polares dan lugar a un enorme campo magnético que polariza todo, incluyendo nuestros cuerpos y nuestras mentes. No podemos escapar a la dualidad de la vida. Este es precisamente el tercer problema para domesticar la mente: la dinámica propia del dualismo. Ella nos impide ver las cosas de una manera objetiva, tal y como son en la experiencia real, porque nuestra propia visión está impregnada de juicios de atracción o rechazo. La palabra *juicio* significa que hay alguien o algo que es mejor o peor en comparación con alguien o algo más.

Esos juicios que iniciaron en nuestra tierna infancia con la primera función del ego que consiste en separar entre agradable/desagradable, de adultos se generalizan a todas las áreas de nuestra vida. Nos volvemos máquinas de hacer juicios. Hacemos juicios sobre nosotros mismos, que repercuten en nuestra autoestima y sobre el mundo que nos rodea, creando así nuestra muy particular interpretación de la realidad. Todos los juicios que hacemos son el resultado de los mensajes y opiniones arraigados en nuestra mente desde el comienzo de nuestra vida. Estamos adoctrinados en la creencia de que cualquier cosa que sea "mejor" debería ser bienvenida o aceptada, mientras que cualquier cosa que sea "peor" debería ser evitada o descartada.

Hemos vivido en un mundo de juicios a lo largo de toda la historia de la humanidad. Todas las guerras y los conflictos pasados y actuales provienen de la incapacidad de los seres humanos para aceptar a los demás del modo exacto en que son, con todas sus diferencias únicas, con sus fallas y sus aciertos. Cualquier clase de problema que la raza humana afronte —roces por las religiones, las creencias, la política, las razas, la injusticia, etc.— tiene su origen en la conciencia de separación; esto es, el sentido de separación de nuestro ser espiritual de las leyes de la naturaleza, la tierra y sus habitantes. Percibimos al mundo como si estuviera separado de nosotros, pero eso es una ilusión creada por el ego, por nuestros propios juicios. El juicio puede tomar cualquier forma e intensidad, pero en todos los casos implica separación.

No obstante, la separación creada por el ego nos da la oportunidad de explorar todos los pormenores de la dualidad: lo bueno y lo malo, lo correcto y lo incorrecto, la abundancia y la pobreza. Con nuestra conciencia dividida, es imposible ver a los opuestos como igualmente importantes y valiosos. Una cosa debe ser peor o mejor que otra. Sin embargo, a pesar de que la dualidad es la raíz de todo sufrimiento, experimentar estos contrastes de la dualidad nos permite descubrir quiénes somos en realidad. De hecho, solo podremos ser capaces de vencer nuestros juicios equivocados si sentimos en carne propia lo que significa juzgar y ser juzgados, y si además nos damos cuenta de que la fuente común de todos los opuestos yace dentro de nosotros.

Evolucionamos cuando nos sumergimos en la división, la separación que conforma la dualidad, y descubrimos el puente que conecta todos los opuestos y armoniza todas las diferencias. Ese puente es el amor y la aceptación, y solo se puede llegar a él a través del silencio interior, callando a la loca de la casa que no para de hacer juicios. Una vez creado ese puente, la evolución tiene lugar. Aquí empieza la búsqueda de una realidad superior. El propósito del ego es llevarnos ahí, al campo invisible de la conciencia, a la reunión de los opuestos: mente ordinaria y naturaleza de la mente, yo superficial y yo profundo, ego y self. No importa cómo lo llamemos, este campo invisible es el punto central donde los opuestos se encuentran y se convierten en uno. Aquí es donde emerge nuestro ser espiritual. Cuando logremos trascender nuestro ego, agradeceremos sus funciones que nos permitieron entender la razón de ser de la dualidad. Convirtiendo la separación en unión, la dualidad en síntesis, la exclusión en inclusión y el control en aceptación, entenderemos que el deseo de fijar las cosas es una utopía y aprenderemos a fluir, flojitos y cooperando, confiando en nuestra sabiduría interior.

EGO	LO QUE PRODUCE	EN LO QUE SE TRADUCE	CONCIENCIA
Separa	Soledad	Tristeza	Unión
Dualiza	Ambivalencia	Vacío	Síntesis
Excluye	Incompletitud	Angustia	Inclusión
Controla	Impotencia	Miedo	Aceptación
Fija	Frustración	Enojo	Fluidez

Por lo tanto, domesticar la mente significa dejar de hacer juicios sobre nosotros y sobre los demás. Cuando logremos, con tenacidad y disciplina, desidentificarnos de nuestra mente, podremos ser y vivir sin juicio, nos situaremos en la presencia eterna del *ahora*[13] y aceptaremos lo que nos toca vivir en cada momento como lo ideal y perfecto. Sin nada que avale la comparación, nada es mejor y nada es peor. Todo es visto como único y legítimo. Es lo que es y es perfecto, de lo contrario no sería. Por supuesto, esto requiere confiar en una Inteligencia Superior que sabe lo que es mejor para nosotros y lo que necesitamos en cada momento para caminar hacia el cumplimiento de nuestras aspiraciones en la vida y hacia una realidad transpersonal.

2. SOMOS CREADORES DE NUESTRA PROPIA REALIDAD

Los retos que encontramos en nuestras vidas básicamente ocurren en cuatro grandes áreas: relaciones, salud, abundancia y autoestima. Aunque todas ellas están relacionadas unas con otras, cada una parece impactarnos en una forma única. Un corazón destrozado, una

---

[13] E. Tolle, *El poder del ahora...*

enfermedad repentina, la pérdida de dinero o haber sido despreciado por alguien, inevitablemente nos lleva a preguntarnos "¿por qué me pasa esto a mí?". La respuesta a esta pregunta nos mete en una espiral de vueltas y curvas interminables y no nos lleva a ninguna conclusión satisfactoria. Sin embargo, cuando finalmente dejamos de buscar respuestas a nuestros problemas, empezamos a darnos cuenta de que nada tiene significado, salvo el que nosotros le hemos dado.

> Yo siempre he pensado que hay una realidad absoluta, pero es muy difícil definirla ya que cada uno de nosotros la experimentamos de forma diferente. Hay tantas realidades como personas en el planeta. "Cada cabeza es un mundo", como decía mi mamá. Todo aquello en lo que ponemos nuestra atención se convierte en nuestra realidad. Esta ley es inviolable. Obtenemos exactamente eso en lo cual nos concentramos.

El antiguo proverbio que dice "Como un hombre piensa en su corazón, así es él"[14] significa que somos exactamente de la manera que pensamos. Somos nuestra propia creación. Si creemos que el mundo es bello, es porque así nos sentimos por dentro, mas si pensamos que el mundo es un lugar desquiciante, esta percepción emana de nuestro interior. La esencia de nuestro cuerpo psíquico —pensamientos, sentimientos y conductas— es la herramienta más íntima que utilizamos para construir nuestra propia realidad. Si dejamos las comparaciones y los juicios de lado, nos daremos cuenta de que no está sucediéndonos ninguna cosa "mala" ni "buena". Somos nosotros los que atraemos y creamos todo lo que experimentamos y, a continuación, le damos a cada cosa un significado. Cuando decimos que nos pasó algo malo, hemos creado algo que parece herirnos o dañarnos. Si lo vemos como algo bueno, lo hicimos útil y beneficioso para nosotros.

De cualquier modo, aprendemos a convertirnos en maestros de nuestros destinos como humanos. La manera de juzgar las cosas refleja cómo estamos por dentro. Nosotros mismos hemos orquestado esta herramienta de aprendizaje para volver a ser conscientes de nuestro

---

[14] Proverbios 23:7.

ser espiritual. Es el momento de comenzar a dirigir nuestra mente de una manera sabia y crear realidades que sean dignas de quienes somos realmente. En la medida en que nos acerquemos a esa realidad absoluta, notaremos una mayor congruencia entre lo que pensamos, sentimos y actuamos, que se reflejará en una profunda paz interior.

3. PRÁCTICAS PARA SILENCIAR LA MENTE Y CONTACTAR CON NUESTRO SER ESPIRITUAL

Ejercicio

Para empezar a dirigir nuestra mente y con el propósito de llegar a obtener beneficios de la meditación, he tomado y adaptado algunas sugerencias que Wayne W. Dyer,[15] doctor en Psicología y autor de muchos libros de motivación y autoayuda, nos ofrece para nuestra práctica diaria. Esta es una síntesis de las que considero más importantes:

No juzgues: Si ves que alguien es muy diferente a ti, utiliza tu mente para transmitirle amor y no censura.

Intenta apartar a todos los enemigos de tus pensamientos: El odio es un veneno que mata lentamente al que lo siente y es un reflejo de tu interior.

Procura ayudar cada día a otras personas y no se lo digas a nadie: Tan solo una pequeña ayuda o amor entregado a otra persona, sin pensar en recibir nada a cambio, te pondrá en el sendero de la conciencia superior.

Aumenta tu conciencia interior: Percibe al yo observador que está detrás de tus pensamientos —tu sabiduría interior, tu Guía Sabio— y siéntete parte de este universo abundante, ordenado y perfecto.

---

[15] W.W. Dyer, *Tus zonas sagradas: Decídete a ser libre,* México, Grijalbo, 1996.

Tómate tiempo para apreciar la naturaleza: Una puesta de sol, un pájaro, una flor. Hay energía en todas las cosas y seres. La forma en que recibes esta energía invisible es mediante la apreciación de las maravillas de nuestro universo.

Trata de ver el lado positivo: Acostumbra a tu mente a elegir ver el lado amable de las cosas, las personas y las experiencias que llegan a tu vida.

Intensifica tu agradecimiento: Expresar gratitud por las pequeñas y grandes cosas de la vida mejora tu salud, tus relaciones y tu paz interior.

Mantén constantes conversaciones con Dios y con tus seres espirituales: Siente su presencia en tu vida. En lugar de pedirle favores, afirma tu voluntad de utilizar toda su fuerza para crear soluciones.

Dedícale un rato diario al silencio: Aléjate del ruido, las presiones y el bullicio de tu vida durante treinta minutos al día. Puedes relajarte, meditar o simplemente tratar de enfocar tu mente en algo positivo.

Si estamos cuidando nuestro cuerpo físico, observando y dirigiendo nuestros pensamientos y sentimientos y nos proponemos a trabajar diariamente en estos aspectos, ya estamos entrando con mayor conciencia en nuestra habitación espiritual. Como dice el proverbio indio, ya podemos considerarnos personas completas.

¿Qué se experimenta cuando decidimos mirar hacia el interior y vivir desde nuestro ser espiritual?

Un proverbio zen dice: "Continuaremos cortando leña y acarreando agua". Sin embargo, la comunicación con nuestra conciencia superior nos llevará a vivir los siguientes cambios como parte de nuestra vida diaria:

- SE INTENSIFICA EL SIGNIFICADO DE LA CONCIENCIA. Nos damos cuenta de que vivimos en un sistema inteligente en donde no existen los accidentes ni las coincidencias. "Todo se acomoda y es perfecto".

- SE DESCUBRE LA EXISTENCIA DE UNA FUENTE UNIVERSAL DE ENERGÍA. La fe se intensifica y se convierte en parte de nuestra vida diaria. Desarrollamos un profundo conocimiento sobre la energía divina y la capacidad para acceder a ella.

- SE PIDE Y ACEPTA LA GUÍA DE DIOS. Nos sentimos profundamente amados. El miedo inmovilizador disminuye. Todo parece ser como debe ser, a pesar de que podamos no entenderlo.

- SE SIENTE UNA CONEXIÓN CON TODOS Y CON TODO. La esencia o fuerza vital que fluye a través de nosotros fluye a través de todo. Cualquier cosa que es destructiva para nosotros es destructiva para todos.

- YA NO SE JUZGA A DIOS. Entendemos y aceptamos que los huracanes, los terremotos, las muertes accidentales, el delito y la pobreza son parte de este plan divino, de la misma forma que lo son los días soleados, los mares en calma y la plácida muerte.

- SE PASA DE ADQUIRIR A COMPARTIR. Necesitamos menos y compartimos más. Lo paradójico es que la abundancia comienza a fluir a nuestra vida.

- SE VIVE DE MANERA MÁS AUTÉNTICA. Se aceptan los errores del pasado como grandes lecciones de vida y actuamos en congruencia con nuestras convicciones. Nos aceptamos incondicionalmente con nuestros errores y aciertos.

- DEJAMOS DE JUZGAR. Lo que nos molestaba de alguien se convierte en un reflejo nuestro. Como decía Jung, "Todo lo que nos irrita de los demás puede conducirnos a un entendimiento de nosotros mismos". En pocas palabras "lo que te choca, te checa".

- SE VIVE DE UNA MANERA POSITIVA Y ALEGRE. La alegría es un estado de gracia, derivada de la convicción de tener un propósito. Es una conexión con la verdad universal, con Dios.

- SE ENCUENTRA UNA GRAN FUERZA EN EL SILENCIO. Descubrimos que en el silencio de la oración y la meditación encontramos la guía y las respuestas que necesitamos.[16]

4. EL TERMÓMETRO ES LA PAZ

Cada uno de nosotros tenemos la opción de utilizar la poderosa herramienta de la atención y dirigirla hacia cosas bellas y productivas, sintiéndonos felices y ennoblecidos. O, por el contrario, podemos poner nuestra energía en cosas o situaciones que consideramos perjudiciales o dañinas, manifestando esas dificultades exactas en nuestra vida. Quizás te estés preguntando cómo saber si es tu ego o tu ser espiritual el que decide. Es fácil descubrirlo: *el termómetro es la paz.* En todos los momentos de nuestra vida tenemos la opción de escoger cómo queremos responder ante los eventos que a diario se nos presentan. Ese es nuestro gran regalo como humanos, el *libre albedrío.* Nuestro ego cree que vivir en el estrés y la ansiedad es lo que necesitamos para continuar con vida. Nos convence de que necesitamos vivir con los nervios de punta para desarrollarnos y ser "importantes". Nuestro ser espiritual, al contrario, nos impulsa a resolver siempre los conflictos desde la serenidad y la armonía. Convendría preguntarnos en cada toma de decisiones "¿Esto me trae paz o me genera ansiedad?". Si la respuesta es paz, confiemos en que nuestro yo profundo está trabajando para nuestro beneficio y que nos va a inspirar qué pensar, qué sentir, qué decir y cómo actuar. Recuerda siempre que el termómetro es la paz y que la única paz del mundo viene de Dios. San Pablo lo expresa con estas palabras: "Que la paz de Cristo actúe de árbitro en su corazón".[17]

---

[16] *Ibidem*, pp. 28-33.
[17] Colosenses 3, 15.

Cuando logramos un balance positivo a favor de la paz en nuestra mente y nuestro corazón, empezamos la búsqueda de una realidad superior. En ese lugar espiritual, muy dentro de cada ser humano, es en donde no se conoce la diferencia entre bueno y malo, correcto e incorrecto, luz y obscuridad. Abrazando los valores opuestos de la vida *una*, sabemos que ambos son igualmente valiosos y significativos para nuestra evolución personal y para la evolución de la humanidad y del planeta.

Estamos viviendo un tiempo de máximo renacimiento espiritual como jamás se había atestiguado. Un tiempo de síntesis, como explica Javier Melloni, que está emergiendo como la oportunidad de integrar los opuestos: lo sagrado y lo profano, el Dios personal y el Dios transpersonal, la ciencia y la espiritualidad, la tecnología y la ecología, la capacidad crítica y la actitud admirativa. La existencia humana está hecha de actividad y de pasividad, de palabras y de silencios, de masculinidad (Yang) y de feminidad (Yin), de razones y de contradicciones. Oriente y Occidente representan dos maneras de estar en el mundo que se complementan y se necesitan, tal como lo hacen el hemisferio cerebral derecho y el izquierdo. Ya no es posible comprendernos aisladamente. Necesitamos recurrir al bagaje de las diferentes sabidurías y corrientes espirituales para avanzar juntos como seres humanos y para crecer en la conciencia planetaria.[18]

---

[18] J. Melloni, *Hacia un tiempo de síntesis*, Barcelona, Fragmenta Editorial, 2013.

Técnicas de meditación IX

U na vez que contactamos con nuestra dimensión espiritual, nos damos cuenta de que, para disminuir los conflictos externos y conseguir la tan anhelada paz en el mundo, primero es necesario serenar nuestros conflictos internos y encontrar la paz en nuestra mente. Solo así nos volveremos más alegres, responsables y capaces de ayudar a otros seres humanos y al mundo. Y para serenar la mente, lo primero que tenemos que hacer es conocerla, observar cómo funciona. Para ello, las técnicas de meditación son una gran herramienta. La meditación es un ejercicio que nos permite observar el contenido de nuestra mente cuando esta toma la forma de pensamientos, sensaciones y emociones. Observar la procesión de pensamientos que desfilan cada instante por nuestra mente nos puede dar una idea de cómo es esta. El contenido de la mente no es solo lo que percibimos, sino también el modo en que lo hacemos. Si no logramos prestar atención, aunque sea por breves momentos, al torrente de pensamientos que cruzan por nuestra mente, nunca conseguiremos domesticarla.

Desde hace algunos años, las técnicas de meditación han experimentado un resurgimiento secular gracias al actual interés por la salud integral del ser humano. Este interés ha sacado a la luz las enseñanzas místicas y transformadoras de las grandes tradiciones religiosas y las ha acercado no solo a las terapias físicas, psicológicas o a las sesiones de *coaching*, sino también a las reuniones creativas de grandes empresas, a los campos de entrenamiento deportivo, a los vestuarios de los teatros, a las escuelas, a las universidades... En fin, en casi todos los ámbitos hay un gran interés por aprender las técnicas de meditación, para lograr callar a la loca de la casa, mantener a la mente concentrada en una tarea, ser más creativos y obtener paz interior.

Practicar la meditación ofrece grandes beneficios en todas las áreas de nuestra vida, ya que nos contacta con este lugar interior de paz. Si lo viéramos así, no tendríamos excusas para no meditar. Sin embargo, además de los obstáculos para domesticar la mente que vimos en el capítulo anterior, nos enfrentamos con la adicción a vivir de prisa, con la disculpa del "no tengo tiempo" y con la flojera de dedicarle veinte minutos o media hora diaria a la meditación, en vez de hacer cosas "más interesantes" para nuestra mente. Como vez, no es fácil lograrlo, hay muchas cosas que nos estorban, nos distraen y nos impiden contactar con este lugar tan deseado de paz que habita dentro de cada uno de nosotros. La meditación es un camino para conseguirlo.

I. ¿QUÉ ES LA MEDITACIÓN?

Mucha gente piensa que la meditación es una actividad especial, misteriosa o exclusiva para un grupo reducido de místicos devotos o monjes orientales; otros creen que si practicamos la meditación, nos vamos a volver como zombis o narcisos centrados en nosotros mismos, sin pensar en los demás. Nada más alejado de la realidad. La meditación consiste simplemente en ser nosotros mismos, teniendo un conocimiento más profundo acerca de quiénes somos. Consiste en parar y estar presentes, eso es todo.

Hay varias maneras de explicar la meditación:

- Meditar es una forma de acallar los ruidos que distraen nuestra atención y nos roban la energía constantemente.

- Es el camino para aquietar y silenciar las maquinaciones de nuestra mente complicada.

- Es restaurar el estado de nuestra verdadera naturaleza interior para vivir en armonía.

- Meditar nos da la experiencia de serenidad y concentración esenciales para la construcción de una auténtica autoestima y para afianzar la confianza en uno mismo y en los demás.

No es un modo de escapar de la realidad como piensan algunos; al contrario, su objetivo es permitirnos ver la realidad tal como es, desenmascarando las causas profundas de nuestro sufrimiento y despejando nuestra confusión mental. Básicamente consiste en regresar tantas veces como sea necesario a la experiencia más inmediata de la realidad presente. Podemos decir, en síntesis, que "meditar es el arte de volver a empezar", es decir, conducir una y otra vez, de manera amable y sin juicio, al pensamiento que se extravió del objeto de mi atención.

2. ESTUDIOS CIENTÍFICOS SOBRE LOS EFECTOS DE LA MEDITACIÓN

El cerebro humano es el único que busca relacionarse con lo trascendente, y cada vez aparecen más estudios que muestran cómo el cerebro encuentra una ruta espiritual en la meditación que permite que esta conexión sea posible.

En los últimos 15 años, importantes universidades como las de Princeton, Harvard, Berkeley y la Universidad de Madison, en Wisconsin, al igual que algunos centros en Zúrich y Maastricht, en Europa, están investigando mucho sobre la meditación, así como los efectos que tiene a corto y largo plazo sobre el cerebro. Meditadores experimentados, que en total sumaban entre 10 000 y 60 000 horas de meditación, mostraron que tenían la capacidad de conservar una alta atención, crear estados mentales precisos, bien enfocados, potentes y duraderos, lo cual no encontramos entre los principiantes. Los meditadores expertos son capaces, por ejemplo, de mantener una atención casi perfecta durante 45 minutos sobre una tarea concreta, mientras que la mayoría de la gente no conseguimos aguantar más de cinco o diez minutos a lo mucho, pasados los cuales nos equivocamos con mayor frecuencia.

* Muchos estudios científicos indican que la práctica de la meditación reduce considerablemente los efectos dañinos del estrés sobre la salud,[1] disminuye los riesgos de recaídas entre personas que han padecido por lo menos dos episodios de depresión mayor[2] e incrementa el fortalecimiento del sistema inmunológico y del cultivo de emociones positivas.[3]

Un estudio interesante fue el realizado por el grupo de investigadores liderados por la doctora Sara Lazar,[4] científica investigadora en el Hospital General de Massachusetts. En él compararon las imágenes cerebrales de personas que practicaban meditación con otro grupo perteneciente a un entorno social similar, pero que no practicaba meditación, y encontraron que había un aumento en la cantidad de materia gris de las personas que meditaban, sobre todo en el área de la corteza prefrontal del cerebro, una zona asociada con la memoria y la toma de decisiones, y en el hipocampo, que ayuda en los procesos de regulación de las emociones, el aprendizaje y la memoria. Un dato interesante que se descubrió fue que las personas que padecían de desorden de estrés postraumático y las que padecían depresión tenían menor cantidad de materia gris en esta zona. Los investigadores identificaron también cambios en la zona de la articulación temporoparietal, que es un área del cerebro relacionada a la toma de perspectiva, el desarrollo de la empatía y la compasión. Las formas de meditación que están estudiando Lazar y otros científicos consisten en que el sujeto se centre en una imagen, un sonido o en su respiración. Aunque

---

[1] L.E. Carlson, et al., "Mindfulness-Based Stress Reduction in Relation to Quality of Life, Mood, Symptoms of Stress and Levels of Cortisol, Dehydroepiandrostrone-Sulftate (DHEAS) and Melatonin in Breast and Prostate Cancer Out-patients", en Psy-chosomatic medicine, 62(5), septiembre-octubre, 2000, pp. 613-622.

[2] J.D. Teasdale, et al., "Metacognitive Awareness and Prevention of Relapse in Depression: Empirical Evidence", en Journal of Consulting and Clinical Psychology, vol. 70, núm. 2, 2002, pp. 275-287.

[3] A. Lutz, et al., "Attention Regulation and Monitoring in Meditation", en Trends in Cognitive Science, vol. 12, núm. 4, abril, 2008, pp. 163-169.

[4] S. Lazar, "Mindfulness Meditation Training Changes Brain Structure in Eight Weeks", en Science Daily News, enero, 2011. Disponible en: http://nmr.mgh.harvard.edu/~lazar/publications.html

resulta aparentemente simple, su práctica parece ejercitar las partes del cerebro que nos ayudan a prestar atención. Como afirma Richard Davidson, "La atención es la clave para aprender, y la meditación ayuda a regularla voluntariamente".[5]

La mayoría de las investigaciones muestran que especialmente la zona del cerebro asociada con emociones positivas como la compasión, presenta una actividad considerablemente mayor entre las personas que tienen una larga experiencia en meditación. Esto indica que las cualidades humanas pueden cultivarse de forma deliberada por medio de un entrenamiento mental.[6]

Estas cualidades humanas entrenadas por medio de la meditación fueron demostradas por Richard Davidson en su Laboratorio de Neurociencia Afectiva de la Universidad de Wisconsin. Como vimos en capítulos anteriores, Davidson ha pasado las últimas dos décadas estudiando la plasticidad del cerebro. En 2012 estudió a través de neuroimagen el cerebro de Matthieu Ricard, un científico francés que pasó de biólogo molecular parisino a monje budista en los Himalayas. Observó que su cerebro tiene un exceso de actividad en la corteza prefrontal izquierda —donde se concentran las sensaciones placenteras—, en comparación con la misma región del lado derecho del cerebro. Esto gracias a más de cuarenta años de meditación que modificaron su cerebro y que, según los expertos, lo dotaron de una extraordinaria capacidad para disfrutar la vida y de una menor propensión hacia la negatividad. El estudio del cerebro de Ricard arrojó un nivel de felicidad nunca antes visto. En una escala (que también se aplicó a voluntarios no meditadores) donde 0.3 era muy infeliz y -0.3 era muy feliz, Ricard registró -0.45, desbordando los límites previstos en el estudio y superando todos los registros anteriores. Además, produjo un nivel de ondas gamma vinculadas con actividades mentales del más alto nivel "nunca antes reportado en la literatura de la

---

[5] S. Lazar, "Cómo hacerse más inteligente, con cada inspiración", 30 de octubre de 2008. Disponible en: http://humanismoyconectividad.wordpress.com/tag/sara-lazar/

[6] M. Ricard, *El arte de la meditación,* Barcelona, Urano, 2009.

neurociencia", afirmó Richard Davidson al publicar los resultados.[7] El francés, junto a otros monjes budistas, explota la plasticidad cerebral para alejar los pensamientos negativos y concentrarse solo en los positivos. Por ello dice que la felicidad, así como la compasión y otras cualidades humanas positivas, se pueden aprender, desarrollar y entrenar.

3. SUGERENCIAS PARA INICIAR LA MEDITACIÓN

- LUGAR ADECUADO. Crea un espacio especial para ti, una habitación o un rincón tranquilo de tu casa. Coloca en ese lugar dos o tres objetos que representen para ti la paz. En ese espacio tendrás la oportunidad de preparar el día cada mañana y, por la noche, descargar tu mente de los pensamientos, sentimientos o vivencias que te hicieron sentir mal durante el día. Entra en él con respeto y déjate nutrir y vigorizar por la paz y las cualidades curativas de ese espacio.

- POSICIÓN CÓMODA. Tu meditación se va a ver favorecida si eliges una posición cómoda en la que te puedas mantener durante veinte o treinta minutos sin sentir molestias. Puede ser sentado en una silla con los brazos y las piernas relajadas, sentado en el suelo o sobre un cojín con las piernas cruzadas o sentado en un banco de meditación. Lo más importante es que, independientemente de la posición que elijas, mantengas tu espalda recta y el cuerpo erguido y relajado. Siéntate de una manera natural, no obligues a tu cuerpo a adoptar posturas incómodas. Tus ojos pueden permanecer cerrados o ligeramente abiertos.

- ACTITUD ALERTA RELAJADA. Durante el tiempo que dure la meditación, trata que tu mente esté lo más libre de pensamientos

---

[7] A. Lutz, et al., "Long-Term Meditators Self-Induce High-Amplitude Gamma Synchrony During Mental Practice", 2007. Disponible en: http://www.pnas.org/cgi/reprint/101/46/16369.pdf

y distracciones, y cuando estos aparezcan déjalos ir suavemente. Esta actitud incluye observar nuestros pensamientos sin hacer juicios de si lo estamos haciendo bien o mal.[8] Hay que encontrar un equilibrio dinámico entre estar alerta y somnoliento. Al principio es probable que pases gran parte de la sesión tratando de encontrar este equilibrio. Cuando llegues a familiarizarte con este estado mental podrás permanecer profundamente relajado y al mismo tiempo extremadamente lúcido durante las sesiones.

- CONCENTRACIÓN. La concentración es la base de la meditación. Cualquiera que sea la técnica que emplees, necesitas tener la habilidad de dirigir tu atención sobre el objeto de meditación y mantenerla ahí sin distracción. Quizá te resulte útil empezar practicando la técnica de concentración en la respiración.

- MOTIVACIÓN CORRECTA. Al empezar la sesión es conveniente que tengas clara la razón por la que te estás sentando a meditar. ¿Quieres disminuir tu ruido interno?, ¿quieres sentir paz?, ¿quieres recuperar tu energía?, ¿quieres mandar luz y paz a otras personas?, ¿quieres desarrollar compasión? Nuestras intenciones se regresan como un búmeran. Recuerda que cuanto mayor sea tu claridad y paz mentales, y cuanto más vayas desarrollando paciencia hacia las personas o situaciones que antes eran detonantes de tu frustración, estarás llenando el universo con compasión en lugar de enfado, con comprensión en vez de confusión.

- OBSERVA TU MEDITACIÓN. Tu sesión de meditación pasará probablemente por varias fases. Primero trata de estabilizar tu atención practicando durante unos minutos una técnica de concentración. Después podrás empezar a practicar la meditación analítica o receptiva que hayas elegido. Si te resulta difícil continuar con tu meditación, ya sea porque tu mente está muy distraída o te estás durmiendo, es conveniente que regreses a la

---

[8] M. Davis, M. McKay y E.R. Eshelman, *Técnicas de autocontrol emocional*, Barcelona, Martínez Roca, 1985.

técnica de concentración en la respiración por unos minutos y que luego vuelvas de nuevo a tu meditación principal.

 • OFRECE Y COMPARTE. Tómate unos minutos al final de cada sesión para ofrecer conscientemente a los demás todas las energías positivas que hayas acumulado. Imagina que estas energías son ondas de luz, amor y comprensión que tocan a todos tus seres queridos y a todos los seres vivos del planeta. Aunque al principio estas técnicas puedan parecerte solo producto de tu imaginación, con la práctica te darás cuenta de que al fomentar tu paz interior, estás ayudando a incrementar la paz en el mundo.

 • HAZ DE TU VIDA DIARIA UNA MEDITACIÓN. Con la práctica descubrirás que cualquier actividad puede convertirse en una oportunidad para domesticar tu mente, para desarrollar la concentración y para practicar las cualidades positivas de claridad, paciencia, aceptación, bondad y compasión que has desarrollado. Los períodos de meditación calmada y concentrada son excelentes oportunidades para entrar en contacto con esas cualidades que perfeccionarás gradualmente, e impregnarán incluso tus actividades más ajetreadas.[9]

 • ESPACIO MENTAL. Dedica un par de minutos a crear mentalmente tu espacio de meditación. Imagínate, por ejemplo, que estás inmerso en una burbuja invisible, si quieres la puedes visualizar de algún color. En el momento que entras en la burbuja, dejas de preocuparte por el futuro, de recordar el pasado, de juzgar y criticar. Si adviertes que vuelves a caer en esos hábitos, regresa con suavidad a tu espacio interior libre de esos impulsos mentales.

Un ingrediente esencial para una meditación exitosa es empezar cada sesión con unos minutos de relajación o de respiración para calmar

---

[9] J. y M. Levey, *El arte de relajarse concentrarse y meditar*, Alicante, Dharma, 1999.

tu cuerpo y tu mente. Elige una práctica y confía en tu intuición, pues ella te mostrará en qué necesitas enfocar tu mente.

4. TIPOS DE MEDITACIÓN

Aunque existen muchas técnicas de meditación procedentes de distintas tradiciones, todas ellas pertenecen a una de estas cuatro categorías, o bien a la combinación de ellas: meditación de concentración, meditación analítica, meditación generativa y meditación receptiva. Aun cuando hay una gran variedad de métodos, solo explicaré dos ejercicios de cada una de ellas. Si quieres profundizar en su conocimiento, te sugiero buscar en la bibliografía los libros sugeridos para la meditación.

Meditación de concentración

Resulta útil elegir algo para mantener la concentración; puede ser una palabra, un sonido, un objeto, una señal para mirar o imaginar, una sensación o pensamiento determinado. Cuando un estímulo extraño al que elegiste te distraiga, permite su presencia mientras vuelves amorosa y pacientemente al objeto de concentración que elegiste.

El método más sencillo y directo para desarrollar la estabilidad de la mente y la concentración consiste en fijar nuestra atención sobre la propia respiración. La respiración se halla con facilidad, está siempre presente y se renueva constantemente. La concentración en la respiración es, sin lugar a dudas, el método más efectivo para las personas con demasiado diálogo interno. Al ser conscientes de una sola respiración, podemos centrar nuestra atención en el momento presente, liberar las tensiones de nuestro cuerpo y mente y entrar a un espacio de mayor armonía interna.

Ejercicio de concentración en la respiración

1. Siéntate cómodamente con la espalda recta y genera una motivación adecuada para empezar la sesión.

2. Lleva tu atención a la sensación que produce el movimiento de tu respiración, ya sea en los bordes de las fosas nasales o en tu abdomen, mientras inhalas y exhalas con naturalidad.

3. Haz conscientemente tres respiraciones profundas, pero no las fuerces. Simplemente enfatiza el movimiento con el fin de clarificar las sensaciones a las que estás prestando atención.

4. Ahora deja fluir la respiración hasta que encuentre su propio ritmo natural. Permite que tu cuerpo respire sin interferencias y que la inhalación y la exhalación vengan y vayan libremente, mientras mantienes, sin esfuerzo, una conciencia plena del proceso.

5. De un modo suave y constante, deja que tu atención flote sobre los ritmos cambiantes de tus inhalaciones y exhalaciones. Cada vez que tu atención se disperse o se vuelva difusa, lo cual ocurrirá muy a menudo, reconduce tu atención a la respiración con suavidad pero con firmeza.

6. Al principio te puede ayudar contar hasta diez con cada exhalación. Cuando llegues a diez, empieza de nuevo la cuenta. El propósito no es llegar a alguna parte sino desarrollar la capacidad de estar plenamente presente en cada momento, uno tras otro.

7. No te desanimes a causa de las distracciones, son de esperar. Con la práctica serás capaz de advertir inmediatamente las distracciones y de reconducir tu atención a la respiración.[10]

---

[10] *Ibidem*, pp. 64-65.

La práctica contemplativa

Si tienes una inclinación devocional, el objeto más efectivo para desarrollar tu concentración podría ser una imagen o estampa de Jesús, María, algún santo o de un maestro especial para ti. Mirar con los ojos semiabiertos o visualizar con tus ojos cerrados una de estas imágenes o recitar una oración o un mantra son medios efectivos para conducir a tu mente a un estado sereno de concentración.

1. Selecciona un objeto que tenga un significado especial para ti.

2. Dedícale toda tu atención durante un tiempo.

3. Cada vez que tu mente se disperse, recondúcela con delicadeza a su objeto.

4. Adéntrate profundamente en tu contemplación. Mientras lo observas deja que tu mente se emplace sobre él, permaneciendo relajado y alerta.

5. Siente una corriente de energía y comunicación entre tú y la esencia de tu objeto de contemplación, al tiempo que inhalas y exhalas con suavidad.

6. Deja que tu mente se adentre en la contemplación de tu objeto y que su naturaleza esencial te impregne.

7. Imagina o siente la verdadera esencia de esta imagen, mantra, plegaria o símbolo sagrado y deja que resuene profundamente en tu interior.

8. Cuando acabes, relájate, regocíjate y da gracias.

9. Lleva esta serenidad y claridad a tu actividad posterior, si lo haces durante el día; o deja que esta paz te acompañe durante el sueño, si meditas antes de dormir.[11]

---

[11] *Ibidem*, p. 71.

Meditación analítica

La práctica de la meditación analítica o reflexiva es un modo de pensar disciplinado: se elige un tema o una cuestión, y fijamos nuestra reflexión, análisis o contemplación en él. Cuando nuestra atención se distrae con otros pensamientos, la reconducimos suavemente hacia el tema que nos ocupa. Este tipo de meditación nos proporciona una herramienta poderosa y efectiva para centrar nuestra atención en la búsqueda de soluciones creativas para nuestros conflictos personales, o en la relación con alguna persona significativa, y también para aumentar nuestra creatividad en el trabajo profesional y en nuestra participación social.

Ejercicio de meditación reflexiva

1. Siéntate cómodamente y relaja tu cuerpo.

2. Centra tu mente con tres inhalaciones y exhalaciones profundas.

3. Observa en silencio el movimiento de tu respiración durante cinco minutos, inhalando y exhalando con una atención relajada y al mismo tiempo alerta.

4. Cuando tu mente se distraiga, reconduce tu atención al fluir de tu respiración.

5. Ahora reflexiona sobre una cuestión, una idea, una situación, una experiencia o un proyecto determinado.

6. Deja que tu atención analice profundamente esta imagen o idea mental.

7. Investiga y explora su significado, sus relaciones, su importancia y sus aplicaciones en tu vida.

8. Cada vez que la imagen o el caudal de ideas se desvanezcan, vuelve a observar el movimiento de tu respiración.

9. Cuando la mente haya recuperado su concentración y estabilidad, considera esa misma idea o situación y vuelve a concentrarte en ella.

10 Para concluir la sesión, respira profunda y lentamente tres veces.

11. Abre tus ojos, desentumece tu cuerpo y, lo más importante, "aplica en tu vida diaria lo que hayas comprendido".[12]

Meditación sobre el perdón

El perdón es la llave que abre nuestros corazones, es lo que nos permite aprender de las experiencias del pasado para poder avanzar libres de obstáculos. Practicar esta meditación es un modo maravilloso de curar el dolor causado por viejas heridas que han cerrado nuestros corazones y nos han impedido amarnos a nosotros mismos y a los demás, así como confiar.

1. Para empezar, siéntate tranquilamente, relaja tu cuerpo y centra tu atención en la respiración. Deja que los recuerdos, las imágenes y las emociones, por más dolorosas que sean, floten libremente en tu mente, sobre todo aquello que has hecho, dicho o pensado y que todavía no te has perdonado.

2. Empieza por perdonarte a ti. Desde tu corazón piensa: "Me perdono todas las faltas que haya cometido en el pasado, consciente o inconscientemente: mis acciones, mis palabras y mis pensamientos. ¡Ya he sufrido bastante! Ya no quiero sentirme así. Ya aprendí y estoy dispuesto a responsabilizarme de todo lo que he dicho o hecho, y con esta lección estoy preparado para tomar una actitud diferente. Deseo sentir paz, liberarme de la confusión y el resentimiento y conocer el gozo de comprenderme y de comprender a los demás y al mundo entero".

3. Ahora imagina enfrente de ti a la persona a la que deseas perdonar o de la que necesitas recibir su perdón. Visualiza o imagina que de tu corazón sale un rayo de luz y se conecta con el corazón de esa persona, y mentalmente comunícale

---

[12] *Ibidem*, p.116.

lo siguiente: "De corazón te perdono por cualquier daño que me hayas causado intencionadamente o no. Te perdono las acciones, las palabras y los pensamientos que has expresado a causa de tu propio dolor, tu confusión o tu falta de sensibilidad, y también te pido que me perdones a mí por el modo en que, voluntaria o involuntariamente, te he cerrado mi corazón y por cualquier daño que te haya causado intencionalmente o no, mediante mis acciones, mis palabras o mis pensamientos. Deseo que encuentres alegría y paz en tu vida y que los dos podamos abrir nuestros corazones y nuestras mentes, encontrar el amor y la comprensión y seguir creciendo en integridad". Imagina o visualiza que tu mensaje es recibido y aceptado y siente que la relación entre los dos se restablece completamente.

4. Por último, piensa en las innumerables personas a las que has cerrado tu corazón. Recuerda cómo te sentiste y lo que hiciste cuando otros te maltrataron, te insultaron, te minimizaron, se burlaron, abusaron de ti o se pusieron en tu contra. Piensa en toda la gente a la que tú has herido voluntaria o involuntariamente. ¿Cuántas veces has sido tú el que se ha burlado, insultado o abusado? Imagina que todas estas personas están enfrente de ti y de corazón a corazón diles mentalmente: "Los perdono por cualquier cosa que hayan hecho contra mí, intencionalmente o no, y les pido que me perdonen por todo el daño que yo les haya causado voluntaria o involuntariamente. Que podamos trascender nuestros resentimientos, transformar el sufrimiento en alegría, que podamos abrir nuestras mentes y nuestros corazones para experimentar nuestra interrelación".

5. Repite esta meditación analítica tantas veces como desees o necesites. Al finalizar, imagina y siente, lo más intensa y sinceramente que puedas, que te has liberado de tus culpas y resentimientos. Deja que vaya surgiendo en ti la paz que implica el sentimiento de soltar tus rencores, y acepta con responsabilidad tus acciones del pasado para que no las repitas otra vez.[13]

---

[13] *Ibidem*, pp. 136-138.

La meditación analítica nos proporciona una herramienta poderosa y efectiva para centrar nuestra atención sobre cuestiones personales y nos permite alcanzar descubrimientos importantes o soluciones creativas en nuestra vida profesional.

Meditación generativa

Las prácticas de meditación generativa nos permiten cultivar y reforzar de forma consciente cualidades específicas de la mente. Algunos de los atributos que más se cultivan son la paciencia, la humildad, la gratitud, el regocijo, la compasión, la ternura, el amor incondicional, la paz interior y otras cualidades asociadas con aspectos de la naturaleza o de la divinidad. Las meditaciones generativas nos invitan a alimentar estas fuerzas del carácter, pensando, hablando y actuando como si tales cualidades emanaran desde lo más íntimo de nuestro ser.

Las cuatro actitudes inconmensurables

Esta práctica trata de cultivar y extender el amor, la compasión, el regocijo y la ecuanimidad a todos los seres vivos a través de la inmensidad del tiempo y del espacio. El amor es el deseo de que todos los seres sean felices; la compasión, el deseo de que todos los seres se liberen del sufrimiento; el regocijo, una actitud que se alegra sinceramente de la buena fortuna de los demás, y la ecuanimidad, una actitud de imparcialidad —no de indiferencia— que considera que todos los seres somos esencialmente iguales.

1. Empieza por generar la infinita y vasta actitud de la ecuanimidad, reconociendo la igualdad y la similitud esenciales de todos los seres. Piensa que todos los seres deseamos tener felicidad y bienestar, así como evitar el sufrimiento y el dolor. Ahora extiende ilimitadamente este pensamiento: "Si todos los seres viviéramos en una ecuanimidad inconmensurable, con una actitud apacible y el corazón abierto a todos los demás, ¡qué maravilloso sería! Pueda yo desa-

rrollar esta igualdad esencial que todos tenemos y ayudar a los demás a hacer lo mismo".

2. Generando una actitud inconmensurable de amor, piensa que tú y todos los demás seres deseamos la felicidad. Extiende ilimitadamente este pensamiento: "Si todos los seres fuéramos felices, ¡sería maravilloso! Pueda yo desarrollar la habilidad de llevarlos a la felicidad".

3. Con una actitud inconmensurable de compasión, piensa en los numerosos tipos de dolor, sufrimiento y enfermedades que experimentamos todos los seres humanos a lo largo de la vida. Extiende ilimitadamente el deseo siguiente: "Si todos los seres estuviéramos libres del sufrimiento y de las causas del sufrimiento, ¡qué maravilloso sería! Pueda yo desarrollar la sabiduría y el poder para liberarme y liberar a los demás del sufrimiento".

4. Tras generar una vasta actitud inconmensurable de regocijo, considera los potenciales positivos de todos los seres y extiende ilimitadamente el siguiente pensamiento: "Si todos los seres llegaran a conocer el gozo de comprender y de actualizar todos sus potenciales positivos, ¡qué maravilloso sería! Pueda yo ayudarlos a comprender las causas de la verdadera alegría".

Una vez familiarizado con esta práctica, deja que tu mente permanezca en contemplación profunda de cada una de estas cualidades, una por una. Imagina que tu amor, tu compasión, tu regocijo y tu ecuanimidad colman generosamente la inmensidad del espacio y llegan a todos los seres donde quiera que se encuentren.[14]

Meditación sobre el Maestro

Una de las maneras más poderosas de lograr una meditación generativa es visualizar con los ojos de tu mente y centrar tu

---

[14] *Ibidem*, pp. 145-146.

atención en tu maestro o amigo espiritual, deseando llenarte de sus atributos humanos y espirituales. Meditar imaginando que Jesús nos escucha, nos contiene y nos llena de su amor incondicional es una experiencia sublime.

1. Para empezar, siéntate tranquilamente, relaja tu cuerpo y centra tu atención en la respiración.

2. Imagina a Jesús o a tu maestro espiritual enfrente de ti. Observa la expresión serena y amorosa de su rostro.

3. Visualiza un rayo de luz blanco y radiante que sale de su coronilla y penetra por la coronilla de tu cabeza. Imagina que esa luz brillante purifica tu mente de todos los conceptos, juicios y pensamientos distorsionados. Disuelve tu ego y clarifica tu conciencia para ver y sentir la totalidad. Si tienes dificultades para expresar tus sentimientos y necesidades y si no tienes control de tus palabras, si mientes, insultas o críticas, entonces también visualiza una reluciente luz roja que irradia desde la garganta de Jesús y se conecta con tu garganta, llenándola de una sensación de gozo. Esta luz roja y gozosa te purifica de todo lo negativo, descubriendo, como resultado, las poderosas cualidades de la palabra.

4. Luego visualiza que del corazón de Jesús brota una radiante luz azul que se conecta directamente con tu corazón. Imagina que esa luz azul brillante purifica y sana tu cuerpo, activa y renueva tu sistema nervioso y fortalece tu sistema inmunológico. Cuando la energía de luz llena tu mente, tu corazón se vuelve como el cielo azul, abarcando la realidad universal y todo el espacio.[15]

Si realizamos esta meditación regularmente con una buena concentración e intención pura, puede ser muy efectiva para transformar nuestros pensamientos, acciones y palabras de cada día y aproximarnos a las cualidades divinas de Jesús.

---

[15] *Ibidem*, pp. 149-150.

Meditación receptiva: mindfulness

La meditación receptiva enfatiza el cultivo de la atención plena aplicada a cualquier objeto, situación o experiencia que aparezca en el ámbito de nuestra vida. Seguro has experimentado este tipo de meditación en esos momentos en que te has quedado maravillado viendo la inmensidad del mar, absorto ante un atardecer arrebolado o extasiado por la inmensidad del firmamento en una noche clara y estrellada. La meditación receptiva es la capacidad intrínseca de la mente de estar presente y consciente en un momento determinado, en el que cuerpo y mente se sincronizan totalmente en un instante de realidad presente. Presencia plena y conciencia abierta se conjugan en ese instante en nuestros tres cuerpos: físico, psíquico y espiritual.

Mindfulness es la meditación receptiva más estudiada y practicada en Occidente. La palabra *mindfulness* ha sido traducida al español como *atención plena* o *presencia mental*, aunque diversos autores prefieren preservar el término inglés para evitar la confusión generada por una traducción imprecisa. Jon Kabat-Zinn, conocido mundialmente por haber introducido esta práctica dentro del modelo médico de Occidente hace más de treinta años, fundó la Clínica de Reducción de Estrés en el Centro Médico de la Universidad de Massachusetts y utilizó esta técnica para tratar problemas físicos y psicológicos, como el dolor crónico y otros síntomas asociados con el estrés.

Jon Kabat-Zinn define *mindfulness* como: "Prestar atención de manera intencional al momento presente, sin juzgar". La atención plena tiene que ver con la calidad de la conciencia con la que vivimos nuestras vidas. Podemos vivir en piloto automático, o bien con atención plena. La diferencia radica en la forma en la que estamos presentes en nuestra experiencia. En el primer caso, estamos nada más de cuerpo presente, mientras la mente está quién sabe dónde. En cambio, en el segundo caso estamos presentes en nuestra experiencia con todos nuestros sentidos.

La atención plena nos ayuda a despegarnos de nuestras propias reacciones, a verlas desde fuera y con mayor claridad y perspectiva. Pero sobre todo contribuye a controlar nuestra mente y todo lo que sucede en ella: pensamientos, emociones, recuerdos, imágenes mentales. Literalmente nos ayuda a domesticar nuestra mente. Es un estado que favorece la relajación, el estado de alerta y la paz interior. Los estudios realizados demuestran que reduce el estrés, hace que sea más fácil soportar el dolor, reduce la depresión y aumenta la autoaceptación y el autoconocimiento.

Es una habilidad psicológica que, al igual que aprender a tocar el piano, requiere práctica. Para ejercitar la atención plena, se recomienda estar intensamente consciente de cada momento presente, prestando una puntual atención a toda actividad, por más rutinaria que esta sea —como por ejemplo bajar una escalera, caminar, bañarse, lavarse las manos, subir a tu automóvil, mirar por una ventana, etcétera—, haciendo que la atención sea un fin en sí misma.

Normalmente, somos conscientes de estar haciendo alguna de estas actividades pero, al mismo tiempo, nuestra mente está llena de todo tipo de pensamientos y preocupaciones, y además podemos estar viendo la tele o leyendo al mismo tiempo. Eso no es *mindfulness*, puesto que de este modo solo una pequeña parte de la conciencia está implicada en la acción misma, y solo somos parcialmente conscientes de las sensaciones, emociones o pensamientos que experimentamos.

Ejercicios de atención plena

Imagina que tu mente es el cielo inamovible y solo observa tus pensamientos, tus emociones y tus sensaciones corporales, como si fueran nubes que pasan abajo. Sin reprimir, sin juzgar, sin explorar, sin cambiar nada.

Comer con atención plena

- Toma una uva, una pasa, un higo o cualquier fruta.
- Obsérvala con atención plena.
- Ponla en la palma de tu mano, obsérvala con cuidado, huélela; nota el color, su textura, su peso.

- Hazla rodar entre tus dedos. ¿Qué notas? Apriétala un poco. ¿Qué sucede?

- Ahora, siendo consciente del lento, lentísimo, movimiento de la mano al acercar la fruta a tu boca, pon la fruta en tus labios, pásala por ellos casi sin rozarlos. ¿Cómo sientes su piel en tus labios?

- Ahora, muy lentamente muérdela y escucha el sonido que surge al encajar tus dientes en la fruta.

- Mastica despacio, experimentando realmente el acto de masticar un solo bocado de la fruta.

- Observa cómo un mar de fragancias y sabores llena tu paladar. ¿Cómo son? Disfruta cada segundo.

- Cuando estés listo para tragar, presta atención al proceso, intenta sentir cómo pasa por la garganta y recorre el camino hacia el estómago.

Te aseguro que te resultará una experiencia fascinante. Nunca habrás saboreado y esperado tanto para tragar un pedazo de fruta. Sentirás el inmenso placer de hacer un acto plenamente consciente. Si lo practicamos regularmente, no solo disfrutaremos de la comida, sino que comeremos mejor y tendremos muchos menos problemas con nuestro sistema digestivo. Poco a poco nos daremos cuenta de que poniendo plena atención al acto de comer con placer, comeremos menos y lo disfrutaremos más.

Observando el flujo de tu vida

El otro ejercicio consiste en llevar tu atención plena a una actividad cotidiana de tu vida diaria a la que normalmente no le prestas mucha atención: lavar los platos o tus manos, bañarte, subir escaleras, escribir en la computadora, etcétera. Pon toda tu conciencia en ello, de la misma manera que te proponía que hicieras con la comida en el ejercicio anterior. Piensa que si no podemos concentrarnos en un acto sencillo, nuestra mente tiene pocas posibilidades de centrarse en otras tareas más complicadas y sujetas a mayor tensión. Además, lo que estás haciendo es entrenar a la mente a estar presente. Aparentemente parece que no importa que la mente divague durante los trabajos sencillos; sin embargo, estamos creando un hábito de dispersión muy dañino que nos pasará factura cuando necesitemos que esté plenamente atenta al momento presente. De ahí la gran importancia de las pequeñas actividades de la vida diaria. Además, te asombrará ver que comienzas a disfrutar de esos trabajos que normalmente te agobiaban.

Mindfulness significa decidir libremente en qué actividad quieres concentrar toda tu atención y seguirla voluntariamente, dejándote arrastrar por ella, siendo plenamente consciente de esa experiencia y dejando ir todas las demás. Es decir, el resto de los estímulos, como el ladrido de un perro, un pensamiento, una imagen mental, simplemente los observas, te das cuenta de que están ahí y luego los dejas ir, como si te atravesaran y se desvanecieran, y entonces vuelves a centrar tu atención en tu experiencia.

Meditación budista

La meditación budista, en su definición más básica, es el cultivo de poderosos estados, atentos y concentrados, que permiten observar el surgimiento y extinción de todo tipo de eventos mentales, en particular de aquellas emociones y actitudes que generan sufrimiento. Marco Antonio Karam, director de Casa Tíbet México, explica que "Estos estados mentales, cuando son alcanzados, generan en la persona momentos constructivos o positivos. En otras palabras, la meditación tiende a enseñarnos a darnos cuenta de que nos damos cuenta".[16]

En la tradición budista tibetana, existen dos técnicas para la meditación:

---

[16] Juan Carlos Angulo, "La meditación budista tibetana es una forma de explorar la conciencia", en *CNN México*, 09 de marzo de 2010. Disponible en: http://mexico.cnn.com/salud/2010/03/23/la-meditacion-budista-tibetana-es-una-forma-de-explorar-la-conciencia

SHAMATHA. Quiere decir 'serenidad', 'tranquilidad', 'paz' o 'armonía'. Es la meditación de la estabilidad mental y se utiliza para el desarrollo de la atención y relajamiento de la mente. El objetivo es alcanzar un grado cada vez más elevado de estabilidad y serenidad de la mente. Comprende dos factores, a saber: la consecución de un máximo grado de concentración mental y el apaciguamiento concomitante de los procesos mentales y emocionales. Ello se realiza mediante una concentración progresiva de la atención en la que la mente, replegándose sobre sí misma, va excluyendo todos los estímulos sensoriales y procesos mentales que se ofrecen a la conciencia. De este modo, la mente del meditador se va calmando hasta llegar a una experiencia de puro vacío que es al mismo tiempo experiencia de puro ser.

VIPASSANA O VISIÓN CABAL. Significa, literalmente, 'verlo todo', 'ver a la perfección'. Ver las cosas integralmente, cabalmente, tal y como son. Se ha traducido en distintas ocasiones por *visión penetrante*. Sin embargo, *visión cabal* es la que plasma mejor la idea de una visión exacta y completa. Es la meditación analítica y se emplea para cambiar actitudes destructivas por positivas, a través de un proceso de razonamiento e interiorización.

También en la meditación *vipassana* se empieza por ejercicios de concentración, utilizando temas u objetos de meditación correspondientes, como en la *shamatha*. La diferencia estriba en que, en este caso, una vez conseguido el grado de concentración suficiente para asegurar la integridad de la atención (la llamada *concentración de acceso*), y manteniendo las facultades mentales en estado de máxima receptividad, el meditador pasa a examinar con concentrada atención y progresiva minuciosidad precisamente todos aquellos fenómenos sensoriales y procesos mentales que la meditación abstractiva excluye, incluyendo los que normalmente se desenvuelven a nivel subconsciente o inconsciente. Es, literalmente, una toma de conciencia total de la radical impermanencia de todos los fenómenos, incluyendo los pensamientos y las emociones. Esta vivencia es la visión cabal, o *vipassana*.[17]

---

[17] A. Solé-Leris, *La meditación budista*, Barcelona, Martínez Roca, 1995.

Estas son, someramente expuestas, las dos grandes ramas de la meditación budista. Si te interesa conocer y practicar la meditación budista, te sugiero contactar con algún centro especializado.

La meditación, incluso cuando se cultiva solo unos minutos al día, nos lleva a ese lugar de intimidad con nosotros mismos y con el mundo. Ese espacio en donde podemos ser felices, *el aquí y el ahora*, el único tiempo en donde se despliega la vida. Ese *aquí y ahora* tenemos que vivirlo no con la mente y sus juicios interminables, sino con la conciencia de nuestro cuerpo físico y su inteligencia celular. Esto lo conseguiremos domesticando la mente, cultivando la atención enfocada hacia nuestro interior. Desde allí se nos revelará un universo nuevo, espiritual y perfecto.

Epílogo

Como nunca antes en la historia, en nuestra época el conocimiento humano está extremadamente extendido y desarrollado. Basta con presionar una tecla para que Google nos conteste rápidamente cualquier duda o nos amplíe cualquier conocimiento; no obstante, se trata principalmente de un conocimiento del mundo exterior.

Consumimos una gran cantidad de energía mental mirando demasiado hacia afuera, y parece que no nos esforzamos lo suficiente en mirar hacia adentro, en conocernos más, en ampliar nuestro nivel de conciencia. No hay, ni existirá jamás, un Google que pueda revelar la riqueza y la profundidad que existen dentro de cada ser humano. Eso es y seguirá siendo un trabajo personal.

Sin embargo, no es algo que se consiga rápido ni fácilmente, como se buscan los resultados en nuestra cultura actual. No hay una pastillita que podamos tomar para aclarar, pacificar y domesticar nuestra mente. Es un proceso de autoconocimiento y de búsqueda en el que la mayoría de las veces hay que tocar fondo para ampliar nuestro nivel de conciencia y darnos cuenta de que no hay peor enemigo que uno mismo, que todo lo que nos sucede lo hemos creado nosotros mismos con nuestras elecciones e interpretaciones.

No es hasta que tomamos la determinación de dejar de crear nuestro propio sufrimiento cuando nos queda una sola cosa por hacer: ¡DESPERTAR! Dirigir la atención de nuestra mente consciente hacia adentro, que es donde reside toda nuestra sabiduría y las respuestas a todas nuestras preguntas.

Mi tesis es que para llegar a este punto de autoconocimiento es necesario, primero, haber aprendido a conocer y a relajar nuestro cuerpo físico —con un cuerpo tenso es imposible— y, segundo, detectar y corregir nuestras distorsiones cognitivas para tener pensamientos más objetivos y acordes con la realidad. Una vez que nuestro diálogo interno sea más positivo y amoroso, que seamos capaces de sentir paz y que tengamos menos agitación en nuestra mente, las técnicas de meditación nos permitirán despertar a una comprensión más profunda de la naturaleza y del potencial de sabiduría, compasión y creatividad mental que todos tenemos.

Bibliografía

ADER, R. y N. COHEN, "Behaviorally Conditioned Immunosuppression and Murine Systemic Lupus Erythematosus", *Psychosomatic Medicine* 44, 127, 1982.

AINSWORTH, M.D., "Infant-Mother Attachment", *American Psychologist*, 34(10), 1979: 932-937.

ASSAGIOLI, R., *Psicosíntesis ser transpersonal: El nacimiento de nuestro ser real*, Madrid, Gaia, 2010.

BALZANO, O., *Cromoterapia: Orígenes y fundamentos científicos*, Buenos Aires, Grupal Logística y Distribución, 2006.

BENSABAT, S., *Stress. Grandes especialistas responden*, Bilbao, Mensajero, 1987.

BENSON, H., "Psychophysiologic Aspects and Clinical Implications", *International Journal of Psychiatry in Medicine*, 6, 1975, pp. 87-98.

_____, *The Relaxation Response*, Nueva York, Avon, 1976.

_____, y E.M. Stuart, *The Wellness Book: The Comprehensive Guide to Maintaining Health and Treating Stress-Related Illnes*, Nueva York, Citadel Press, 1992.

BERNSTEIN, D.A., T.D. BORKOVEC y H. HAZLETT-STEVENS, *New Directions in Progressive Relaxation Training*, Westport, Connecticut, Praeger, 2000.

BHÁGAVAD GITA, VI, 34.

BIRK, L., *Biofeedback: Behavioral Medicine*, Nueva York, Grune and Stratton, 1973.

BLALOCK, J.D., "The Immune System as a Sensory Organ", *Journal of Inmunol.*, 132, 1984, pp. 1070-1077.

BOFF, L., *Espiritualidad: camino de transformación*, Sal Terrae, 2002.

Bowlby, J. "Attachment and Loss", vol. III, *La Pérdida Afectiva*, Buenos Aires, Paidós, 1983.

_____, *Una base segura: Aplicaciones clínicas de una teoría del apego*, Barcelona, Paidós, 1988.

BRANDEN, N., *Los seis pilares de la autoestima*, México, Paidós, 2000.

_____, *El poder de la autoestima*, Barcelona, Paidós, 2011.

BREUER, J. y S. FREUD, *Estudios sobre la histeria*, tomo II, Buenos Aires, Amorrortu, 1985.

BROWN, B., "Recognition of Aspects of Consciousness Trough Association with EEG Alpha Activity Represented by a Light Signal", en *Psychophisiology*, 6, 1970, pp. 442-452.

BUCKE, R.M., "*Cosmic Consciousness: A Study in the Evolution of the Human Mind*, Mineola, Nueva York, Dover Publications, 2009.

BURNS, D.D., *Sentirse bien*, Barcelona, Altaya, 1980.

CALLE, R., *La ciencia de la felicidad. Cómo ser feliz a pesar de todo(s)*, Madrid, Kailas, 2008.

CAMPOAMOR, R., 1946: http://es.wikipedia.org/wiki/Ley_Campoamor

CANNON, W.B., *The Wisdom of the Body*, Nueva York, W.W. Norton, 1932.

CARLSON, E., "A Prospective Longitudinal Study of Attachment Disorganization/Disorientation, *Child Development*, 69(4), 1998: 1107-1128.

CARLSON, L.E., *et al.*, "Mindfulness-Based Stress Reduction in Relation to Quality of Life, Mood, Symptoms of Stress and Levels of Cortisol, Dehydroepiandrostrone-Sulftate (DHEAS) and Melatonin in Breast and Prostate Cancer Out-patients", *Psy-chosomatic medicine*, 62(5), septiembre-octubre de 2000, pp. 613-622.

COBEN, R., M. LINDEN y T. MYERS, "Neurofeedback for Autistic Spectrum Disorder: A Review of Literature", *Applied Psychophysiology y Biofeedback*, 35, 2010, pp. 83-105.

COUÉ, E., *Self Mastery Through Conscious Autosuggestion*, EUA, Spastic Cat Press, 2012.

CRICK, F., "Function of the Thalamic Reticular Complex: The Searchlight Hypothesis", *Proceedings of the National Academy of Sciences USA*, 81, 1984, pp. 4586-4590.

_____, *The Astonishing Hypothesis: The Scientific Search for the Soul*, Nueva York, Scribner, 1995.

CRICK, F. y C. Koch, "Constraints on Cortical and Thalamic Projections: The Nostrong-Loops Hypothesis", *Nature*, 391, 1998, pp. 245-250.

CSIKSZENTMIHALYI, M., *Fluir: Una psicología de la felicidad*, Barcelona, Kairós, 1997.

CYRULNIK, B., *Los patitos feos. La resiliencia: una infancia infeliz no determina la vida*, Madrid, Gedisa, 2001.

CHEEK, D.B. y L. LECRON, *Clinical Hypnotherapy*, Nueva York, Grune & Stratton, 1968.

CHILDRE, D., *One Minute Stress Management. Freeze Frame*, Los Ángeles, Planetary, 1998.

CHÓLIZ, MARIANO, *Psicología de la emoción: el proceso emocional*, 2005: http://www.uv.es/choliz/Proceso%20emocional.pdf

DAITCH, C., *Affect regulation toolbox. Practical and Effective Hypnotic Interventions for the Over-reactive Client*, Nueva York, Norton, 2007.

DALAI LAMA, *El concepto budista de la mente. Ciencia Mente*, Barcelona, Mandala, 1998.

DAMASIO, A., *The Feeling of What Happens: Body and Emotion in the Making of Consciousness*, Nueva York, Harcourt Brace & Company, 1998.

_____, *Y el cerebro creó al hombre. ¿Cómo pudo el cerebro generar emociones, sentimientos, ideas y el yo?*, Barcelona, Destino, 2010.

DANIEL, M., *Shadow, Self, Spirit: Essays in Transpersonal Psychology*, Imprint Academic, 2005.

DAVIS, M., M. MCKAY y E.R. ESHELMAN, *Técnicas de autocontrol emocional*, Barcelona, Martínez Roca, 1998.

DAVISON, R.J. y S. BEGLEY, *The Emocional Life of Your Brain*, Nueva York, Plume, 2013.

DAVIDSON, R.J., *et al.*, "Emotional Expression and Brain Psychology: Approach/Withdrawal and Cerebral Asymetry", *Journal of Personality and Social Psychology*, 58, 1990: 330-341.

DYER, W.W., *Tus zonas sagradas: Decídete a ser libre*, México, Grijalbo, 1996.

DE MELLO, A., *Autoliberación interior*, Buenos Aires, Lumen, 1998.

DESCARTES, R., *Meditaciones metafísicas* [trad. Consuelo Bergés], Madrid, Ediciones Orbis, 1985.

_____, *El tratado del hombre* [trad. Guillermo Quintás], Madrid, Alianza Editorial, 1990.

ECHEVERRÍA, R., *Ontología del lenguaje*, Santiago de Chile, Dolmen Ediciones, 1994.

EKMAN, P., "All Emotions Are Basic", en P. Ekman y R. Davidson (eds.), *The Nature of Emotion: Fundamental Questions*, Nueva York, Oxford University Press, 1994.

ELLIS, A. y W. DRYDEN, *The Practice of Rational-Emotive Therapy*, Nueva York, Springer, 1987.

ELLIS, A. y R. GRIEGER, R., *Manual de Terapia Racional Emotiva*, vol. 2, Bilbao, Desclée de Brouwer, 1990.

ERICKSON, M.H., *Escritos esenciales*, vol. 1, Barcelona, Paidós, 2001.

FONAGY, P., *et al.*, "Measuring the Ghost in the Nursery: an Empirical Study of the Relation Between Parent's Mental Representations of Childhood Experiences and their Infant's Security of Attachment", *Journal of the American Psychoanalytic Association*, 41(4), 1993, 957-989.

FRANKL, E.V., *Psicoterapia y humanismo. ¿Tiene un sentido la vida?*, México, Fondo de Cultura Económica, 2003.

FREDRICKSON, B.L., *Vida positiva*, México, Norma, 2009.

FREUD, SIGMUND, *Presentación autobiográfica*, XX Obras Completas, 2ª ed., Buenos Aires, Amorrortu, 1925-1926.

FRIEDMAN M. y R.H. ROSENMAN, "Association of Specific Overt Behavior Pattern with Blood and Cardiovascular Findings", *Journal of the American Medical Association*, núm. 169, 1959, 1286-1296.

GARCÍA GARCÍA, E., *et al.*, *Teoría de la mente y ciencias cognitivas. Nuevas perspectivas científicas y filosóficas sobre el ser humano*, Madrid, Universidad Pontificia de Comillas, 2007: http://eprints.ucm.es/8607/1/ASINJA.%2520Teoria%2520de%2520la%2520mente.pdf

GAWAIN, S., *Visualización Creativa, el arte de transformar la imaginación en realidad*, 6ª reimp., México, Selector, 1991.

GAZZANIGA, M., *Nature's Mind*, Nueva York, Basic Books, 1992.

————, R. Ivey, y G.R. Magun, *Cognitive Neuroscience: The Biology of the Mind*, Nueva York, W.W. Norton, 2002.

GEVENSLEBEN, H., *et al.*, "Is Neurofeedback an Efficacious Treatment for ADHD? A Randomized Controlled Clinical Trial", *Journal of Child Psychology and Psychiatry*, 50, 2009, pp. 780–789.

GIBBONS, D.E., *Applied Hypnosis and Hyperempiria*, Lincoln, Authors Choice Press, 2000.

GIMENEZ-AMAYA, J.M. y J.L. MURILLO, "Mente y cerebro en la neurociencia contemporánea. Una aproximación a su estudio interdisciplinar", *Scripta Theologica*, 39, 2007: 607-635.

GOLEMAN, D., *Emociones destructivas*, Buenos Aires, Vergara, 2003.

_____, *Inteligencia emocional*, Barcelona, Kairós, 1996.

GONZÁLEZ-MÉNDEZ, "Psiconeuroinmunología, emociones y enfermedad", *MedULA*, núm. 18, 2009: 155-164.

GREENFIELD, S., *The Private Life of the Brain: Emotions, Consciousness, and the Secret of the Self*, Nueva York, John Wiley & Sons, 2000.

HALL, C., *Conceptos fundamentales de la psicología de Jung*, Vernon J. Nordby, 1977.

HARLOW, H.F., "The Nature of Love", *American Psychologist*, 13, 1958: 673-685.

HOCKENBURY, D. y S.E. Hockenbury, *Discovering Psychology*, Nueva York, Worth Publishers, 2007.

HUBER, H., *Stress y conflictos*, Madrid, Paraninfo, 1980.

INFORMADOR.MX, "México, primer lugar en estrés laboral: oms", 17 de mayo de 2015: http://www.informador.com.mx/economia/2015/592544/6/mexico-primer-lugar-en-estres-laboral-oms.htm

JACOBSON, E., *Progressive Relaxation*, Chicago, The University of Chicago Press, 1947.

JAKUBOWSKI, P. y S. LANGE, *The Assertive Option: Your Rights and Responsabilitie*, Champaign, IL, Research Press Company, 1978.

JAMES, W., *Principles of Psychology*, Cambridge, MA, Harvard University Press, 1983.

KAMIYA, J., "Conditional Discrimination of EEG Alpha Rhythm in Humans". Presentado en The Western Physiological Association, San Francisco, 1962.

KILLINGSWORTH, M.A. y D.T. GILBERT, "Awandering Mind is an Unhappy Mind", *Science*, 330: 932.

KIMMEL, H. y F. HILL, "Operant Conditioning of the GRS", *Psychological Reports*, 7, 1960, pp. 555-562.

KOHENIG, S.M., *Los ciclos del alma*, Barcelona, Obelisco, 2012.

KÜBLER-ROSS, E., *La muerte: Un amanecer*, Barcelona, Luciérnaga, 1989.

LARA-MUÑOZ, C., "Social Cost of Mental Disorders: Disability and Work Days Lost. Results from the Mexican Survey of Psychiatry Epidemiology", *Salud Mental*, 30(5), 2007: 4-11.

LAZARUS, A., "On Assertive Behavior: A Bief Note", *Behavior Therapy*, 4, 1973: 697-699.

LEVEY, J. y M., *El arte de relajarse, concentrarse y meditar*, Alicante, Dharma, 1999.

LORENZ, K., "On the Formation of the Concept of Instinct", *Natural Sciences*, 25 (19), 1937: 289-300.

LUTZ, A., et al., "Attention Regulation and Monitoring in Meditation", *Trends in Cognitive Science*, vol. 12, núm. 4, abril de 2008: 163-169.

MACLEAN, P.D., *A Triune Concept of the Brain and Behavior*, Toronto, University Press, 1974.

MAIN, M., "Mary D. Salter Ainsworth: Tribute and Portrait", *Psychoanalytic Inquiry*, 19(4), 1999: 682-730.

MAINIERI, R., "Psicología del estrés", 1999, 2007: http://healthclub.fortunecity.com/hockey/91/estres.html

Manual diagnóstico y estadístico de los trastornos mentales. DSM- V., Médica Panamericana, 2014.

MÁRQUEZ LÓPEZ-MATO, A., *Psiconeuroinmunoendocrinología. Aspectos epistemológicos, clínicos y terapéuticos*, Buenos Aires, Polemos, 2002.

MARTÍNEZ LAVIN, M., *Fibromialgía. El dolor incomprendido*, México, Santillana, 2013.

MASLOW, H. A., *Hombre autorrealizado: Hacia una psicología del Ser*, Kairós, 1973.

MCEWEN, B.S., "Allostasis and Allostatic Load: Implications for Neuropsychopharmacology", *Neuropsychopharmacology*, vol. 22, núm. 2, 2000: 108-124.

_____, "Protective and Damaging Effects of Stress Mediators", *New Engl J Med*, 338, 1998: 171-179.

MCEWEN, B.S. y P.J. GIANAROS, "Plasticidad cerebral inducida por el estrés y la alostasis": http://www.academia.edu/3748355/Plasticidad_Neuronal_Inducida_por_el_Estres_y_la_Aleostasis

MELILLO, "El pensamiento de Boris Cyrulnik": http://www.redsistemica.com. ar/melillo.htmhttp://www.redsistemica.com.ar/melillo.htm

MELLONI, J., *Hacia un tiempo de síntesis*, Barcelona, Fragmenta Editorial, 2013.

Método para cambiar los pensamientos negativos. Disponible en: http://www. superarladepresion.com/superarladepre/3depre_pensapositivos.php

MOLINA DE GONZÁLEZ-MÉNDEZ, T., "Psiconeuroinmunología, emociones y enfermedad", *MedULA*, 18, 2009, pp. 155-164.

MOSCOSO, S. Manolete, "Perspectiva histórica de la biorretroalimentación", en *Revista Latinoamericana de Psicología*, vol. 15, núms.1-2, 1983, pp. 11-13.

MORRIS T. y S. GREER, "A 'Type C' for Cancer? Low Trait Anxiety in the Pathogenesis of Breast Cancer", *Cancer Detection and Prevention*, 3, núm. 102, 1980.

MUKTANANDA, S., *El misterio de la mente*, México, Siddha Yoga Dham de México, 2000.

MURRAY, J.L. y A.D. LÓPEZ, *The Global Burden of Disease. A Comprehensive Assessment of Mortality and Disability from Disease, Injuries, and Risk Factors in 1990 and Projected to 2020*, Cambridge, Harvard University Press–World Health Organization–The World Bank, 1996.

NEWBERG, A., *Por qué creemos lo que creemos*, México, Segal, 2006.

NORRIS, P. y GARRETT P., *Why Me?*, Walpole, New Hampshire, Stillpoint Publishing, 1985.

NUEVO TESTAMENTO, versión Ecuménica, México, Librería Parroquial, 1968.

ORNELAS, A.L., "La persona en alto rendimiento", *Revista Hospitalidad ESDAI*, núm. 16, julio-diciembre, México, 2009.

ORTIZ, O., *El libro de la vida. Vivamos AMPM: Manual de funciones cerebrales*, Bogotá, Artes Gráficas A y G Ltda, 2007.

PASCAL, B., *Pensées, frag. 278*: http://www.biblioteca.org.ar/libros/89354.pdf

PERT, C. y S. SNYDER, "Opiate Receptor: Demostration in Nervous Tissue", en *Science*, 179, 1973, pp. 1011-1014.

_____, *Molecules of Emotions*, Nueva York, Simon & Schuster, 1998.

PLUTCHIK, R., *Emotion: A Psychoevolutionary Synthesis*, Nueva York, Harper and Row, 1980.

_____, *Las emociones*, México, Diana, 1987.

PRESTON, M.D., "Hypnosis: Medicine of the Mind", *Pyne Orchid. Ulissian Publ.*, 2001.

REPETUR SAFRANY K. y L. QUEZADA, "Vínculo y desarrollo psicológico: la importancia de las relaciones tempranas", 2005: http://www.revista.unam.mx/vol.6/num11/art105/nov_art105.pdfhttp://www.revista.unam.mx/vol.6/num11/art105/nov_art105.pdf

RICARD, M., El arte de la meditación, Barcelona, Urano, 2009.

RISO, W., Pensar bien, sentirse bien, México, Norma, 2008.

SAINT-EXUPÉRY, A., El Principito, Madrid, Alianza/Emecé, 1976.

SALTER, A. Conditioned Reflex Therapy, Nueva York, Capricorn, 1949.

SARNO, JOHN. E., La mente dividida, Málaga, Sirio, 2006.

SAYERS, J., "Informe sobre la salud en el mundo – Salud mental: nuevos conocimientos, nuevas esperanzas", Boletín de la Organización Mundial de la Salud, OMS, recopilación de artículos núm. 6, 2002: 141-142.

SELIGMAN, M.E.P. y M. Csikszentmihalyi, "Positive Psychology: An Introduction" en American Psychologist, 55(1), 2000, pp. 5-14.

SELIGMAN, M., Aprenda optimismo, Barcelona, Grijalbo, 1998.

SELYE, H., The Stress of Life, 2ª ed., Nueva York, McGraw-Hill Book, 1976.

SCHULTZ, J.H., El entrenamiento autógeno, 3ª ed., Barcelona, Científico-Médica, 1969.

SHAPIRO, C. y TURSKI, "Differentiation of an autonomic response trough operant reinforcement", Psychosomatic Science, 1, 1964, pp. 147-148.

SIEGEL, B., Amor, medicina milagrosa, Madrid, Espasa Calpe, 1995.

SILVA, J. y M. PHILIP, El método silva de control mental, México, Diana, 1979.

SIMONTON, C., S. MATTHEWS-SIMONTON y J.L. CREIGHTON, Getting Well Again, Los Ángeles, Tarcher Tolle, 1979.

SMITH, M.J., Cuando digo No, me siento culpable, Barcelona, Grijalbo, 1977.

SOGYAL RIMPOCHÉ, El libro tibetano de la vida y de la muerte, Barcelona, Urano, 1994.

SOLOMON, G.F., "Psiconeuroinmunología: sinopsis de su historia, evidencias y consecuencias", presentada en Mesa Redonda "Psicosomática" del Segundo Congreso Virtual de Psiquiatría, Interpsiquis, del 1º de febrero al 7 de marzo del 2001.

STERLING P. y J. EYER, "Allostasis: A New Paradigm to Explain Arousal Pathology", en S. Fisher y J. Reason (eds.), Handbook of Life Stress, Cognition and Health, Nueva York, John Wiley, 1988, pp. 629-649.

STETTER, F. y S. KUPPER, "Autogenic Training: A Meta-Analysis of Clinical Outcome Studies" en *Applied Psychophysiology and Biofeedback*, 27(1), 2002, pp. 25-48.

SELIGMAN, M., *Aprenda optimismo*, Barcelona, Grijalbo, 1998.

SOLÉ-LERIS, A., *La meditación budista*, Barcelona, Martínez Roca, 1995.

TARDITI, G., *Las emociones y el cáncer. Mitos y realidades*, México, Océano, 2013.

TEASDALE, J.D., *et al.*, "Metacognitive Awareness and Prevention of Relapse in Depression: Empirical Evidence", *Journal of Consulting and Clinical Psychology*, vol. 70, núm. 2, 2002, 275-287.

TEILHARD DE CHARDIN, P., *El fenómeno humano*, 5ª ed., Madrid, Taurus, 1971.

THASE, M.E., *et al.*, "Treatment of Major Depression with Psychotherapy or Psychotherapy-Pharmacotherapy Combinations", *Arch Gen Psychiatry*, 54: 1009-1015.

THAYERS, R., *El origen de los estados de ánimo cotidianos*, Barcelona, Paidós, 1998.

THURMAN, R.A.F., *La psicología tibetana: un software complejo para el cerebro humano. Ciencia Mente*, Barcelona, Mandala. 1998.

TOLLE, E., *El poder del ahora*, Bogotá, Norma, 2000.

_____, *Practicando el poder del ahora*, Buenos Aires, Gaia, 2001.

_____, *Una nueva tierra. Un despertar al propósito de la vida*, Bogotá, Norma, 2005.

VALIENTE, M., "El uso de la visualización en el tratamiento psicológico de enfermos de cáncer", *Psicooncología*, vol. 3, núm. 1, 2006, pp. 19-34.

WALLACE, B. ALLAN, *La ciencia de la mente*, Barcelona, Kairós, 2009.

WATSON, J.B., *Behaviorism*, Nueva York, People's Institute Publishing Company, 1924.

Webster's Ninth New Collegiate Dictionary, 3ª ed.

WENGER, M.A.; F.N. JONES y M.H. JONES, *Emotional Behavior*, 1962. Citado en J. Wolpe, *The Practice of Behavior Therapy*, Oxford, Pergamon Press, 1969.

WOLPE, J. *Psychotherapy by Reciprocal Inhibition*, California, Stanford University Press, 1958.

_____, *The Practice of Behavior Therapy*, Oxford, Pergamon Press, 1969.

ZAPATA, CLAUDIO, *Psicofisiología del stress*, México, Grafismo Ediciones e Impresiones, 2001.

SITIOS DE INTERNET

ANGULO, J.C., "La meditación budista tibetana es una forma de explorar la conciencia", *CNN México*, 9 de marzo de 2010: http://mexico.cnn.com/salud/2010/03/23/la-meditacion-budista-tibetana-es-una-forma-de-explorar-la-conciencia

BARRERA FERRO L., E. GÓMEZ OLIVELLA y L.F. PRIETO LIZARAZO, "Efectividad del tratamiento con neurofeedback": http://repository.urosario.edu.co/bitstream/10336/4458/1/1015427599-2013.pdf

BARRERO, L., E., GÓMEZ y L.F. PRIETO, "Efectividad del tratamiento con Neurofeedback" 2013: http://www.neuropsicol.org/Np/eeg.html

BOFF, L., *Columna semanal*: http://www.servicioskoinonia.org/boff/

_____, "¿Qué es el espíritu?", 14 de noviembre del 2003: http://www.servicioskoinonia.org/boff/articulo.php?num=039

_____, "La espiritualidad en la construcción de la paz", 11 de junio del 2010: http://www.servicioskoinonia.org/boff/articulo.php? num=384

_____, "La dimensión de lo profundo: el espíritu y la espiritualidad", 31 de agosto de 2012: http://www.servicioskoinonia.org/boff/articulo.php?num=503

_____, "La importancia de la espiritualidad para la salud", 22 de noviembre de 2013: http://www.servicioskoinonia.org/boff/articulo.php?num=601

"BOSQUE SONIDOS DE LA NATURALEZA": http://www.youtube.com/watch?v=x7VCuqY1yXM

BUCKE, R., *Conciencia cósmica*: http://books.google.com.mx/books?id=-sqXGDemA3sC&pg=PA27&lpg=PA27&dq=Conciencia+c%C3%B3smica+Richard+M.+Bucke&source=bl&ots=C5BxMxczIs&sig=lsDenWQv1ULcEO-tMia_ToK8tD4&hl=es&sa=X&ei=WBQZVMXOO4rD8AGcxIGgDA&ved=0CB4Q6AEwAA#v=onepage&q=Conciencia%20c%C3%B3smica%20Richard%20M.%20Bucke&f=false

CNN Expansión, "México, el país con más estrés laboral", 2 de julio de 2013: http://www.cnnexpansion.com/economia/2013/07/02/mexico-el-pais-con-mas-estres-laboral

DANIELS, M., "Introducción y contexto del nacimiento de la Psicología Transpersonal". Disponible en: http://www.trans-personal.com/historia.htm

ENTRENAMIENTO ASERTIVO. Disponible en: http://ecaths1.s3.amazonaws. com/psicologiadeltrabajo/1418200671.Entrenamiento%20de%20 la%20Asertividad.pdf.

GARCÍA GARCÍA, E., *et al.*, *Teoría de la mente y ciencias cognitivas. Nuevas perspectivas científicas y filosóficas sobre el ser humano*, Madrid, Universidad Pontificia de Comillas, 2007. Disponible en: http://eprints.ucm. es/8607/1/ASINJA.%2520Teoria%2520de%2520la%2520mente.pdf

GÓMEZ, H.G., "El nudo del mundo", 21 de septiembre de 2011. Disponible en: http://www.inspirulina.com/el-nudo-del-mundo.html.

GRASSIE, W., "La neurociencia puede contribuir a la comprensión de la espiritualidad humana", 2008. Disponible en: http://www.tendencias21.net/ La-neurociencia-puede-contribuir-a-la-comprension-de-la-espiritualidad-humana_a2083.html

GUESHE KELSANG GYATSO, "Qué es la mente", Tharpa, 2008.

HYPERPHYSICS. "Quarks". Disponible en http://hyperphysics.phy-astr.gsu. edu/hbasees/particles/quark.html

INEGI, "Estadísticas de suicidio en México" www./inegi.org.mx 2013.

INSTITUTO HEARTMATH. Disponible en: http://www.heartmath.org/

KOVAL, S., "Crítica al dualismo cartesiano", 2011. Disponible en: http://www. santiagokoval.com/2011/09/09/critica-al-dualismo-cartesiano/

LAZAR, S., "Cómo hacerse más inteligente, con cada inspiración", 2008. Disponible en: http://humanismoyconectividad.wordpress.com/tag/sara-lazar/

_____, "Mindfulness meditation training changes brain structure in eight weeks", 2011. Disponible en: http://nmr.mgh.harvard.edu/~lazar/publications.html

LUTZ, A. *et al.*, "Long-term meditators self-induce high-amplitude gamma synchrony during mental practice", 2007 Disponible en: http://www.pnas. org/cgi/reprint/101/46/16369.pdf

MARÍN H. A. y S. VINACCIA, "Biofeedback: De las técnicas de modificación de conducta, aplicada a los problemas mentales, a las técnicas de intervención de los problemas" en *Informes Psicológicos*, núm. 7, pp. 109-121. Disponible en   http://www.upb.edu.co/pls/portal/docs/PAGE/GPV2_UPB_MEDELLIN/ PGV2_M030_PREGRADOS/PGV2_M030040020_PSICOLOGIA/PGV2_ M030040020110_REVISTA/PGV2_M030040020110010_REVISTA7/ ARTICULO%20N7A06.Pdf

MICHAEL, A.J., *et al.*, "Métodos de registro", 2012: http://www.neuropsicol. org/Np/eeg.html

MORTERA, R., "¿Por qué no alcanzarás la iluminación?", 15 de diciembre de 2015: http://mmortera.blogspot.mx/

NÚÑEZ MARTÍNEZ, A., "Metodología apologética de Blaise Pascal", 2001: http://www.uaz.edu.mx/cippublicaciones/CD%20Jornadas%202000%20-%202001/Humanisticas/PDF/HE05.pdf

"ORACIÓN CARMELITA": http://www.santateresadejesus.com/oracion-carmelitana/oracion-carmelitana/

ORGANIZACIÓN MUNDIAL DE LA SALUD, "Global Strategy on Occupational Health for All: The Way to Health at Work", 1994: http://www.who.int/occupational_health/publications/globstrategy/en/

PÁGINA DE MARIANO CHÓLIZ MONTAÑÉS: www.uv.es/=choliz

PERT, C., "Las moléculas de la emoción", 2 de octubre de 2011: http://naturalezayespiritualidad.blogspot.mx/2011/10/las-moleculas-de-la-emocion.html

PUIG, MARIO ALONSO, entrevista: http://www.ongada.org/wp-content/uploads/2011/03/Serie-ENTREVISTAS.-21-R.pdf

PULIDO DE LA CRUZ, B., "Fisiología de la emoción", 2014: http://es.scribd.com/doc/220466999/Fisiologia-de-La-Emocion

SALVADOR, M., "Implicaciones neurobiológicas del trauma e implicaciones para la psicoterapia", 2006: http://www.aleces.com/Media/Default/Aleces Article/AlecesArticleDocument/ImplicacionesNeurobiologiasTrauma-Terapia-MarioSalvador-1.pdf

SUPERA LA DEPRESIÓN. "Método para cambiar los pensamientos negativos": http://www.superarladepresion.com/ superarladepre/3depre_pensapositivos.php.

VELÁZQUEZ, P., "Psoriasis": http://www.medicosecuador.com/español/artículos/224.htm.

WENGER, M.A., F.N. JONES y M.H. JONES, Emotional behavior, 1962. Citado en Mariano Chóliz, "Psicología de la emoción: el proceso emocional", 2005: www.uv.es/=choliz

WIKIPEDIA, "Ley Campoamor": http://es.wikipedia.org/wiki/Ley_Campoamor